# PRÍSCILLA
flower school & market

## 2026

# 화훼장식 기능사

## 필기 & 실기

**이 책의 장점!**

- CBT체험형 기출문제
- 저자직강 유튜브 채널 운영
- NCS 국가직무능력표준 교육과정 반영
- 실기 시험 완벽대비+실기영상 무료제공

**구매자 이용 혜택!**

- 필기 전 강좌 무료인강
- 프리샘 화훼장식기능사 네이버카페 이용
- 모의고사 1회 다운
- 유튜브멤버쉽 영상 무료제공(카페)

김윤경 편저

*좋아서 시작하고*
*잘해서 좋아하고*
*좋아하니 책도 쓰게 된다.*

　유치원교사로서 살아오던 평범한 일상에 꽃이 들어오기 시작한건 갑작스러운 일은 아니었을 거예요. 어린시절 작은 앞마당엔 계절이 바뀌면 새로운 꽃들을 심어주시는 아버지와 집안에서는 다양한 식물을 키우시는 어머니덕에 언제부턴가 식물의 가장 가까이서 지내온 시간들이 차곡차곡 쌓여 성인이 되어서도 불현듯 꽃이 좋아졌다기 보다는 '식물과 꽃이 주는 기쁨을 빨리 알아차렸다'는 것이 맞을 것 같아요.

　하고 있던 일을 접고서 이직해 달려 올 만큼 꽃의 매력에 빠진 것은 어릴 적 식물과 꽃이 주는 기쁨보다 더 큰 희열을 느끼기 시작한 때였던 것 같아요. 꽃으로 무언가 만들어 내는 것은 그냥 바라보기만 했을 때보다 훨씬 더 큰 기쁨을 알게 해주었고 작고 작은 잎사귀들이 이야기하듯 저를 끌어당겨, 꽃을 만지고 향을 맡으며 치유하는 큰 원동력이 되어주었죠. 꽃에게는 그런 힘이 있다는 것을, 나의 이런 귀한 경험을 누군가에게 나누고 싶어서 이 일을 시작하게 되었어요. 꽃 한송이 자비로 살 수 없는 문화적 소외계층에게 찾아가서 꽃으로 함께 힐링하고 싶었고 꽃으로 인해 조금 더 공간과 감정을 아우러 줄 수 있다면 얼마나 좋을까? '그게 꽃이 주는 힘이 아닐까?'하며 이렇게 꽃 길로 스며들게 되었지요. 또한 제가 공부하면서, 그리고 많은 수강생들을 합격시키면서 축적해 온 노하우를 알려드리는 것도 저에게는 새로운 도전이자 행복이 되었답니다.

　화훼장식기능사라는 국가자격증반을 운영하면서 느끼는 것은 구독자들 그리고 많은 소비자들이 처음엔 저처럼 꽃이 좋아서 시작한다는 거예요. 꽃이 좋다면, 식물이 좋다면 누구든 도전해 볼 수 있는 시험이 있다는 것과 더불어 자격증까지 취득할 수 있다는 것은 얼마나 좋은 기회인지 모르겠어요.

　작은 꽃집 창업에서부터 학원을 운영하기까지, 이제는 프리샘이라는 닉네임으로 유튜브 채널을 운영하면서 만나게 된 많은 수강생들 구독자들에게 도전할 수 있다는 자신감과 꽃으로 인한 기쁨을 마음껏 전할 수 있는 자리에 오게된 것 같아서 너무나 기쁜 마음이에요. 게다가 제가 좋아 시작한 일로 이렇게 책을 쓰고, 더 다양한 분들과 새롭게 만나 꽃이 주는 기쁨을 더욱 폭넓게 나눌 수 있게 된 것은 얼마나 가슴 벅찬 일인지 모르겠어요.

　꽃은 언제나 기쁨과 치유의 선물을 주지만 전문가의 길로 가는 길은 물론 쉽지만은 않을 거예요. 여러분은 이제부터 종종 이해하기 힘든 어려운 단어들과 싸워가며 필기시험을 통과해야 하고 예정된 시간보다 손을 빠르게 움직여 작품을 완성해야 하는, 일명 시험이라는 것이 기다리고 있지요. 내가 좋아하는 꽃을 소모품처럼 잘라 쓰고 버리는 것을 반복하며 아깝다는 생각이 들어도 정해진 시간을 단축시키면서 희열을 느끼다 보면, 합격이라는 단어에 한 발 가까이 다가감을 느낄 수 있을 거예요.

　'단번에 시험에 합격할 수 있다면 얼마나 좋을까?', '만약에 떨어진다면 어떻게 하지?' 수없이 고민을 되뇌이면서 '내가 잘하고 있는 건가?', '다른 사람은 어떻게 하고 있을까?' 하는 생각에 남과 자꾸 비교하면서 자신이 가려고 하는 길조차 의심할 때도 있을 거예요. 하지만 저와 저의 수강생들이 그러했듯이 노력한 시간은 절대 배신하지 않는다는 것이었고, 무엇보다 연습량이 많은 사람은 합격할 수밖에 없다는 거예요. 얼마나 끝까지 잘 집중하느냐에 따라서 당락이 결정되는 것은 바뀔 수 없는 사실이니까요.

　이 책에서는 화려하고 우아하게 만드는 법을 알려드리는 것은 아니에요. 정석대로 해야하는 것, 그리고 꼭 명심하고 만들어내야 하는 것들을 이야기하고 있어요. 시험당일 내 꽃이 색이 안 예쁘다고, 내 작품의 모양이 작다고, 혹은 크다고 비교할 필요는 없어요. 내가 이 시험에서 꼭 필요한 조건을 갖춰 작품을 만들어 냈는지가 가장 중요해요.

'합격이 실력이다.'
어떤 사람은 운이 좋았다고 해요. 네, 합격에도 운이 있어요. 하지만 꼭 운뿐만은 아닐 거예요. 차곡차곡 이론을 정리하고 실기를 손에 익혀온 사람은 반드시 붙게 되어있어요. 빠듯한 시간에 단번에 붙으려고 하지마세요. 시간을 들여 집중해서 연습하고 또 연습하면 붙을 수 있을 거예요. 혹여나 떨어졌다고 해도 너무 좌절하지는 마세요. 그날 내가 실수하고 부족했던 부분을 프리샘과 함께 연습하고 노력하면 어렵게 도전한 이 시험이 귀한 열매로 맺을 수 있다는 것을 알려 드리고 싶어요.

　저처럼 평범한 사람도 배우고 가르치는 사람이 될 수 있었던 것처럼 시험을 통해 성장하고, 한 걸음 나아갈 수 있다는 용기를 얻을 수 있길 바랍니다. 마지막으로 함께 해준 대표님과 팀프리스 실라에게 감사의 마음을 전하며 언제나 그렇듯 꽃과 같은 당신을 응원합니다.

　이천에서 프리샘이 보냅니다.

김/윤/경/플/로/리/스/트

## 약력

화훼장식기능사

화훼장식 기사

화훼장식 산업기사

Paris catherine muller Diploma

Putnam Putnam Diploma

la musa de las flores Diploma

Tulipina design Diploma

현) 프리스실라 플라워 운영

### ☞ 개요

화훼산업의 가능성 및 역할이 증대되고 시대 및 사회적 요구의 확대로 인해 화훼장식 전문가의 양성, 도·소매 꽃가게 운영의 현대화, 화훼장식(이용)의 과학화 그리고 체계화된 교육과 효율적인 인력활용을 위해 일정 수준의 지식과 기술을 갖춘 사람을 양성할 목적으로 제정되었다.

### ☞ 변천과정

2004년 화훼장식기능사 신설

### ☞ 수행직무

화훼장식 전문성을 가지고 화훼류를 주소재로 실내·외 공간의 기능성과 미적 효과가 높은 장식물의 계획, 디자인, 제작, 유지 및 관리하는 기술과 관련된 모든 업무를 수행한다.

### ☞ 실시기관 홈페이지

www.q-net.or.kr

### ☞ 실시기관명

한국산업인력공단

### ☞ 진로 및 전망

- 전문화되어가고 있는 현대는 고도의 기술을 요구하고, 화훼 또한 이러한 흐름에 맞추어 빠른 속도로 생활 필수화되어가고 있으며, 화훼를 이용한 장식품의 종류도 다양해지고 있어 고도의 전문성과 프로정신을 보유한 인력을 점점 요구하고 있다.

- 도·소매 꽃가게의 대형화 및 전문화를 통한 전문인력의 고용능력과 창업의 증대, 호텔, 은행 등 대형건물의 그린 인테리어로서의 활동, 조경회사, 골프회사, 화훼종묘회사, 화훼육묘회사, 화훼경매시장 등에 취업, 실내조경사, 코디네이터, 사이버 플라워 디자이너, 이벤트 행사 기획사, 전시회 기획가, 화훼장식평론가 등의 프리랜서로 활약, 전문분야의 상품개발, 디스플레이 전문업, 화훼장식소재 제조업, 화훼장식소재 판매, 화훼유통업, 꽃꽂이 학원의 경영, 화훼 관련 경기대회 관리와 심사위원, 각종 교육기관의 강사 등에 종사할 수 있다.

☞ **자격명**

화훼장식기능사(Craftsman Floral Design)

☞ **관련 부처**

농림축산식품부

☞ **시행기관**

한국산업인력공단

☞ **관련학과**

원예학과, 원예육종학과, 한경원예학과, 식물자원학과, 농학과, 응용식물학과, 생명자원학과, 각 전문계(농업)

고등학교 및 전문대학교 학과 및 평생교육원

☞ **시험과목**

- **필기** : 1.화훼장식 재료, 2.화훼장식 제작 및 관리

- **실기** : 화훼장식디자인 제작 실무

☞ **검정방법 : CBT(컴퓨터 기반 시험)**

- **필기** : 객관식 4지 택일형 60문항(60분)

- **실기** : 작업형(2시간정도)

※ 필기시험은 시험 기간 요일 제한 없이 연속하여 CBT(컴퓨터 기반 시험) 방식으로 시행된다.

※ 필기시험은 CBT 문제은행에서 개인별로 상이하게 문제가 출제되므로 시험문제는 공개되지 않는다.

☞ **합격기준**

100점 만점에 60점 이상 득점자

☞ **출제경향**

- **필기** : 과목별 기초지식과 전문성을 중점적으로 평가

- **실기** : 작업형은 실제 작품을 만들고 식물을 관리하는 데 필요한 기술을 다룸

- 출제기준 및 공개문제 참고

☞ **직무 분야**

농림·어업

☞ **중직무 분야**

농림

☞ **자격 종목**

화훼장식기능사

☞ **적용 기간**

2023.1.1. ~ 2025.12.31.

☞ **직무내용**

화훼류를 주재료로 화훼장식 계획, 재료구매, 제작, 판매 및 유통 관리하는 직무이다.

1. 절화상품을 제작하기 위해 절화시장을 조사하고 절화 상품 재료를 구매하여 분류할 수 있다.

2. 절화상품 작업을 준비하고 꽃다발, 꽃바구니, 꽃꽂이 상품을 제작한 후 작업 공간을 정리할 수 있다.

3. 글씨리본과 장식리본을 제작하여 포장하고 상품을 마무리 할 수 있다.

4. 분화상품 재료를 분류하고 작업을 준비하고 분화상품을 제작한 후 작업공간을 정리 할 수 있다.

5. 제작된 절화상품, 분화상품, 가공화 상품, 대여상품, 부재료를 관리할 수 있다.

6. 제작된 상품을 고객을 응대하여 매장 또는 매장 외에서 판매할 수 있다.

7. 고객의 요구와 상품 특성에 적합한 배송계획을 세워서 신속 정확하게 배송하고 고객에게 상품관리 방법을 전달할 수 있다.

☞ **필기검정방법**

객관식

☞ **문제수**

60

☞ **시험시간**

1시간

| 실기과목명 | 주요항목 | 세부항목 | 세세항목 |
| --- | --- | --- | --- |
| 화훼장식재료,<br>화훼장식제작<br>및 관리 | 1. 화훼장식 절화<br>상품 재료구매 | 1.절화시장조사 | 1. 상품제작 재료 |
| | | | 2. 상품재료 종류 |
| | | | 3. 실행예산서 |
| | | 2. 절화상품<br>재료구매 | 1. 구매계획서 |
| | | | 2. 재료구매 |
| | | | 3. 재료 검수 |
| | | 3. 절화상품<br>재료분류 | 1. 구매재료 분류 |
| | | | 2. 물올림 작업 |
| | | | 3. 재료 정리보관 |
| | 2. 화훼장식 절화<br>기본 상품제작 | 1. 절화 상품<br>작업 준비 | 1. 절화 재료 |
| | | | 2. 플로랄 폼 |
| | | | 3. 절화 상품용기 |
| | | | 4. 재료 선행 작업 |
| | | | 5. 절화장식의 종류와 특성 |
| | | | 6. 절화 화훼식물의 조형(줄기배열, 구성형식, 표현양식 등) |
| | | | 7. 절화화훼장식의 표현기법 및 와이어링 기법 등 |
| | | | 8. 화훼 디자인요소 및 원리 |
| | | | 9. 절화의 관리(절화생리, 환경조절, 물올림 등) |
| | | 2. 꽃다발 제작 | 1. 꽃다발 기초작업 |
| | | | 2. 꽃다발용도별 종류 |
| | | | 3. 꽃다발 제작 |
| | | | 4. 꽃다발 수명연장처리 |
| | | | 5. 꽃다발 종류와 특성 |
| | | | 6. 꽃다발 화훼식물의 조형(줄기배열, 구성형식, 표현양식 등) |
| | | | 7. 꽃다발 화훼장식의 표현기법 및 와이어링 기법 등 |
| | | | 8. 꽃다발의 관리(절화생리, 환경조절, 물올림 등) |
| | | | 9. 꽃다발 형태 및 용도 |

| 실기과목명 | 주요항목 | 세부항목 | 세세항목 |
|---|---|---|---|
| 화훼장식재료,<br>화훼장식제작<br>및 관리 | | 3. 꽃바구니 제작 | 1. 꽃바구니 기초 작업 |
| | | | 2. 꽃바구니 용도별 종류 |
| | | | 3. 꽃바구니 제작 |
| | | | 4. 꽃바구니 수명연장처리 |
| | | | 5. 꽃바구니의 종류와 특성 |
| | | | 6. 꽃바구니 화훼식물의 조형(줄기배열, 구성형식, 표현양식 등) |
| | | | 7. 꽃바구니 화훼장식의 표현기법 등 |
| | | | 8. 꽃바구니의 관리(절화생리,환경조절, 물올림 등) |
| | | | 9. 꽃바구니 형태 및 용도 |
| | | 4. 꽃꽂이상품 제작 | 1. 꽃꽂이상품 기초 작업 |
| | | | 2. 꽃꽂이상품 용도별 종류 |
| | | | 3. 꽃꽂이상품 제작 |
| | | | 4. 꽃꽂이 수명연장처리 |
| | | | 5. 꽃꽂이의 종류와 특성 |
| | | | 6. 꽃꽂이 화훼식물의 조형(줄기배열, 구성형식, 표현양식 등) |
| | | | 7. 꽃꽂이 화훼장식의 표현기법 등 |
| | | | 8. 꽃꽂이의 관리(절화생리, 환경조절, 물올림 등) |
| | | | 9. 꽃꽂이 형태 및 용도 |
| | | 5. 작업공간 정리 | 1. 도구 종류 |
| | | | 2. 도구 정리 |
| | | | 3. 작업장(시설)정리 |
| | | | 4. 절화 폐기물 관리 |
| | 3. 화훼장식 절화<br>상품 포장 | 1. 절화상품<br>글씨리본 제작 | 1. 용도별 문구 선택 |
| | | | 2. 글씨리본 선택 |
| | | 2. 절화상품<br>장식리본제작 | 1. 리본 선택 |
| | | | 2.보우와 장식 |
| | | 3. 절화상품 포장 | 1. 포장재료 |
| | | | 2. 포장기법 |
| | | 4. 절화상품<br>상품 마무리 | 1. 절화상품 유지관리 |

| 실기과목명 | 주요항목 | 세부항목 | 세세항목 |
|---|---|---|---|
| 화훼장식재료,<br>화훼장식제작<br>및 관리 | 4. 화훼장식<br>분화상품 제작 | 1. 분화상품<br>재료 분류 | 1. 분화재료 분류 |
| | | | 2. 토양재료 |
| | | | 3. 분화상품용기 |
| | | | 4. 분화식물 종류와 특성 |
| | | 2. 분화 상품<br>작업 준비 | 1. 분화상품 선행 작업 |
| | | | 2. 분화재료 관수 |
| | | | 3. 분화재료 생리 |
| | | | 4. 분화재료 환경 |
| | | | 5. 분화식물 디자인요소 및 원리 |
| | | | 6. 분화식물의 관리(토양, 번식 및 분갈이, 환경조절, 영양 및 병충해 관리 등) |
| | | | 7. 분화식물의 조형(줄기배열, 구성형식, 표현양식 등) |
| | | | 8. 분화식물 기관, 형태 및 용도 |
| | | 3. 분화상품 제작 | 1. 분화상품 기초작업 |
| | | | 2. 분화상품 디자인 |
| | | 4. 작업공간 정리 | 1. 도구 종류 |
| | | | 2. 도구 정리 |
| | | | 3. 작업장(시설)정리 |
| | | | 4. 분화폐기물관리 |
| | 5. 화훼장식<br>상품 관리 | 1. 화훼장식<br>상품 관리 | 1. 절화상품 재료 |
| | | | 2. 절화상품 및 품질관리 |
| | | 2. 분화상품 관리 | 1. 분화상품 유지관리 |
| | | 3. 가공화상품 관리 | 1. 가공화상품 재료 |
| | | | 2. 가공화상품 관리 |
| | | | 3. 가공화소재의 종류와 특성 |
| | | | 4. 가공화소재 디자인요소 및 원리 |
| | | | 5. 가공화소재 화훼장식의 표현기법 및 와이어링 기법 등 |
| | | | 6. 가공화소재 재료 관리(환경조절, 취급 등) |
| | | | 7. 가공화소재 화훼식물의 조형(줄기배열, 구성형식, 표현양식 등) |
| | | | 8. 가공화소재 기관, 형태 및 용도 |

| 실기과목명 | 주요항목 | 세부항목 | 세세항목 |
| --- | --- | --- | --- |
| 화훼장식재료,<br>화훼장식제작<br>및 관리 | 5. 화훼장식<br>상품 관리 | 4. 대여상품 관리 | 1. 대여상품 유지관리 |
| | | 5. 부재료 관리 | 1. 부재료 분류(자재 등) |
| | | | 2. 부재료 관리 |
| | | | 3. 입출고 관리 |
| | | | 4. 부재료 시설 및 도구 |
| | | | 5. 부재료 건조가공 방법 |
| | 6. 화훼장식<br>상품 판매 | 1. 고객 응대 | 1. 고객관리 |
| | | | 2. 고객상담 |
| | | | 3. 화훼(장식)와 관련된 내용상담 |
| | | 2. 매장판매 | 1. 상품주문서 |
| | | | 2. 상품 정보전달 |
| | | 3. 매장 외 판매 | 1. 전자상거래 |
| | | | 2. 상품 홍보 |
| | 7. 화훼장식<br>배송 유통 관리 | 1. 배송 준비 | 1. 상품 납품서 |
| | | | 2. 배송 취급 |
| | | | 3. 소비자보호법 |
| | | 2. 배송 시행 | 1. 배송 계획서 |
| | | | 2. 배송 현황 |
| | | | 3. 소요시간 산출 |
| | | | 4. 배송 관리 |
| | | 3. 배송 후 관리 | 1. 상품 인수 관리 |
| | | | 2. 고객만족도 |
| | | | 3. 불만고객 응대 |
| | | 4. 화훼장식재료 유<br>통시스템 관리 | 1. 유통시스템 관리 |
| | | | 2. 상품 품질 유지 |
| | | | 3. 고객 관리 |

| 실기과목명 | 주요항목 | 세부항목 | 세세항목 |
|---|---|---|---|
| 화훼장식재료,<br>화훼장식제작<br>및 관리 | 8. 화훼장식<br>식물 관리 | 1. 화훼식물<br>재료 분류 | 1. 화훼식물재료 분류, 기관, 형태 및 용도 |
| | | | 2. 화훼식물재료 품질 |
| | | | 3. 화훼(장식)의 정의, 기능, 역사 및 범위 |
| | | | 4. 화훼의 이용형태(생산, 취미, 후생 등) |
| | | | 5. 식물명(학명, 일반명 등) |
| | | | 6. 이용 형태별 분류 |
| | | | 7. 이용 용도별 분류 |
| | | 2. 화훼식물<br>생장 관리 | 1. 식물 생육 환경 |
| | | | 2. 식물 유지관리 |
| | | | 3. 식물 품질관리(절화, 분화식물 등) |
| | | 3.화훼식물<br>병충해 관리 | 1. 병충해 종류 |
| | | | 2. 병충해 예방 |
| | | | 3. 병충해 방제 |
| | | | 4. 기타 |

# 목차 (contents)

## PART1 화훼장식기능사 필기 이론



## PART2 화훼장식기능사 필기/CBT예상문제

Part. 1

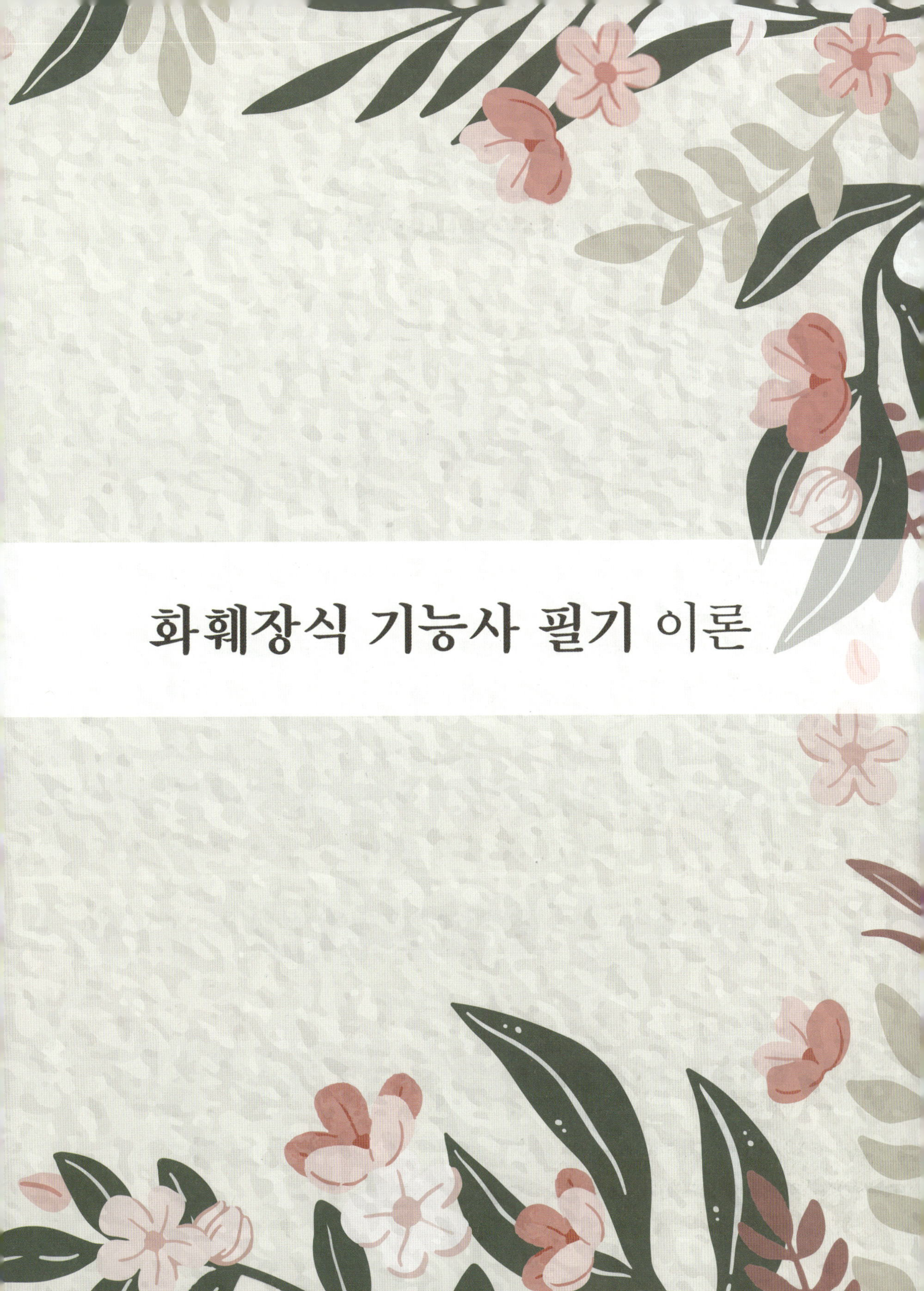

화훼장식 기능사 필기 이론

# Chapter1
## 화훼장식 절화상품 재료 구매

## 섹션1 : 절화시장 조사

절화 시장의 절화상품 재료와 가격, 품질 수준, 유통량 정도, 유통되는 요일이나 시기 등을 조사하는 일

✓ 시장조사란 상품제작에 필요한 재료 및 마케팅과 관련된 자료를 수집하고 기록, 분석하는 것으로 상품조사, 판매
  조사, 소비자조사, 광고조사, 잠재수요자조사, 판로조사 등의 내용이 있다.

### (1) 상품 재료 종류

① **절화용** : 장미, 거베라, 국화, 수국, 카네이션, 금어초, 스타티스, 숙근안개초, 나리류 등

② **절지용** : 산수유, 매화나무, 조팝나무, 화살나무(줄기), 향나무, 편백나무, 광나무, 먼나무, 사스레피
  나무(잎) 등

③ **절엽용** : 주로 관엽식물로 엽란, 몬스테라, 필로덴드론 셀렘, 크로톤, 루모라고사리 등

④ **부재료** : 포장지, 화기, 플로랄 폼, 와이어, 마끈, 리본, 플로랄테이프, 장식품 등

### (2) 실행 예산서

화훼장식업에 있어서 상품 제작과 유통, 판매 과정에서 발생하거나 웨딩, 파티 등의 이벤트 실행 시
발생하는 예상 비용에 대해 상세 내역을 작성하여 금액을 파악할 수 있도록 하는 문서

### (3) 가격책정법

가격 책정에는 총경비, 사업규모의 계절적 변동, 체인점 할인, 다른 경쟁자의 가격 등 여러변수가 작
용된다.

① **백분율분할 가격 책정법** : 100%(총판매액) = 50%(경영비) + 30%(상품의 원가) + 20%(순이익)를 가격
  책정의 한 요소로 포함시켜 책정

② **표준비 가격책정법** : 판매가격 = 표준도매가 × 표준요율

> **표준비 산출법의 예**
> - 절화상품 = 도매가의 4배, 분화상품 = 도매가의 3배, 가공화상품 = 도매가의 2.5배, 화기 = 도매가의 2배(매장마다 조금씩 비율이 다를 수 있다)
> - 각 품목의 도매가에 의해 융통성있게 적정가격을 결정하는 가격책정법
> - 운영비, 노동비, 이윤을 고려
> - 가장 손쉬운 가격책정 방법

③ **노동비 포함 가격 책정법** : 일반적인 절화상품은 원가의 3~5배 수준에서, 창의적인 상품은 5배 이상 책정

　✓ 판매가격 = 식물재료 + 부재료 + 인건비

> **노동비 포함 산출법의 예**
> 식물재료 = 도매가의 3~5배, 부재료 = 도매가의 2배, 인건비 = 도매가의 20~25%

## (4) 실행예산서 작성

① 매장의 경우 매주 작성

② 매주 금요일에 다음 주 상품 소요량을 기준으로 작성, 전년도 매출과 상품판매량을 참고

③ 단가, 판매금액, 재료 예산 금액 포함, 재료 예산 금액에는 생화, 부재료, 인건비를 각각 정리

④ **절화유통**

ㄱ. **절화의 유통경로** : 생산자 → 도매시장 → 소매상 → 소비자

ㄴ. **화훼공판장** : 집하 및 분배기능을 통한 수급조절 기능을 한다. 다양한 종류 및 품종의 공정하고 투명한 적정 가격을 형성한다. 유통 정보의 수집과 전달 기능을 한다. 대금 결제와 자금 지원의 기능을 한다.

ㄷ. **도매시장의 유통종사자** : 도매시장 법인, 중도매인, 매매참가인, 시장 도매인, 산지 유통인

　✓ **표준 규격 출하의 장점** : 상품의 보호, 유통과정의 원활, 정보 제공 용이, 구매량 계획 용이, 공정거래의 질서 정착, 상품성 향상으로 제품가격 상승 효과

## 📢 섹션1 : 문제 풀기

**01. 다음 중 절엽용 식물로만 모인 것은?**

① 층꽃나무, 소철, 용담

② 작살나무, 층꽃나무, 라일락

③ 몬스테라, 무늬둥굴레, 옥잠화

④ 피라칸타, 양치류, 소철

**02. 판매가 산출 방법이 <u>아닌</u> 것은?**

① 백분율 분할 산출법

② 표준비 산출법

③ 노동비 산출법

④ 노동비 포함 산출법

📖 정답 |   01 ③       02 ③

# 섹션2 : 절화상품 재료 구매

## 1. 구매계획서

### (1) 구매계획서

① 구매 계획을 세울 때 구매할 품목과 비용 등과 관련해서 자세하게 기록 작성하는 문서. 실행예산서를 기준으로 작성

② 매장에서는 매주 작성, 웨딩 등 특별행사 시에는 별도 작성

③ 사전 시장조사를 하면 보다 정확하게 작성 가능

④ **작성항목** : 생화재료명 및 부재료명, 각각의 수량 및 단가, 금액

## (2) 재료구매 시 절화의 품질

### ① 외적인 평가

| | |
|---|---|
| 절화전체 | 꽃이 달린 부분부터 절단면까지의 길이, 무게, 균형 |
| 꽃 | 품종의 특성과 색의 가치 평가, 광택과 신선도, 출하 시 화경(넓이)과 화고(높이)의 상태, 출하 시 꽃봉오리 수와 화수의 양과 정돈된 상태, 병해의 유무, 자르기 전 개화의 정도와 향기의 유무 |
| 줄기 | 줄기 5~6마디 사이 중앙의 최대직경, 화수 바로 아래의 굵기, 줄기의 구부러짐의 정도, 액아의 정리상황 |
| 잎 | 위에서부터 5매엽까지의 엽수, 잎 크기와 꽃과의 균형, 잎의 색이 짙은 녹색일 수록 좋다. 잎의 광택과 신선도, 농약처리 유무, 병충해 유무 |

② **내적인 평가** : 내적인 평가를 위해서는 절화의 수명에 대한 것을 아는 것이 중요하다.

ㄱ. 격일로 재수화 하기

ㄴ. 일정온도의 실내에 두고 관찰하기

ㄷ. 전처리하지 않은 상태에서 관상 기간 알아보기

---

**tip**

**국내 생화시장**
- 양재동, 강남고속터미널3층, 남대문 상가, 서소문, 지방 꽃 도매시장 등
- 일반 꽃 도매시장은 밤 11 : 30~낮 12 : 30 까지 운영, 소품 및 조화시장은 오전 7시~오후 7시까지
- 월, 수, 금 도매시장으로 꽃이 들어오고 화, 목에는 수입꽃도 들어옴

---

## (3) 재료검수

① 구매한 절화 재료와 부재료의 개수 및 품질을 검수한다.

② 구매계획서와 거래명세서를 대조하여 정확히 검수한다.

③ 거래명세서의 품목과 규격, 수량, 금액을 각각 검수하고 검수인 사인을 받는다.

✓ **유의할 점** : 절화의 품질 기준에 맞게 검수한다. 구매계획서와 거래명세서의 개수가 같아야 한다. 절화의 단에 들어있는 개수도 검수한다.

# 식물소재의 종류에 따른 구입시 절화 수명 최적 상태 알기

| | |
|---|---|
| 거베라 | 개화된 상태로 꽃심 부위는 한두 바퀴 꽃가루가 핀 상태 |
| 개나리 | 개화하기 시작하는 봉오리 상태 |
| 국화(홑꽃) | 대부분 꽃은 개화했으나 꽃심은 녹색을 띠며 미숙 상태로 꽃가루가 보이지 않음 |
| 국화(겹꽃) | 개화된 상태이나 꽃심을 비롯하여 바깥쪽 꽃잎까지 단단해야 함 |
| 글라디올러스 | 아주 일부의 꽃만 개화되고 대부분은 꽃 색을 보이는 봉오리 상태 |
| 꽃양귀비 | 개화하기 시작하는 봉오리 상태 |
| 나리 | 아주 일부의 꽃만 개화되고 대부분은 꽃 색을 보이는 봉오리 상태 |
| 난 | 완전히 개화된 상태 |
| 달리아 | 대부분 개화된 상태로 꽃심 부위는 녹색으로 꽃가루가 보이지 않음 |
| 델피니움 | 화서의 대부분이 개화 |
| 라넌큘러스 | 대부분 꽃이 개화된 상태이나 꽃 중앙은 닫혀있음. 봉오리는 색상이 발현된 상태 |
| 라일락 | 대부분 꽃송이가 봉오리 상태 |
| 루핀 | 화서 하부 50%가 개화 |
| 수레국화 | 완전히 개화된 상태 |
| 수선화(홑) | 꽃 색이 발현되어 바로 개화로 진전될 수 있는 봉오리 상태 |
| 수선화(겹) | 완전히 개화된 상태 |
| 스위트피 | 아주 일부의 꽃만 개화되고 대부분은 꽃 색을 보이는 봉오리 상태 |
| 스타티스 | 거의 모든 꽃이 개화된 상태 |
| 아네모네 | 대부분 꽃이 개화된 상태이나 꽃 중앙은 닫혀 있음. 봉오리는 색상이 발현된 상태 |
| 안스리움 | 화서 아래 부위 50%개화 |
| 아이리스 | 아주 일부의 꽃만 개화되고 꽃 색을 보이는 봉오리 상태 |
| 안개초 | 거의 모든 꽃이 개화된 상태 |
| 알스트로메리아 | 개화된 꽃이 매우적음. 봉오리는 꽃 색이 발현된 상태 |
| 장미 | 개화된 봉오리 상태 혹은 꽃 봉심은 단단히 닫힌 상태로 잎이 줄기에 붙어 있음 |
| 제라늄 | 개화하기 시작하는 봉오리 상태 |
| 철쭉 | 꽃송이 대부분 미개화된 봉오리 상태 |
| 체꽃 | 개화하기 시작하는 봉오리 상태 |

| | |
|---|---|
| **카네이션**<br>(스프레이) | 약 50%정도 개화. 봉오리는 개화 직전으로 풍만해 보이며 단단함 |
| **카네이션**<br>(스탠다드) | 개화된 상태. 개화되지 않아 흰색의 비늘 같은 꽃잎이 보이지 않으며 잎은 단단하고 신선해야 함 |
| **톱풀** | 완전히 개화된 상태 |
| **튤립** | 꽃 색이 보이는 봉오리 상태로 잎이 싱싱하고 단단함 |
| **디기탈리스** | 화서의 50% 개화 |

## 📢 섹션2 : 문제 풀기

**01. 절화 구매요소에 해당되지 않는 것을 고르시오.**

① 외적품질요소      ② 내적품질요소      ③ 사회적요소      ④ 선호적요소

**02. 검수에서 기본이 되는 서류에 속하는 것은?**

① 계약서      ② 시방서      ③ 거래명세서      ④ 품질관리서

📖 정답 |   01 ④      02 ③

## 섹션3 : 절화상품 재료 분류

구매재료 분류는 종류, 크기, 형태별, 용도별 등으로 분류한다.

## 1. 용도별 분류

### (1) 절화

① 매스플라워 mass flower & foliage(덩어리/뭉치 꽃과 잎) : 양적 이미지, 독특한 형태는 아니지만 여러 송이로 부피감 형성

  ✓ 국화, 맨드라미, 카네이션, 수국, 달리아 / 동백나무 잎, 레몬잎, 램스이어, 루스커스, 유칼립투스 등

② 폼플라워 form flower & foliage(형태 / 모양꽃과 잎) : 포컬 포인트가 되는 꽃, 생김새 독특

  ✓ 백합, 칼라, 카틀레야, 안스리움, 방크시아, 프로테아, 헬리코니어, 극락조화, 튤립, 심비디움, 해바라기 / 몬스테라, 팔손이, 당종려, 알로카시아, 필로덴드론 셀룸 등

③ 라인플라워 line flower & foliage(선의 꽃과 잎) : 골격 표현, 선형태를 이루고 있어 윤곽을 만들어 주며 전체적으로는 길고 뾰족한 형태의 꽃

  ✓ 글라디올러스, 스톡, 금어초, 리아트리스, 델피니움, 락스퍼, 부들, 용담 / 엽란, 탑사철, 미국 낙상홍, 부들, 속새, 버들, 네프롤레피스, 산세베리아 등

④ 필러플라워 filler flower & foliage(채우는 꽃) : 공간을 메움, 주로 스프레이타입, 입체감 보완

  ✓ 안개꽃, 스타티스, 소국, 과꽃, 공작초, 프리지아, 아게라텀, 부바르디아 / 아스파라거스, 편백, 아디안툼 등

### (2) 절엽(잎새류)

① 디자인의 깊이감과 안정감을 표현

② 엽란, 칼라데아, 몬스테라, 필로덴드론, 크로톤, 백묘국, 레몬잎, 루스커스, 둥굴레, 아스파라거스, 사철나무잎 등

### (3) 절지(가지류)

① 디자인의 골격을 만들거나 선을 표현

② 곱슬버들, 태산목, 산수유, 화살나무, 쥐똥나무, 노박덩굴, 조팝나무, 철쭉, 낙상홍, 다래덩굴, 삼지닥 나무 등

## (4) 재료 정리 · 보관

구입한 재료는 적절한 수분을 공급해야 하며 물올림 작업 시 절화 특성에 맞게 물올림 방법을 선택하고 적절한 보관 방법을 사용해야 한다.

> **tip**
>
> **절화생리**
>
> 수확된 절화는 줄기를 통한 양분과 수분 흡수가 차단되고 외부 환경에 의해 쉽게 시들게 된다.
>
> - **절화의 수분 흡수와 증산작용**
>
>   수분의 흡수가 차단된 채 증산작용은 진행됨 → 수분흡수량과 증산양의 불균형으로 시듦(위조현상) → 물올림 작업 필요
>
> - **절화의 호흡작용**
>
>   줄기를 통한 양분흡수가 중단되고 광합성도 쉽지 않은 상태에서 호흡작용은 계속되므로 급속한 양분 소모 → 온도를 낮추어 호흡작용을 감소시키고 양분(당) 보충 필요
>
> - **에틸렌의 영향과 노화현상**
>
>   - 에틸렌은 식물의 노화를 촉진하는 식물호르몬으로 꽃잎의 위조, 낙화, 수명 단축의 가장 큰 원인
>   - **에틸렌 발생원** : 식물 자체, 시든 잎, 침엽수잎, 과일, 채소 등
>   - **에틸렌에 의한 피해 증상** : 카네이션(꽃잎 말림, 꽃잎 위조), 알스트로메리아(기형화, 꽃잎의 흑변, 꽃잎 탈리), 튤립(꽃잎 말림, 꽃잎의 청색화, 노화촉진), 금어초(꽃잎 떨어짐, 노화촉진)
>
> - **에틸렌에 대한 절화의 민감도가 중요함**
>
>   - **민감도가 큰 식물** : 금어초, 나리, 난, 카네이션, 아이리스, 델피니움, 부바르디아, 수선, 숙근안개초, 아가판서스, 아네모네, 아스틸베, 알스트로메리아
>   - **민감도가 둔감한 식물** : 거베라, 안스리움, 네리네, 아스파라거스, 튤립

## (5) 절화보존제

① **기능** : 절화의 노화지연, 수명연장

② **절화보존제의 구성 성분**

ㄱ. **당** : 자당, 포도당, 과당(효과적인 에너지원, 기공의 기능성을 높이고 수명 연장, 꽃잎의 세포팽압 유지, 화색 선명, 봉오리 개화촉진)

ㄴ. **살균제** : 질산은(AgNo3), STS, Aluminum Sulfate 등( 미생물 증식 억제 및 꽃 목 굽음 현상 방지, 당과 함께 첨가)

③ **에틸렌 억제제** : STS, AOA

④ **생장조절물질** : BA, Kinetin, 사이토킨, 지베렐린, ABA

⑤ **기타** : 구연산, 아스코르빈산, 황산, 칼슘 등

## (6) 물올림

① **물올림 방해** : 유관속(관다발) 패쇄

ㄱ. 도관으로의 공기 유입으로 기포 발생

ㄴ. 박테리아 등의 미생물에 의한 도관 폐쇄

ㄷ. 유액 분비로 절구가 굳음

ㄹ. 단백질, 펙틴, 폴리페놀 등의 점착물에 의한 도관 폐쇄

② **물속 자르기(수중절단)** : 도관으로의 공기유입 방지(예 : 장미, 카네이션, 거베라, 금어초 및 튤립, 백합 아마릴리스, 아이리스 등 구근류)

③ **열탕처리** : 꽃, 잎을 종이로 감싼후 절단 부위를 80~100℃ 물에 수초간 담근 후 찬물에 담금(예 : 숙근안개초, 국화, 스톡, 금어초)

④ **탄화처리** : 유액이 나오는 절화, 절단면 주변을 수초간 불에 그을린 후 찬물에 담금(예 : 포인세티아, 개양귀비, 장미)

⑤ **화학 처리** : 소금, 식초, 초산염, 알코올 등의 첨가하여 수분 흡수를 높이는 방법

  ✓ 산성수 사용. pH3.5일때 수분 흡수 최고

⑥ **온수 침지** : 따뜻한 물이 찬물보다 흡수 용이

## (7) 재료 보관

① 깨끗한 통을 준비하고 통안에 1/3 정도 미지근한 물을 붓는다. 물에 절화보존제를 넣어 준비한다.

② 단을 풀어 물에 잠길 정도의 부분까지 잎과 가시를 제거한다.

③ 줄기밑을 사선으로 잘라 물올림하여 준다.

④ 같은 종류의 꽃끼리 한 곳에 모아 1시간 정도 실온에 두고 이후 냉장 보관한다.

  ✓ 수선화는 독소가 있어서 분리한다. 노무라, 크로톤, 아이비 등의 넓적한 모양의 잎은 비닐 주머니에 보관하여 수분이 날라가지 않도록 한다.

## 📢 섹션3 : 문제 풀기

**01. 디자인의 골격이 되어 선을 구성하거나 윤곽을 잡는 데 사용되는 것은?**

① 매스플라워        ② 라인플라워        ③ 필러플라워        ④ 폼플라워

**02. 다음 꽃 중에서 형태별 구분 시 라인(line)형에 속하지 <u>않는</u> 것은?**

① 장미        ② 스토크        ③ 금어초        ④ 아이리스

**03. 꽃의 형태에 따른 분류 중 폼플라워(Form Flower)에 해당되지 <u>않는</u> 것은?**

① 백합        ② 안스리움        ③ 안개꽃        ④ 극락조

**04. 에틸렌가스가 절화에 미치는 영향은?**

① 도관을 막아 수분 흡수를 방해하고 물을 부패시킨다.

② 꽃은 노화가 빨리 진행되고 잎이 황화현상이 일어난다.

③ 미생물이 번식하거나 꽃이 부패하기 쉽다.

④ 개화의 속도가 빨라지고 양분의 소모가 급격히 증가한다.

**05. 절화의 경우 유액이 많이 나오는 식물의 수명 연장을 위해 어떻게 처리하여야 하는가?**

① 물속자르기를 한다.

② 절화보존제를 사용한다.

③ 물통에 넣어 물을 흡수하게 한다.

④ 탄화처리를 한다.

📖 **정답 |**   01 ②        02 ①        03 ③        04 ②        05 ④

# Chapter2
## 화훼장식 절화 기본 상품제작



### 섹션1 : 절화상품 작업준비

## 1. 작업 공간 확보 및 시설, 장비, 인력 배치

### (1) 플라워샵 내부 공간
① 서비스 공간(파는 곳, 포장지와 팜플렛 비치), 작업 공간, 창고, 냉장고 필요

② 작업 공간에는 도구와 재료들을 두고 냉장고, 싱크대, 테이블 등을 갖추고 편안하게 작업할 수 있
  도록 한다.

### (2) 인력
① **책임 플로리스트** : 플라워샵에서 일어나는 모든 일에 대해 인지

② **플로리스트** : 플라워 상품 제작

③ 전화 주문과 회계 처리

④ **배달원** : 상품 배달

## 2. 절화상품 재료

### (1) 절화재료
구매계획서에 따라 절화 상품 제작에 필요한 절화 재료를 알맞게 구입하여 준비

### (2) 절화커팅 도구
① **플로리스트나이프** : 플라워 디자인에서 소재를 컨디셔닝하거나 줄기를 자를 때 사용하는 나이프
  로, 가위를 사용할 때보다 줄기의 손상이 적어 많이 사용된다.

② **플로리스트가위** : 가장 일반적으로 사용되는 커팅도구로 초본성 절화의 잎이나 줄기를 자르는데 사용된다.

③ **전정가위** : 플로리스트나이프나 가위로 자르기에는 굵고 강한 나뭇가지들을 자르는데 사용하는 가위로, 날카로운 날을 가지고 있어 깨끗하고 부드럽게 식물소재를 커팅할 수 있다.

④ **수공가위** : 지류나 리본 등 부소재를 자르기 위한 길고 날카로운 날을 가진 일반적인 가위이다.

⑤ **와이어커터** : 다양한 소재의 철선 등을 커팅하는 공구로, 일반 커팅도구를 사용해 와이어를 자르면 날이 상하거나 와이어의 끝부분이 날카롭게 망가지기 때문에 전용커터를 사용해야 한다.

⑥ **핑킹가위** : 지류나 리본, 부직포, 포장재 등에 장식적 효과를 내기 위해 톱니 모양의 날을 가지고 있다.


## [3] 고정 재료

꽃이나 가지 등 절화 재료를 고정하거나 묶는 수단

① **격자(Grids)** : 철사 등의 가늘고 긴 재료를 가로와 세로를 직각이 되게 일정한 간격으로 맞추어 바둑판 모양으로 만들어 공간에 식물을 고정시키는 수단이다(없을 시에는 플로랄 테이프로 격자를 만들어 사용하기도 한다).

② **플로랄 폼(Floral foam)**

ㄱ. 꽃이나 가지의 고정 수단으로 강한 흡수성과 수분 보유력을 가진다. 식물 고정이 쉽고 많은 양의 재료를 다양한 형태로 디자인할 수 있다.

ㄴ. 오아시스(Oasis)라고 불리는데 플로랄 폼을 만든 회사의 명칭으로 정식명칭은 플로랄 폼이다.

ㄷ. **수분 흡수 방법** : 물 위에 띄워 저절로 흡수되도록 하며 강제로 누르지 말아야 한다.

ㄹ. **화기에 고정하기** : 밖에서 보이지 않도록 고정한다.

ㅁ. **꽃 꽂기** : 줄기를 사선으로 잘라 약 3~5cm 길이로 정확한 위치에 단번에 꽂는다. 꽂은 곳은 구멍이 나므로 다시 꽂기 어렵다.

③ **침봉** : 동양 꽃꽂이 식물 고정 도구이다. 친환경적 지지대지만 가격이 비싸고, 다양한 형태로 디자인 하기가 어렵다. 하지만 최근에는 다양한 화기에 침봉과 치킨와이어를 동시에 이용하여 작품을 만들기도 한다.

④ **핀홀더** : 플로랄 폼을 화기에 고정시키는 것으로 화기 바닥에 접착 점토로 고정한다.

⑤ **점착 점토** : 용기 속에 침봉이나 핀 홀더를 고정하는 방수성 접착제이다.

⑥ **워터 튜브**

ㄱ. 절화의 줄기가 짧아 플로랄 폼에 바로 꽂을 수 없는 경우 사용한다.

ㄴ. 절화를 꽃다발로 포장하거나 박스에 넣어 운반 시 신선도 유지를 위해서도 사용한다.

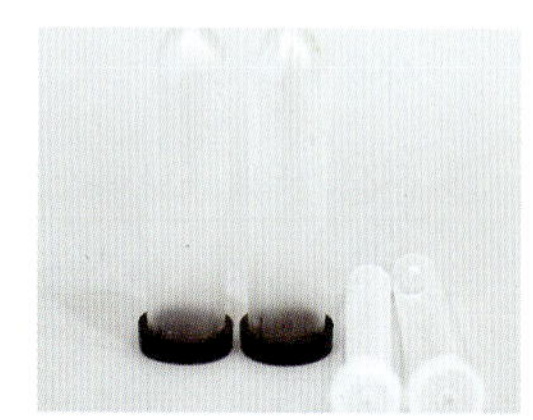

⑦ **철사**(wire)

ㄱ. 줄기나 잎을 보강하거나 줄기를 대체할 때 재료를 묶을 때 또는 장식용으로 사용

ㄴ. 지름에 따른 번호가 있다. 가장 작은 수가 가장 굵고, 가장 큰 수가 얇다. 재료를 잘 지탱할 수 있는 범위 내에서 가장 가는 철사를 선택한다.

ㄷ. 와이어 숫자 앞에는 #으로 표시한다(#18 > #20 > #22 > #24 > #26 순으로 두껍다).

⑧ **철망** : 철사로 짠 그물로 용기안에 구기거나 말아넣어 꽃이나 가지를 고정한다.

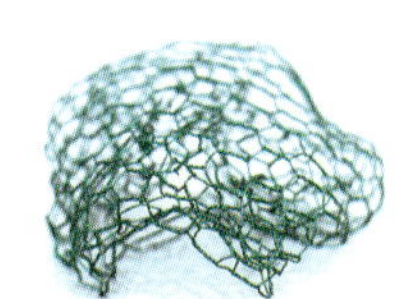

⑨ **플로랄 테이프**(Floral tape)

ㄱ. 종이에 파라핀을 입혀 방수 기능이 있는 접착성 종이테이프로 신축성이 있다.

ㄴ. 철사의 접합을 돕고 철사를 감추거나 소재를 묶는 역할을 하며, 폭 1.2cm 를 많이 사용한다.

⑩ **글루건과 글루팬** : 전기를 이용하여 글루를 녹이는 도구이다.

ㄱ. **글루건** : 이용이 간편하고 접착력이 우수하다. 200℃이상 까지도 올라가므로 화상 주의. 물에 쉽게 떨어지는 단점이 있다.

ㄴ. **글루팬**(글로포트) : 접착력이 가장 우수하며 물기가 있어도 사용이 가능하다. 여러 명이 동시에 사용하기에 편리하다.

⑪ **케이블 타이** : 원래 전기선이나 철근을 묶는 재료이다. 구조물이나 작품 고정에 사용되고 장식효과를 낼 수 있다.

⑫ **라피아**(Raffia) : 황갈색의 가벼운 종려 섬유로 화훼장식을 묶는 끈이나 장식용으로 사용한다.

## 3. 절화상품 용기

### (1) 조건

① 미적, 기능적일 것

② 식물 지탱력이 있어야 하고 고정 재료들을 가릴 수 있을 것

③ 디자인 양식과 목적에 맞을 것. 전체 디자인, 장식물을 둘 공간과 조화를 이룰 수 있을 것

### (2) 형태

병, 수반, 사발, 콤포트(다리가 달린 화기), 항아리 바구니, 유리관 등

### (3) 재질

소재들과 비슷한 질감의 용기 사용

① **매끈한 질감**(유광 금속, 도자기) : 격식있는 느낌. 단아하고 고급스럽다.

② **거친 질감**(바구니, 나무 소재) : 일상적이고 자연적인 분위기가 난다.

## 4. 재료 선행작업

### (1) 가시제거

잎과 가시를 동시에 제거

### (2) 와이어링 작업(철사 사용 방법)

부케나 코사지에서와 같이 원하는 디자인을 만들기 쉽도록 자연 줄기를 조금만 남기고 철사로 인공

줄기를 만드는 작업

① **피어싱(Piercing)기법**

ㄱ. 꽃받침이나 줄기에 철사를 수평으로 관통시켜 양쪽 철사를 아래로 구부려 줄기에 감아주는 방법

　　으로 장미, 카네이션 등 꽃받침 부분이 발달된 꽃에 이용된다.

ㄴ. 두개의 철사를 이용하여 열십자가 되게 꽂아 내려주는 것은 크로싱(Crossing)이다.

② **후킹(Hooking) 기법** : 철사끝의 0.3cm~1cm정도를 갈고리 모양으로 구부려 꽃의 중심부의 위에서

　　밀어 넣어 아래로 당기는 방법으로 국화과 식물에 이용된다.

③ **인서션(Insertion) 기법** : 꽃의 줄기가 속이 비어 있거나 잘 부러지는 경우 이를 보완하기 위해 줄기의 기부로부터 철사를 찔러 넣는 방법이다. 거베라, 칼라 등에 이용된다.

④ **시큐어링(Securing) 기법** : 부러지기 쉽고 약한 줄기에 철사를 감아 줄기를 보강하는 방법이다.

⑤ **헤어핀(Hairpin) 기법** : 철사를 잎이나 꽃잎의 하부에 찔러 넣어 U자 형태로 구부려 주는 방법이다.

⑥ **소잉(Sewing) 기법** : 꽃잎이나 잎을 시침질하듯 철사로 꿰매는 방법이다.

⑦ **트위스팅(Twisting) 기법** : 철사 가닥을 접어 줄기가 달린 자잘한 꽃이나 잎을 모아 줄기의 갈라진 곳에 건 다음 한쪽 철사 가닥으로 줄기와 함께 나머지 철사를 감아주는 방법이다. 숙근안개초, 스타티스, 소국 등에 이용된다.

⑧ **루핑(Loooping) 기법** : 철사의 끝 부분을 둥글게 구부려 꽃의 위에서부터 아래로 찔러 넣어주는 방법이다. 주로 종 모양 꽃에 이용된다.

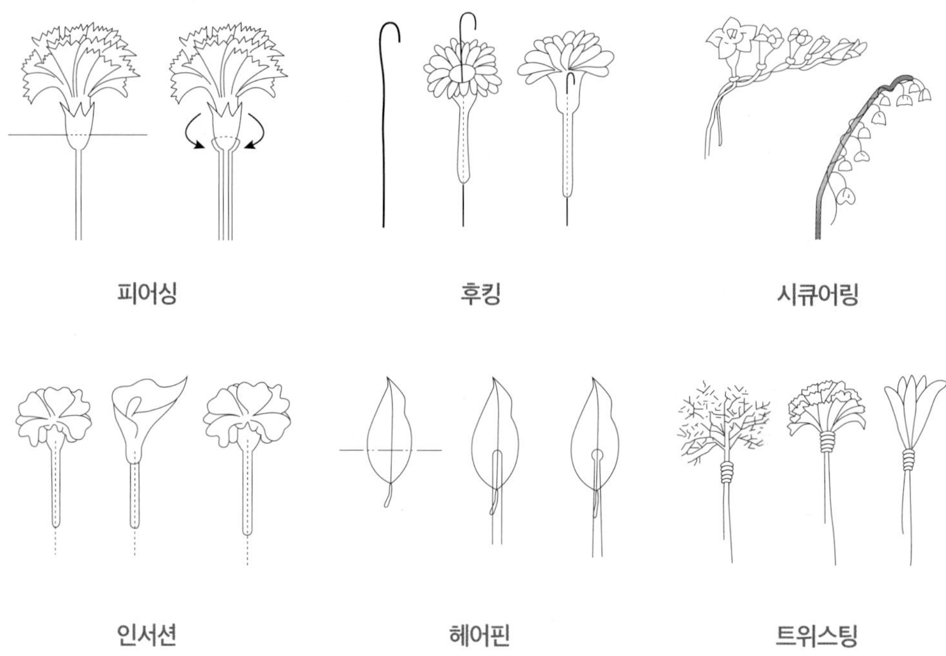

피어싱　　　　후킹　　　　시큐어링

인서션　　　　헤어핀　　　　트위스팅

## (3) 플로랄 폼 준비

### ① 플로랄 폼 수분 흡수

ㄱ. 물 위에 띄워 저절로 물이 흡수되도록 한다.

ㄴ. 강제로 누르거나 물을 뿌리면 폼안의 공기가 밖으로 나오지 못하고 겉면만 물로 적시게 된다.

② 화기에 고정하기

ㄱ. 일반적 디자인은 화기보다 2cm~3cm 정도 높게 셋팅한다.

ㄴ. 화기와 플로랄 폼 사이에 약간의 공간을 둔다.

③ **다듬기** : 화기와 디자인에 맞도록 칼로 다듬어 꽃을 꽂을 면을 넓힌다.

④ **꽃 꽂기**

ㄱ. 줄기를 사선으로 잘라 정확한 위치에 약 3cm~5cm 정도 깊이로 단번에 꽂음

ㄴ. 꽂은 구멍은 폼이 뭉개져서 다시 꽂지 않는다. 구멍이 많이 생기게 되면 재활용이 불가하다.

## 5. 절화 장식의 종류와 특성

### (1) 센터피스

① **소재**

ㄱ. 절화 장식이나 소형 분식물을 이용하여 장식한다.

ㄴ. 향기가 짙은 소재는 식사 테이블에 올릴 때에 음식의 풍미를 잃게 할 수 있으므로 피한다.

ㄷ. 흙이나 이끼, 나무 뿌리 등은 자연스러운 소재이지만 테이블의 분위기를 저해하거나 지저분하게

　보이지 않도록 조심해야 한다.

· 쉽게 형태가 변하거나 떨어지는 소재, 꽃가루가 날리는 소재의 사용을 자제한다.

· 주제, 계절, 주변환경에 따라 적절한 소재와 색상을 선택한다.

· 가까운 곳에서 관상하기 때문에 섬세한 마무리가 필요하다.

② **크기와 높이**

ㄱ. **크기** : 테이블 크기의 가로세로 각 3분의 1정도의 크기로 구성한다.

ㄴ. **높이** : 마주보는 사람들의 시야를 가리지 않도록 높지 않게 배치한다.

### (2) 병꽂이

병을 화기로 사용한 꽃꽂이. 투명 테이프를 이용하여 꽃줄기들이 서로 지지하도록 하거나 그린 재료를 이용하여 사이사이에 꽃을 꽂는다.

### (3) 꽃다발(Hand-tied bouquet)

손으로 자연줄기를 잡아 끈으로 묶은 것. 독일에서는 스트라우스라고 함. 형태로는 크게 프리젠테이션 꽃다발과 라운드 꽃다발이 있다.

## (4) 신부화(브라이덜 부케 Bridal bouquet)

라운드형, 케스케이드형, 삼각형, 초승달형 등 다양한 형태. 초기에는 순결을 의미하는 흰색만 사용했으나 현재는 다양한 색상을 사용한다.

## (5) 코사지(corsage)

① 원래는 여인의 상반신이나 의복에 장식하는 작은 꽃묶음을 의미. 지금은 신체 장식은 물론 장신구와 증정용 선물에 사용되는 작은 꽃묶음까지 포함

② 종류 : 헤어코사지(머리장식), 숄더코사지(어깨장식, 에폴릿 포함), 바스트코사지(가슴부위 장식), 웨이스트코사지(허리장식), 리슬릿코사지(팔, 손목장식, 브레이슬릿), 앵클릿코사지(발목, 발목의 뒷부분 장식)

✓ **부토니어(boutonniere)** : 결혼식 때 신랑의 가슴에 꽂는 꽃. 주례나 링보이, 신랑 아버지도 착용가능

## (6) 리스(Wreath, 크란츠)

① 고리 모양의 틀에 꽃이나 잎 등 다양한 소재들을 꽂거나 붙여서 제작한 화훼장식

② **리스의 역사와 의미** : 고대 이집트에서부터 시작. 고리모양은 영원성, 불멸을 의미

③ **리스 몸체 폭과 안쪽 공간의 비율** : 황금비율로 제작한다. 시각적 비율을 고려하여 1:1.618:1 한다.

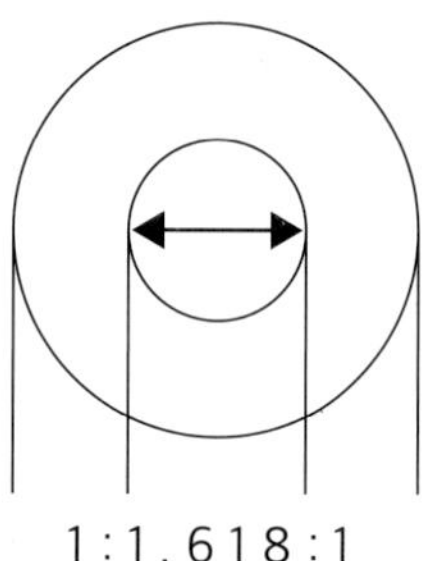


## (7) 화환

축하화환(결혼식, 개업식 등), 근조화환(장례식 때 애도의 마음을 전하기 위한 화환). 축하화환에는 거베라, 장미, 백합 등이 많이 사용되며 근조화환은 주로 국화를 사용한다.

## (8) 꽃바구니(flower basket)

바구니를 화기로 하여 꽃을 꽂은 것. 바스켓에 비닐을 깔고 혹은 비닐이 깔린 바스켓에 플로랄 폼을 넣어 고정시킨 후 꽃을 꽂는다. 운반이 편리하며 선물하기 좋아 상품으로 많이 사용한다.

## (9) 플라워박스(flower box)

원형, 사각형, 하트모양 등 다양한 형태의 상자에 플로랄 폼 등을 이용한 화훼장식. 최근 많이 판매되는 상품이다.

## (10) 갈란드(garland)

고대 이집트 시대부터 사용. 꽃이나 잎, 열매 등을 차례로 엮어 만든 긴 꽃 줄 장식. 결혼식, 파티 등 행사장 장식에 많이 이용한다.

# 6. 절화 화훼식물의 조형

## (1) 줄기배열

방사선, 병렬선(병행선), 교차선, 감긴선

① **방사(radial)** : 작품의 모든 줄기가 하나의 생장점이나 초점을 향하고 있으며 줄기의 끝은 사방으로 퍼져나감

② **병행(parallel)**

ㄱ. 소재들이 각자 다른 초점이나 생장점을 가지고 같은 방향으로 평행에 가깝게 배열

ㄴ. 수직, 수평, 사선, 직선, 곡선 어떤 형태로든 가능

③ **교차(crossing)** : 여러개의 초점 혹은 생장점으로부터 나온 줄기가 각각 다른 각도의 방향으로 뻗어서 서로 교차하는 상태로 배열, 병행상에서 발전

④ **감긴 모양(winding)** : 줄기들이 휘감기는 유연한 선의 흐름으로 이루어진 배열, 교차상이 발전, 구조적 구성에 많음

⑤ **줄기 배열이 없는 구성(무초점, free line)** : 줄기를 자유롭게 배열하거나 꽃송이나 꽃잎, 잎, 열매만으로 구성(갈란드, 리스, 구조적 디자인, 오브제적 디자인, 콜라주, 파베)

## (2) 구성형식과 표현양식 ***

### ① 장식적 구성(Decorative) ***

ㄱ.식생적 구성과 반대되는 개념. 식물이 자연에서 생장하는 모습과는 상관없이 화훼장식가의 의도에 따라 소재를 인위적으로 자유롭게 재구성하는 형식

ㄴ.풍성하고 화려. 작품의 외곽선이 뚜렷한 편

ㄷ.각 소재의 가치보다 작품 전체의 형태와 색 등 전체적 조화를 더 중시

ㄹ.대개 대칭적 구성. 비대칭적 구성도 가능

### ② 식생적 구성(Vegetative) ***

ㄱ.식물이 자연 상태에서 있는 것과 같은 형태로 식물의 자연적 특성에 최대한 가깝게 표현하는 구성 형식. 그대로 모방하기 보다는 화훼장식가가 해석하는 자연표현

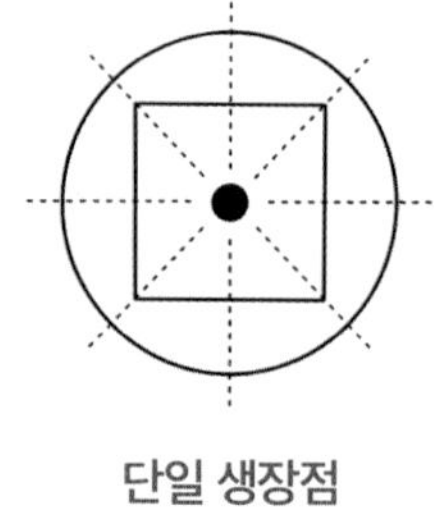
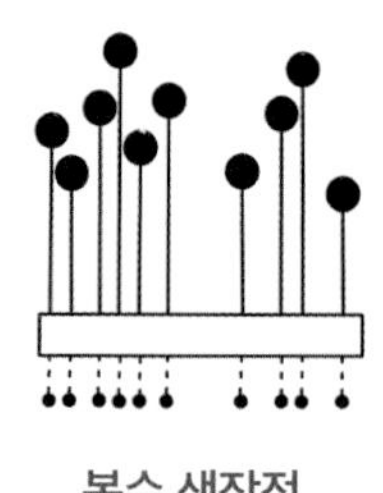


ㄴ.식물의 생장 형태. 자연의 법칙 고려. 각 소재들의 가치와 개성, 형태, 운동성 중시

ㄷ.대부분 비대칭적으로 구성. 주그룹, 역그룹, 부그룹으로 표현

### ③ 구조적 구성(Structural) *

ㄱ.각각의 소재가 가진 형태, 크기, 색, 재질감, 소재들의 배열로 나타난 표면조직 등 구조의 효과를 부각시키는 구성형식. 장식적 구성의 발전

ㄴ.자유로운 줄기 배열. 대칭 혹은 비대칭

### ④ 형 - 선적 구성(Formal - linear) **

ㄱ.형태와 선을 대비시키는 구성 형식. 보통 방사선 배열(교차선 등 다른 배열도 가능)

ㄴ.선과 형태, 질감의 대비가 강조되므로 긴장감을 유발하고 소재들의 가치가 돋보임

ㄷ.대부분 비대칭 구성, 소재의 양과 종류는 최대한 억제

### ⑤ 오브제적 구성(Objective) *

ㄱ.식물소재나 그 일부를 원래의 자연적 형태에서 분리시키거나 변형시켜 다른 목적의 추상적 물체(오브제)로 표현. 비사실적 기법을 통해 순수 구성미 추구

ㄴ.소재의 표현이 자유롭고 형식에 구애를 받지 않음. 그대로 사용하는 소재의 경우 전혀 새로운 의미부여 가능. 무초점

⑥ **도형적 구성**(graphic, graphische)

ㄱ. 선이나 형태를 통해 디자인 전체가 도형화

ㄴ. 매우 인위적인 구성으로 명확하고 추상적, 비대칭 선호, 반드시 교차가 있어야 한다.

⑦ **평면 구성**

ㄱ. 완전한 평면보다는 약간의 공간이나 높이를 갖는 경우가 대부분

ㄴ. 콜라주, 파베디자인, 구조적 디자인 등 대부분 무초점

# 7. 절화 화훼장식의 표현 기법

## (1) 소재 결합 기법

① **밴딩**(Banding) : 특수한 요소를 강조하기 위해 시선을 끌 목적과 장식적 목적으로 특정 부분을 묶거나 감싸주는 방법이다.

② **바인딩**(Binding) : 스스로 지탱할 수 없는 소재들을 결속시키는 기능적인 목적으로 묶는 것이다.

③ **번들링**(Bundling) : 다량의 재료를 옥수수 단이나 짚단처럼 다발로 묶는 것이다.

④ **번칭**(Bunching) : 비슷한 재료를 함께 여러 개 묶어 꽂기 좋게 만드는 것이다.

| 밴딩 | 바인딩 | 번들링 |

## (2) 베이싱(Basing) 기법

화훼장식의 아랫부분(베이스)에 장식적, 기능적으로 소재를 배치하는 방법

테라싱

① **레이어링**(Layering) : 넓고 평면적인 소재를 약간씩 겹쳐주며 펴 나가는 방법이다.

② **테라싱**(Terracing) : 같은 종류의 소재를 계단 모양으로 차례로 배치하는 베이스장식이다.

③ **필로잉(philowing)** : 짧은 소재를 밀집되게 바짝 붙여 모아 작은 언덕이나 베개 모양을 이루도록 나지막하게 배치하는 방법이다.

④ **파베(Pave)** : 편편한 판에 보석을 세팅한 것처럼 같은 꽃과 소재를 공간 없이 촘촘히 장식한 것이다.

⑤ **클러스터링(Clustering)** : 가치가 낮거나 크기가 작아 하나씩 사용하면 눈에 잘 띄지 않는 소재들을 뭉치로 모아 꽂아 색이나 질감이 좀더 돋보일 수 있도록 구성하는 기법이다.

## (3) 집단화 기법

① **그루핑(Grouping)** : 같은 성격을 가진 꽃, 유사한 색이나 형태끼리 모아서 그룹으로 배치한다. 소재의 집단화로 시각적으로 안정되고 정돈된 느낌을 주며 그룹과 그룹 사이에는 여유 공간을 두어 그룹이 돋보이게 한다.

② **조닝(Zoning)** : 넓은 공간을 구획화하여 비슷한 성격의 소재들을 구역 단위로 배치한다.

그루핑

## (4) 시각적 효과를 강화하는 기법

① **시퀀싱(Sequencing)** : 점차적 변화를 표현하는 것으로 색, 형태, 질감 등에서 점진적 변화를 주는 것이다.

② **쉐도잉(Shadowing)** : 입체적인 깊이를 주기 위한 기법으로 먼저 꽂은 소재의 근처에 똑같은 소재를 그림자처럼 하나 더 배치하는 기법이다.

③ **프레이밍(Framing)** : 작품의 특정 부분이나 작품 전체가 돋보이도록 테두리를 만들어 둘러싸는 기법이다.

④ **베일링(Veiling)** : 가볍고 투명감이 높은 베어그라스, 스마일락스 같은 소재를 꽃과 주 소재위에 여러 겹 걸치거나 씌워 베일을 쓴 것처럼 표현한다.

쉐도잉

## (5) 기타 디자인 기법

① **스테킹(Stacking)** : 장작을 쌓아 올리듯이 소재들을 상하로 공간없이 층층이 쌓아올리는 기법이다.

② **셸터링(Sheltering)** : 소재를 보호하는 것처럼 보호 공간을 만들어 보금자리 같은 느낌이 나게 하는 기법이다.

스테킹

③ **위빙(Weaving)** : 긴 줄기의 소재를 서로 엮어서 짜는 기법으로 호엽난, 잎새란 등이 사용된다.

④ **칼러링(Collaring)** : 신부 부케 등 원형 디자인 가장자리에 리본이나 깃털, 잎 등을 둘러주는 것이다.

⑤ **테일러링(Tailoring)** : 소재를 사용 목적에 맞게 오리는 것이다.

⑥ **업스트래팅(Abstrating)** : 식물소재를 고유의 형태대로 사용하지 않고 추상적으로 변화시켜 사용하는 것이다.

⑦ **프리센트 테크닉(Fliessend technique)** : 강물이 흐르는 듯한 모습으로 표현하는 것이며 워터폴 디자인 기법의 변형이다.

⑧ **플로팅 테크닉(Floating technique)** : 시험관 등을 이용하여 재료가 공중에 떠 있는 것처럼 보이도록 하는 장식적 기법이다.

⑨ **페더링(Feathering)** : 카네이션이나 국화꽃 등을 분해한 후 꽃잎을 여러 장 겹쳐 몇 개의 뭉치로 만드는 식으로 다시 조립하는 기법이다.

## 8. 화훼디자인 요소

디자인 요소란 시각적으로 느낄 수 있는 물체의 특성 중에서 가장 작은 단위로 화훼장식에서 중요시되는 요소로는 선, 형태, 질감, 공간, 깊이 등이 있다.

### [1] 선(Line) ★★

① **선의 효과** : 디자인의 골격과 구조 형성에 중요한 역할을 하며 선의 방향성은 시선을 유도하여 리듬감을 부여한다.

② **선의 유형** : 물체선(실제 존재하는 선), 암시선(실제선이 아닌 반복적인 요소들에 의해 만들어지는 선), 심리선(마음으로 두 물체를 연결할 때 만들어지는 선) 등이 있다.

③ **방향에 따른 선의 종류**

ㄱ. **수직선** : 근엄하고 공식적인 느낌이며 권위, 엄숙, 위엄, 상승, 경직, 희망 등의 의미를 나타낸다.

ㄴ. **수평선** : 평화롭고 조용한 느낌이며 휴식과 안정감을 준다.

ㄷ. **사선** : 운동성이 매우 강한 동적인 선으로 긴장과 흥미를 유발하고, 강렬하며 불안정하고, 변화를 준다.

ㄹ. **곡선** : 대체로 부드럽고 온화한 느낌을 준다. 유연하고 우아하며 동적이다. 또한, 리듬감을 나타낸다.

## (2) 형태(Form)

① **형태의 효과**:물체나 공간의 3차원적인 측면으로 화훼장식에서 소재나 디자인의 외형, 외곽선으로 나타난다.

② **화훼장식 형태의 종류**

ㄱ.**식물 소재의 형태**:선 형태(Line), 독특한 형태(Form), 덩어리 형태(Mass), 자잘한 형태(Filler)

ㄴ.**외곽선 형태**:폐쇄적 형태(예:원형, 부채형), 개방적 형태(예:L자형)

ㄷ.**디자인 형태**:전통적인 기하학적 형태, 현대적인 형태

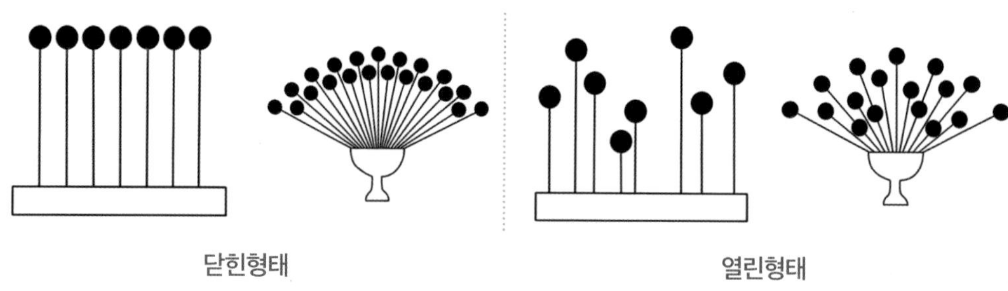


## (3) 공간(Space)

① **공간의 구분**

ㄱ.**양성적 공간(Positive space)**:형태가 자리 잡은 공간을 말한다.

ㄴ.**음성적 공간(Negative space)**:소재들 사이 비어 있는 공간을 말한다.

ㄷ.**빈 공간(Voids)**:소재들을 다른 디자인 부분과 연결하는 긴 선이 있는 연결 구역을 말한다.

② **공간의 효과**

ㄱ.음성적 공간과 빈 공간은 디자인의 형태에 큰 영향을 준다.

ㄴ.디자인의 혼잡을 제거하고 다른 구성 요소를 강조한다. 공간의 반복으로 리듬 표현이 가능하다.

## (4) 깊이(Depth)

줄기의 각도 조절, 소재 겹치기, 소재의 장·단 배치, 크기나 색, 명도, 질감 등의 변화를 이용하여 깊이감을 연출한다.

## (5) 질감(Texture)

① **질감과 효과**

ㄱ.**질감**:어떤 물체가 지니는 시각적, 혹은 촉각적 표면의 특징이다.

ㄴ. **질감의 효과** : 질감의 혼합을 통해 깊이감과 시각적 다양성을 주고 조화와 통일감 혹은 강조의 효과와 흥미를 유발한다. 디자인의 균형에 영향을 미친다.

② **식물 재료의 질감**

ㄱ. **딱딱함, 매끄러움** : 안스리움, 천남성잎, 크로톤(금속성), 백합, 부바르디아(도기 재질)

ㄴ. **꺼칠함** : 방크시아, 아킬레아, 천일홍, 해바라기, 카네이션, 리아트리스

ㄷ. **부드러움, 연함**

- 코스모스, 아이슬란드 포피, 리시안셔스, 흰장미, 동백(실크)

- 백일홍, 글록시니아, 스타티스, 붉은 장미, 거베라, 카틀레야, 팬지(벨벳)

- 맨드라미, 아게라툼, 아네모네, 에델바이스, 아스틸베(울)

## (6) **색채**(Color)

사물의 색채와 형태, 질감 중 우리 눈에 가장 먼저 들어오는 것이 색채이다.

✓ 색 80% > 형태 15% > 질감 5%

① **물체와 색** : 물체는 그 자체가 색을 가지고 있는 것이 아니라, 그 물체에 닿은 빛을 물체가 흡수하거나 반사, 투과함으로써 마치 색을 가진 것처럼 보이는 것으로 흰색은 빛을 모두 반사하고 검은색은 빛을 모두 흡수하며 빨간색은 빨강 파장만 반사하고 나머지는 흡수한다.

② **색의 물리적 분류**

ㄱ. **물체색** : 물체가 가지고 있는 것처럼 보이는 색을 말한다.

ㄴ. **표면색** : 빛이 반사되는 물체의 표면에 보이는 색을 말한다.

ㄷ. **경영색** : 거울 등 불투명한 물질의 광택 면에 비친 대상물의 색을 말한다. 거울색이라고도 한다.

ㄹ. **면색** : 음영, 질감이 느껴지지 않고 균일하며 물체라는 느낌이 들지 않고 색만 보이는 상태의 색을 말한다.

ㅁ. **공간색** : 유리병 속 액체나 얼음덩어리처럼 3차원 공간의 투명한 부피가 느껴지는 색을 말한다.

ㅂ. **광원색**(Light source color) : 빛을 스스로 발하는 광원에서 발하는 색을 말한다.

✓ **연색성**(color rendering) : 광원이 물체에 빛을 비출 때 대상 물체가 얼마나 원래의 색을 잘 나타내는가 하는 것

③ **색의 속성에 따른 분류**

ㄱ. **무채색** : 밝고 어두운 정도인 명도만으로 구분된다.

ㄴ. **유채색** : 물체색 중에서 순수한 무채색을 제외한 모든 색을 말한다.

④ **색의 3속성**

ㄱ. **색상**(Hue) : 빛의 파장 자체로 빨강, 노랑, 파랑 등 다른 색과 구별되는 고유의 특성이다.

색상환이란 다양한 색상을 계통적으로 둥글게 배열한 것이다.

ㄴ. **명도(Value)** : 색의 밝고 어두운 정도로 유채색과 무채색에 모두 존재한다. 가장 밝은 흰색부터 가장 어두운 검은색까지 고명도, 중명도, 저명도로 구분된다.

ㄷ. **채도(Chroma)** : 색의 순수도, 즉 맑고 탁한 정도(포화도)를 나타낸다. 채도는 무채색이나 다른 유채색을 혼합할수록 채도가 낮아진다.

⑤ **색 체계**

ㄱ. **먼셀 색 체계** : 미국의 먼셀(Munsell)이 창안하였으며 색채 교육용으로 우리나라에서도 채택되었다.

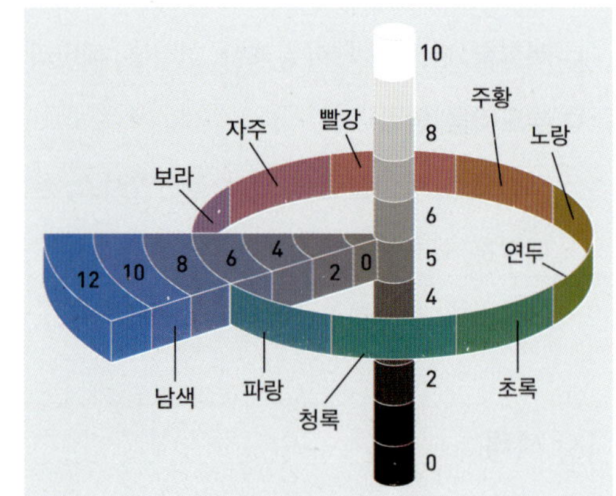


먼셀의 컬러 시스템

- 색상 : 빨강(R), 노랑(Y), 녹색(G), 파랑(B), 보라(P)의 다섯 색이 기본이고 100가지 색상이 있다.

- 명도 : 무채색을 기준으로 흰색(10)에서 검은색(0)까지 11단계로 나뉜다.

- 채도 : 1에서 최대 14가지 모두 14단계로 나뉜다. 순도가 높을수록 큰 숫자로 나타낸다.

- 색표기법 : H V/C = 색상 명도/채도(예 : 5R 4/14는 빨강 기본색으로 명도는 4, 채도는 14)

- 먼셀 색입체 : 색상은 원, 명도는 수직, 채도는 방사선으로 배열된다.

ㄴ. **오스트발트 색 체계** : 헤링(Hering) 의 색채 감각설에 따라 순색인 노랑, 빨강, 파랑, 녹색의 4색상과 이상적인 흰색과 검은색의 색량에 따라 모든 색을 표시한다.

- 모든색은 흰색량(W) + 검정량(B) + 순색량 = 100% 에 의한 혼합비로 구성된다.

- 색 표기법 : 색상번호, 흰색량, 검정량 순서(예 : 2ca 색상번호가 2이고 흰색량 56%, 검정량 11%인 노랑)

ㄷ. **요하네스 이텐(J.Itten)의 색 체계** : 1차색(빨강, 노랑, 파랑), 2차색(주황, 초록, 보라), 3차색(1차색과 2차색을 혼합한 6가지)의 총 12색상으로 구성된다.

ㄹ. **NCS(natural color system)** : 스웨텐에서 개발되어 유럽 등 전 세계에서 사용하고 있는 색 체계이다.

요하네스 이텐 색 체계

- 흰색(W),검정(S), 노랑(Y), 빨강(R), 파랑(B), 녹색(G)의 6가지 기본이 된다.

- 색표기법 : 검정량, 순색량, 색상 순서(예 : S2030-Y90R : 검정량 20%, 순색량 30%이며, 빨강이 90% 포함된 노랑)

⑥ **색의 대비(Color contrast)**

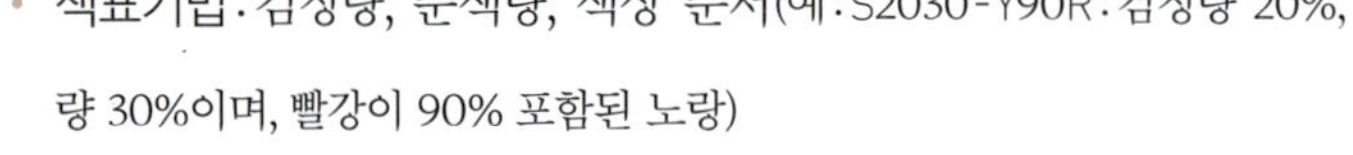

ㄱ. **계속대비(계시대비)** : 하나의 색을 보고 자극을 받은 후 계속해서 다른 색을 보면 처음 본 색의 잔상에 영향을 받아 나중에 본 색이 다르게 보이는 현상을 말한다.

  ✓ **색의 잔상** : 계시대비와 밀접한 관련이 있는 것으로 자극이 사라진 후에도 그 전의 상을 계속해서 볼 수 있는 경우는 정의 잔상, 자극이 사라진 후 그 정반대상을 볼 수 있는 경우는 부의 잔상이라 한다.

ㄴ. **동시대비** : 인접한 두 개 이상의 색을 동시에 놓고 보았을 때 본래의 색이 주변 색의 영향으로 실제와 다르게 보이는 현상을 말한다.

• **색상대비** : 색상이 다른 인접색이 서로 영향을 주어 마치 다른 색상처럼 지각되는 현상으로 두 색 간의 색상 차가 실제보다 더 커 보인다.

• **명도대비** : 서로 다른 명도의 두 색이 인접해 있을 때 두 색 간의 명도 차가 실제보다 더 커 보이는 현상으로 색의 대비 중 가장 강렬하다.

• **채도대비** : 서로 다른 채도의 두 색이 인접해 있을 때 두 색 간의 채도 차가 더 커 보이는 현상

• **보색대비** : 보색이 인접해 있을 때 서로 자극을 주어 본래보다 선명히 보이는 현상

• **연변대비(경계대비)** : 색들이 경계면에서 본래의 상태보다 강조되어 보이는 현상

• **면적대비** : 같은 색이라도 면적에 따라 색이 다르게 지각되는 현상. 면적이 넓으면 명도와 채도가 본래보다 높게 보임

• **한난대비** : 난색과 한색이 인접하였을 때 난색은 더 따뜻하게, 한색은 더 차갑게 보이는 현상

⑦ **색채의 지각과 감정 효과**

ㄱ. **색의 시인성(視認性, 명시성)** : 색을 멀리서 보았을 때 눈에 띄는 정도이다.

ㄴ. **색의 주목성(유목성)** : 색을 보았을 때 사람의 주의를 끄는 정도로 고명도, 고채도, 난색의 유목성이 높다.

ㄷ. **색의 온도감** : 난색은 적극적인 느낌, 한색은 안정되고 진정된 느낌을 준다.

• **따뜻한 색(난색)** : 빨강, 다홍, 주황, 노랑 등 장파장의 색

• **차가운 색(한색)** : 남색, 파랑, 청록 등 단파장의 색

• **중성 색** : 연두, 녹색, 보라, 자주, 무채색 등

ㄹ. **색의 중량감** : 색에 따라 무겁거나 가볍게 느껴지는 것으로 명도의 영향을 받는다. 색채 디자인에서 무거운 색은 아래쪽에, 가벼운 색은 위쪽에 배치한다.

ㅁ. **색의 경연감** : 색에 따라 딱딱하거나 부드럽게 느껴지는 것으로 명도나 채도의 영향이 크다.

ㅂ. **색의 거리감**

• **진출색** : 같은 위치에서 더 가깝게 보이는 색. 난색, 고명도 색, 고채도 색

• **후퇴색** : 같은 위치에서 다른 색보다 멀게 보이는 색. 한색, 저명도 색, 저채도 색

ㅅ. 색의 크기감

- 팽창색 : 고명도 색, 고채도 색, 난색

- 수축색 : 저채도 색, 저명도 색, 한색

ㅇ. 그 외 색의 감정 효과

- 난색 계열의 선명한 색은 마음을 밝게 해 주고 빨강 계통과 고채도의 색은 흥분을 유발한다.

- 파랑 등 한색 계열의 저채도 색은 침착, 냉정하게 하는 효과를 준다.

ㅈ. 색의 연상 : 색에 따라 특유하게 느껴지는 감정으로, 공통된 연상 감정은 색의 상징성이다.

⑧ 색의 혼합

ㄱ. 가법혼합(색광혼합, 빛의 혼합) : 빛의 3원색은 빨강(R), 녹색(G), 파랑(B)으로 혼합할수록 명도는 높아
지고 채도는 낮아진다. 색광혼합의 3원색을 혼합하면 백색광이 된다.

ㄴ. 감법혼합(색료혼합) : 3원색은 마젠타(Magenta), 노랑(Yellow), 시안(Cyan)으로 혼합할수록 명도와 채
도가 모두 낮아진다. 색료혼합의 3원색을 혼합하면 검정색이 된다.

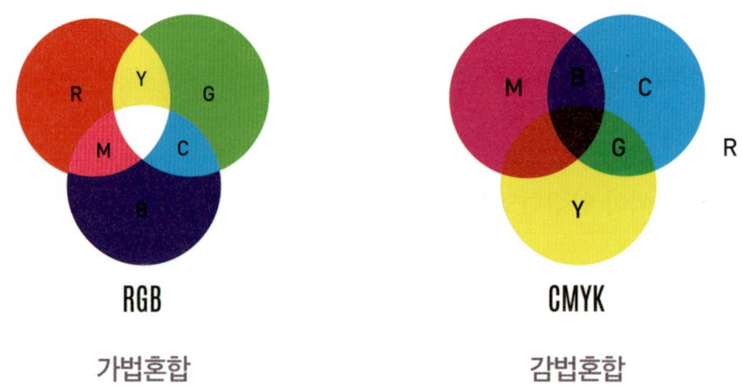


ㄷ. 중간혼합(병치혼합 및 회전혼합)

- 병치혼합 : 여러 색이 조밀하게 분포되어 있을 때 멀리서 보면 색들이 혼합되어 중간색으로 보이
는 현상이다(모자이크, 점묘화). 베졸드 효과(Bezold effect)라고도 한다.

- 회전혼합 : 둘 이상의 색을 빠르게 회전시키면 색이 혼합되어 보이는 현상이다(색팽이).

⑨ 색의 조화(Color Harmony) : 두 가지 이상의 색채 사용 시 서로 대립되면서도 전체적으로 통일된 인
상을 주거나 서로 조화롭게 배색하는 것으로 배색 구성은 주조색 70~75%, 보조색 20~25%, 강조
색 5~10%가 적당하다.

ㄱ. 색상 배색

- 동일 색상 조화(단일색 조화) : 한 가지 색상 내에서 명도와 채도를 다르게 배색한다. 안정감있고 조
용하며 부드러운 느낌을 주지만 자칫 지루해 보일 수도 있다.

- 유사 색상 조화 : 하나의 1차색과 근접해 있는 양쪽의 색상을 사용한다. 은은하고 조용하며 부드러우나 자칫 지루하고 단조로운 느낌을 줄 수 있다.

- 근접 보색 조화 : 분할 보색관계 배색(Split complementary, 인접 보색). 한 색상과 이와 마주 보고 있는 보색의 양쪽에 위치한 두 색상을 조화시키는 배색

- 삼색대비 배색(Triad, 이색 3조화) : 색상환을 3등분 했을 때 서로 균등한 거리에 있는 색들의 배색

- 보색 조화(Complementary) : 가장 대조적인 색상의 배색으로 강한 대비를 연출하며, 매우 강렬하고 화려한 느낌을 준다. 상업 미술에서 많이 활용된다.

ㄴ. **명도 기준 배색** : 명도 차를 활용한 배색이다.

ㄷ. **채도 기준 배색** : 채도 차이를 활용한 배색이다.

ㄹ. **색조(톤) 기준의 배색** : 색조(Tone)란 명도와 채도의 복합 개념으로 같은 색상에서 명암, 강약, 농담 등의 상태를 나타낸다.

　✓ **저드(D. B. Judd)의 색채 조화 원리** : 질서의 원리, 친숙의 원리, 유사의 원리, 명료성의 원리

⑩ **색의 시각적 균형** : 같은 양이더라도 색상, 명도, 채도에 따라 색의 양이 다르게 인식 됨. 따라서 색들이 서로간에 시각적 균형을 이루는 데는 각 색의 물리적 양이 다를 수 있다. 명도 채도가 같은 조건에서 노랑(25%)과 보라(75%)일 때 같은 양으로 보여 시각적 균형을 이룸

　✓ 녹색(50) : 빨강(50), 주황(30) : 파랑(70)

⑪ **한국의 전통 색(오방(五方)색)** : 음양오행사상에서 비롯되었으며 오행을 색으로 표현한 것이다.

ㄱ. **청색(靑色)** : 목(木), 동쪽, 봄

ㄴ. **적색(赤色)** : 화(火), 남쪽, 여름

ㄷ. **황색(黃色)** : 토(土), 중앙, 사계절의 환절기, 황제의 복색

ㄹ. **백색(白色)** : 금(金), 서쪽, 가을

ㅁ. **흑색(黑色)** : 수(水), 북쪽, 겨울

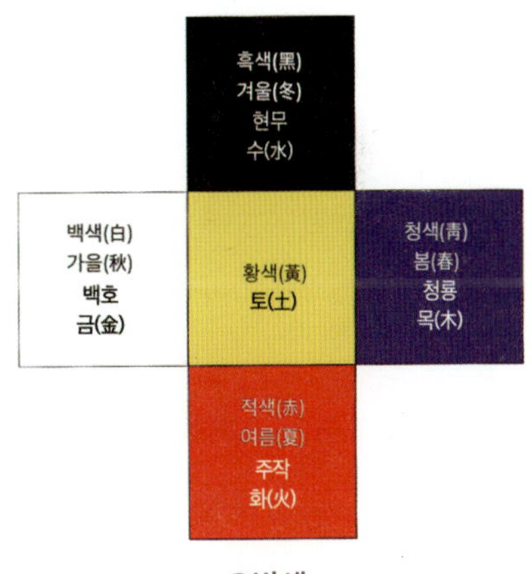


오방색

## 9. 디자인의 원리 (디자인 구성의 기본 원칙)

화훼장식 디자인은 시간(Time), 장소(Place), 목적(Occasion)에 맞는 소재와 주제를 선택하여 다양한 디자인 요소들을 조화, 통일, 균형, 비율 등의 디자인 원리에 따라 적절히 배열하여 구성한다.

## (1) 조화(Harmony) ★★

① 디자인의 핵심적 원리로 둘 이상의 디자인 요소들이 인접하거나 결합하였을 때 서로 배척하지 않고 통일된 전체로서 잘 어울리는 현상이다.

② 작품이 놓이게 될 전체 공간과의 조화도 고려해야 한다.

## (2) 통일(Unity) ★★

① 여러 요소가 서로 상관 관계를 갖고 하나로 완성된 상태이다.

② 통일감을 주는 방법으로는 동일 소재 사용, 동일 기법의 이용(반복), 일정 방향으로의 표현, 점진적인 변화(전이), 구성 요소간의 근접 등이 있다.

## (3) 균형(Balance) ★★

시각적 무게감을 동등하게 분배하여 안정감을 꾀하는 원리이다.

① **물리적 균형(Physical balance)** : 중심축을 기준으로 디자인 구성 요소 간의 실질적인 무게의 균형을 말한다.

② **시각적 균형** : 시각적으로 느끼는 균형감으로 색, 질감의 영향을 받으며 물리적 균형보다 더 중요하다.

ㄱ.**대칭 균형** : 중앙 수직축을 기준으로 양쪽에 동일한 무게와 동일 요소를 배치한 것으로 공식적이고 위엄있어 보이나 다소 딱딱한 느낌을 준다.

ㄴ.**비대칭 균형** : 중심축을 기준으로 양쪽에 다른 요소가 배치되나 시각적 무게감이 같다. 대칭 균형보다 자연스럽고 비정형적이며 긴장감과 리듬감이 있다.

## (4) 비율(Proportion, 비례) ★★★

구성 요소 간의 상대적 크기 관계이다.

① 좋은 비율은 균형감과 안정감을 준다.

② **화훼장식 비율** : 소재의 양 및 길이와 화기의 크기 관계, 소재와 다른 소재와의 크기 관계, 장식물과 그것이 놓일 공간과의 크기 관계 등이 있다.

ㄱ. **황금비율** : 가장 많이 사용되는 비율이다.

   ✓ 1 : 1.618 = 3 : 5 = 5 : 8 = 8 : 13

ㄴ. **정상비율** : 화기 높이와 소재 길이의 비율이 1:1에서 1:6까지의 비율(1:1미만은 과소비율, 1:6이상은 과대비율)이다.

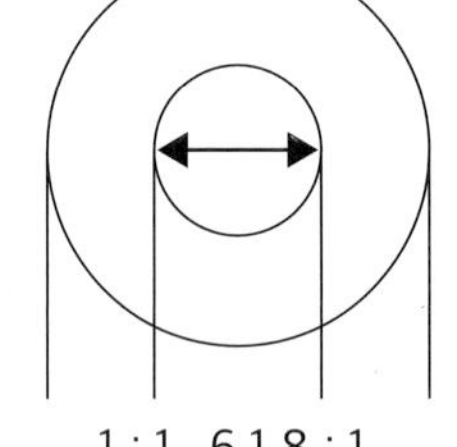

## (5) 강조(Emphasis)

① 많은 것 중에 일부를 다르게 구성하여 두드러지게 하는 것으로 시선이 집중된다.

② 작품에 대한 흥미 유발과 주의를 끌 수 있는 가장 좋은 방법이다.

③ 강조 요소가 지나치게 압도적이어서는 곤란하고 색채의 경우 5%가 적당하다.

## (6) 리듬(Rhythm, 율동)

① 유사한 형(形)들이 일정한 규칙과 질서를 유지할 때 나타나는 느낌으로 시각적 운동감이다.

② 비슷한 색, 형태, 조직, 선 등의 반복과 형태나 색의 단계적 변화로 나타낸다.

## (7) 대비(Contrast)

① 둘 이상의 요소들이 인접하여 있을 때 성질의 차이가 더욱 과장되어 나타나는 현상이다.

② 작품 내에서 뿐만 아니라 작품이 놓일 공간과의 대비도 고려해야 한다.

# 10. 절화의 관리

## (1) 절화의 품질 결정 요인

종(품종), 재배 시의 환경(수확 전), 수확 시기나 방법(수확 시), 수확 후의 환경과 관리 여하(수확 후)에 따라 품질이 결정된다.

① **수확 전 재배 조건**: 빛, 온도, 시비, 관수, 습도, 토양, 수분, 병충해, 대기 성분, 생장조절물질 등 재배 시의 환경이 절화의 품질에 복합적으로 작용한다.

② **절화 수확 시기와 방법**

ㄱ. 꽃의 종류, 재배 시기와 조건, 수확 시기의 온도, 수송 기간, 유통 기간을 고려한다.

  ✓ **조기 채화**: 식물의 수송 기간이 길 때 유효기간을 연장시키는 방법이다. 꽃봉오리에 화색을 구별할 수 있을 정도로 화판이 형성되었을 때 채화한다.

ㄴ. **채화 시간**

- 이른 아침 또는 저녁에 채화한다.

- 고온, 고광도에서는 생명 활동이 왕성하고 팽압이 낮으므로 피한다.

- 습할 때는 습기가 마른 다음에 채화한다.

- 당 함유 절화보존용액 사용 시에는 언제든 채화가 가능하다.

ㄷ. **수확 방법** : 날카로운 칼 등의 예리한 도구를 사용하여 경화(단단해짐) 정도가 낮은 부위를 절단한다(흡수 촉진).

### ③ 수확 후 환경

ㄱ. **온도**

- 수확 후에는 품온과 주변 온도를 저온으로 적정화하여 호흡량을 억제한다.
- 대부분 식물은 2~5℃, 열대나 아열대산 절화의 경우 8~15℃가 적당하다.

ㄴ. **습도** : 유통의 전 과정에서 습도를 80~85% 정도로 유지하며, 공기 순환이 필요하다.

ㄷ. **빛** : 봉오리 개화 시에는 반드시 빛이 필요하다.

ㄹ. **에틸렌** : 노화를 촉진시키므로 발생 억제가 중요하다.

ㅁ. **수분** : 흡수량은 저하되는 반면, 증산양이 많아지면서 수분 불균형이 발생하여 경곡(목굽음) 현상이 생길 수 있다.

ㅂ. **영양** : 영양 불충분 시 봉오리 채화 등의 경우 크기가 작고 화색이 흐릿하며 수명이 단축된다.

ㅅ. **바람** : 증산 작용을 증가시켜 수분 손실을 야기한다.

ㅇ. **산소 및 이산화탄소** : 저산소, 고이산화탄소 농도에서 호흡이 억제된다.

ㅈ. **미생물** : 도관 폐쇄 현상을 일으켜 절화의 수분 흡수를 억제한다.


## (2) 절화의 수명 연장법

### ① 전처리(생산자가 수확 직후 처리)

ㄱ. **수확 직후 물올림**

- 선도 유지용 물질 사용이 가능하다.
- pH 3~5 산성수 사용 : 미생물 억제 및 수분 흡수력을 증가시킨다.

ㄴ. **펄싱(Pulsing)** : 당분과 기타 화학 물질을 단시간 공급한다. 건조 상태로 장기간 수송 및 저장전에 에너지 공급의 역할. 주성분은 설탕이다.

ㄷ. **STS제(Silver Tiosulfate, 티오황산은) 처리**

- 에틸렌 작용을 억제하고 은이온의 강력한 살균력으로 박테리아 발생을 방지한다.
- 전처리 단계에서 처리가 된 경우 이후 단계에서 재처리하지 않는다.

ㄹ. **봉오리 열림제 처리**

- 조기 채화한 꽃봉오리가 잘 개화하지 않은 것을 방지한다.
- 살균제와 당을 함유하고 있으며 생산자, 도매, 소매 단계에서 시행이 가능하다.

ㅁ. **재수화(Rehydration)**

- 수확 후 저장고 안이나 수송 중에 일어난 절화의 탈수 현상을 극복한다.
- 서늘한 장소에서 38~40℃ 정도의 따뜻한 물을 빠르게 흡수시킨다.

② **예냉(豫冷)**

ㄱ. 산지에서 수송 지역까지 고품질과 고신선도를 유지하기 위해 품온(品溫)을 일정 온도까지 급속히 내려서 생리작용을 억제한다.

ㄴ. 꽃의 호흡량을 줄임으로써 저장 양분의 소모를 감소시키고 증산 작용에 의한 수분 손실과 에틸렌 생성 및 병원균 번식을 억제한다.

③ **도소매, 화원에서의 환경 조절**

ㄱ. **저온유지**

- 열대, 열대성 절화(극락조화, 안스리움, 덴파레) : 약 8~15℃
- 온대성 절화(장미, 카네이션, 국화) : 약 1~5℃

ㄴ. **수분 증산 방지** : 비교적 높은 습도 유지(80~85% 정도). 필요 이상의 잎은 제거

ㄷ. **수온과 수질 관리** : 주로 차가운 물을 사용. 끓여 식힌 수돗물, 이온수, 증류수, pH 3~4.5

ㄹ. **통기와 광 관리** : 통기로 과도한 열이나 에틸렌을 제거. 냉장고 내 광도는 약 100lux를 유지

④ **물올림 촉진** : 날카로운 칼로 줄기 끝을 비스듬히 잘라 물올림을 하며 물 깊이는 3cm 정도가 적당하다.

ㄱ. **줄기의 재절단** : 막힌 도관을 열기 위해 줄기를 다시 절단한다.

ㄴ. **물속 자르기** : 수압에 의해 도관 속의 기포를 밖으로 나오게 한다. 옮길 때 줄기 끝에 달린 물방울로 인해 도관으로 공기가 유입되는 것을 방지한다(예 : 장미, 금어초 스위트피, 거베라, 튤립, 카네이션, 글라디올러스, 백합, 아이리스 등).

ㄷ. **열탕 처리** : 꽃, 잎을 종이로 감싸고 절단 부위를 80~100℃ 물에 수초간 담근 후 찬물에 담근다 (예 : 숙근안개초, 국화, 스톡, 금어초).

ㄹ. **탄화 처리** : 절단면 주변을 수초간 불에 그을린 후 찬물에 담근다. 유색이 나오는 절화(예 : 포인세티아, 개양귀비, 장미, 수국)

ㅁ. **온수침지** : 따뜻한 물이 찬물보다 흡수가 용이하다.

ㅂ. **산성수 사용** : p.H 3.5일때 수분 흡수가 가장 좋다.

⑤ **절화보존제 처리(후처리)**

ㄱ. **절화보존제 처리** : 도매업자, 소매업자, 화훼장식가, 소비자

ㄴ. **절화보존제의 성분** : 당분(절화의 대사활동 에너지원), 살균제(8-HQC, 8-HAS, 질산은, 표백제), 산도조절제(황산알루미늄), 에틸렌 억제제(AOA, STS, 1-MCP)

⑥ **미생물 발생 억제** : 깨끗한 용기와 물 사용. 물속의 잎 제거

⑦ **에틸렌(Ethylene, C2H4) 발생 및 노출 억제**

ㄱ. **저온 보관과 적정 습도 유지** : 식물의 에틸렌에 대한 민감도는 저온(10℃ 전후)에서 감소. 적정습도 유지

ㄴ. **물리적 손상 억제**

ㄷ. **에틸렌 발생원으로부터 격리** : 직사광선, 강풍을 피하고 냉난방 기구, 가스, 연기, 성숙한 과일, 노화된 화훼류와 함께 보관하지 말 것

ㄹ. **통풍** : 냉장고 외의 장소에 보관하는 경우 환기를 자주 시켜 에틸렌을 배출시킨다.

ㅁ. **에틸렌 억제제 사용**

- 에틸렌 발생 억제 : STS, NBD, 1-MCP, AOA 등

- 에틸렌 제거 : 흡착법, 산화법, 자외선 이용 분해법, CA저장, 감압제거 등

---

**tip**

**절화보존제로서의 자당(Sucrose)의 특성**
- 수확 후 일어나는 대사작용에 이용된다.
- 첨가농도는 화훼종류와 처리방법에 따라 다르다.
- 가정용 설탕으로 대체가 가능하다.
- 절화에 광합성 산물을 인위적으로 첨가하는 효과가 있다.
- 기공의 기능을 높여서 수분 수지를 개선해 준다.
- 화색을 선명하게 유지시켜 준다.
- 엽록소의 분해를 억제시킨다.
- 노화를 지연시킨다.

## 📢 섹션1 : 문제 풀기

**01. 절화의 커팅도구 중 줄기의 손상이 가장 적은 도구는?**

① 수공 가위　　　　② 플로리스트 가위　　　　③ 전정 가위　　　　④ 플로리스트 나이프

**02. 전정가위에 해당되는 것은?**

① 플라워 디자인에서 소재를 컨디셔닝하거나 줄기를 자를 때 사용하는 나이프

② 지류나 리본 등 부소재를 자르기 위한 길고 날카로운 날을 가진 일반적인 가위

③ 플로리스트 나이프나 가위로 자르기에는 굵고 강한 나뭇가지들을 자르는데 사용하는 가위

④ 다양한 소재의 철선 등을 커팅하는 공구

**03. 플로리스트와이어중 가장 얇은 것은?**

① #18　　　　② #20　　　　③ #22　　　　④ #26

**04. 생화를 지지해주는 플로랄 폼을 적시는 가장 적절한 방법은?**

① 용기에 물을 담고 눌러서 적신다.

② 폼을 내려놓고 물을 뿌린다.

③ 수돗물을 위에서 떨어뜨린다.

④ 용기에 담긴물에 띄워놓고 저절로 가라앉게 한다.

**05. 화훼장식용 용기에 대한 설명으로 <u>틀린</u> 것은?**

① 이동과 운반이 쉽고 재질이 견고해야 한다.

② 곡선적이며 원추형의 작품에는 콤포트용기가 어울린다.

③ 사용목적에 따라 크기, 형태, 색상 등을 고려한다.

④ 용기 중 도자기는 토분에 비해 내구성과 방수성은 낮으나 통기성이 좋다.

**06. 결혼식에서 신랑 상의의 칼라에 있는 단춧구멍에 다는 코사지(Body Corsage)의 명칭은?**

① 부토니에(Boutonniere)　　　　② 브레이슬릿(Bracelet)

③ 숄더(shoulder)　　　　④ 헤어오너먼트(Hair Ornament)

**07. 리스(Wreath)의 설명으로 틀린 것은?**

① 장례용으로만 쓰인다.

② 독일에서는 크란츠라고 부른다.

③ 생화는 물론 조화와 드라이플라워 등 사용할 수 있는 소재가 다양하다.

④ 고대 그리스에서는 충성과 헌신의 상징이었다.

**08. 화훼장식기법중 절화나 절엽 등을 줄처럼 길게 이어서 만든 장식물은?**

① 리스          ② 갈란드          ③ 콜라주          ④ 피규어

**09. 방사선 배열에 대한 설명으로 옳은 것은?**

① 한 개의 초점에서 부채살처럼 사방으로 펼쳐지는 배열이다.

② 여러 개의 초점에서 나온 선이 각각 여러 각도의 방향으로 뻗어 나가는 배열이다.

③ 여러 개의 줄기가 같은 방향으로 뻗어가는 배열이다.

④ 교차선 배열에서 발전된 형으로 선의 흐름이 구부러지고 휘감기는 배열이다.

**10. 장식적(Decorative) 구성에 대한 설명으로 옳은 것은?**

① 좌우 비대칭의 구성으로 식물의 생태적 특성을 고려한다.

② 사실적이고 자유로운 질서가 있다.

③ 선과 면의 강한 대비를 통해 긴장감과 고조를 유도한다.

④ 식물의 생태적 특성보다는 주어진 형태 안에서 장식효과를 높이는 데만 목적이 있다.

**11. 최소한의 소재를 사용하여 소재의 형과 선 그리고 각도를 강조한 방사선 줄기배열의 꽃꽂이는?**

① 형 - 선적 구성의 꽃꽂이          ② 풍경식 디자인의 꽃꽂이

③ 비더마이어 디자인의 꽃꽂이          ④ 구조적 구성의 꽃꽂이

**12. 묶는 기법 중에서 기능적인 것보다 자의적인 목적으로 특정한 소재를 강조하거나 관심을 집중시키기 위해 사용되는 기법은?**

① 바인딩          ② 밴딩          ③ 래핑          ④ 번들링

**13. 테라싱(Terracing) 기법에 대한 설명으로 옳은 것은?**

① 동일한 소재들을 크기에 따라 앞뒤 수평이 되게 일정한 간격으로 계단처럼 배치한다.

② 특수한 요소를 강조하거나 주의를 끌 필요가 있을 때 사용하는 기법이다.

③ 동일한 단위로 알아볼 수 있도록 모아 시각적인 효과를 거두도록 하는 기법이다.

④ 보석박기, 작은 알돌들을 가능한 빡빡하게 모으는 것처럼 소재를 구성하는 것이다.

**14. 디자인의 색상, 질감, 형태 등이 대비를 이루도록 하면서 소재들을 종류나 질감이 유사한 것끼리 모아 높든 낮든 하나가 된 느낌으로 표현하는 것은?**

① 클러스터링　　　② 그루핑　　　③ 조닝　　　④ 스태킹

**15. 보석알을 촘촘히 박아 놓은 듯이 동일한 높이로 꽂는 기법은?**

① 베이싱　　　② 그루핑　　　③ 파베　　　④ 시퀀싱

**16. 화훼장식에 있어서 디자인의 전체적인 틀과 골격을 형성하는 요소는?**

① 방향　　　② 크기　　　③ 선　　　④ 면

**17. 선(Line) 에 대한 설명으로 거리가 <u>먼 것</u>은?**

① 곡선은 유동적인 연속성을 가지고 있다.

② 수평선은 안정되어 보이는 반면, 권태로운 단점도 있다.

③ 선은 윤곽선이나 윤곽선의 표면을 따라 움직이고 율동적인 동세의 느낌을 결정한다.

④ 선은 방향성을 나타내지만 선의 종류에 따라 정서나 분위기를 나타내기에는 부족하다.

**18. 물체를 둘러싸고 있는 시지각의 영역이며 어떠한 물체의 외형선을 뜻하는 것은?**

① 크기　　　② 질감　　　③ 형태　　　④ 비례

**19. 색의 속성에 관한 설명으로 <u>틀린</u> 것은?**

① 색상은 색채의 이름을 말한다.

② 색을 혼합할수록 채도는 높아진다.

③ 유채색의 구성요소는 색상, 명도, 채도이다.

④ 유채색과 무채색은 모두 명도를 가진다.

**20. 다음 중 먼셀 표색계에 대하여 바르게 설명한 것은?**

① 색상 : H, 명도 : V, 채도 : C로 표기한다.

② 표기순서는 CV/H이다.

③ 먼셀 표색계의 채도는 10단계이다.

④ 먼셀 색상환의 최초 색상기준은 3원색이다.

**21. 두 가지 이상의 디자인 요소가 서로 분리하거나 배척하지 않고 각 요소가 통합된 감각적 효과를 발휘할 때 발생하는 미적원리는?**

① 균형　　　　　② 조화　　　　　③ 비례　　　　　④ 대비

**22. 비례는 폭, 길이, 높이 등의 치수와 비교되는 분량의 측정관계이다. 가장 기본적인 비율로 3 : 5 : 8 : 13의 연속적인 분할비율을 나타내는 것은?**

① 황금비율　　　　　② 정상비율　　　　　③ 과소비율　　　　　④ 과대비율

**23. 절화의 호흡에 대한 설명으로 틀린 것은?**

① 절화의 호흡량은 종과 품종에 따라 차이가 있다.

② 온도에 따라 현저하게 달라진다.

③ 29℃에 저장한 꽃은 2℃에 저장한 꽃보다 호흡량이 많다.

④ 모든 식물체는 온도가 올라감에 따라 호흡량이 감소한다.

**24. 에틸렌의 발생원인에 대한 설명으로 틀린 것은?**

① 좁은 공간 내 열원 가까이에 있으면 발생한다.

② 통풍이 너무 잘되어도 발생한다.

③ 오래되고 시든 절화가 있으면 발생한다.

④ 포장 시 취급하는 폴리에틸렌 필름, 플라스틱 조화, 포장용 끈 등이 원인이 될 수 있다.

**25. 절화의 물올림 촉진법에 대한 설명으로 <u>틀린</u> 것은?**

① 재절단이란 줄기 끝의 잘린 부분을 물에 꽂기 전에 다시 한 번 자르는 것을 말한다.

② 탄화 처리란 줄기 절단면의 1~2센티 정도를 불에 태운 다음 찬물에 넣는 것이다.

③ 열탕 처리는 절화 줄기의 중간까지 50~60℃의 물에 수초 동안 담갔다가 꺼내서 찬물에서 물올림하는 방법이다.

④ 재수화는 수분 스트레스를 받은 절화에 물올림을 촉진하여 절화의 팽만성을 회복시키는 것이다.

📖 정답 |

| | | | | | | | |
|---|---|---|---|---|---|---|---|
| 01 ④ | 02 ③ | 03 ④ | 04 ④ | 05 ④ | 06 ① | 07 ① | 08 ② |
| 09 ① | 10 ④ | 11 ① | 12 ② | 13 ① | 14 ① | 15 ③ | 16 ③ |
| 17 ④ | 18 ③ | 19 ② | 20 ① | 21 ② | 22 ① | 23 ④ | 24 ② |
| 25 ③ | | | | | | | |

## 섹션2 : 꽃다발 제작

# 1. 꽃다발 기초 작업

### (1) 작업 공간 확보

작업대, 꽃이 담긴 물통, 작업자 공간

### (2) 절화 재료 준비

한 종류 절화로 제작하는 꽃다발, 여러종류로 구성하는 꽃다발 등 어떤 꽃다발을 제작할 것인가에 따라 적합한 절화, 절엽, 절지 등을 준비

### (3) 부재료 준비

포장지, 리본, 철사, 플로랄테이프, 마끈, 부케홀더, 장식물 등 꽃다발 용도와 형태에 따라 필요한 부재료를 준비

### (4) 도구 및 기타

꽃가위, 칼(플로랄나이프), 분무기, 신문지, 물통, 청소도구, 쓰레기 봉투 등을 준비

### (5) 준비 작업 과정

① 구입계획서에 따라 꽃다발 절화 재료 및 부재료 구입

② 절화 재료를 종류별로 분류

③ **절화 재료 다듬기** : 단을 풀고 물에 잠기는 부분 잎 제거

④ 물올림 작업(칼로 줄기 아랫부분을 사선으로 절단 후)

⑤ 작업대 위에 신문지 등을 깔고 물올림한 꽃을 종류별로 올려 놓음

⑥ 절화에 붙어 있는 잎을 디자인에 따라 소량만 남기거나 전부 제거. 가시도 제거

⑦ 포장지(아스테이지, 크라프트지, 플로드지, 부직포 등)는 절화의 색과 조화를 이루는 색상 선택

## 2. 꽃다발의 유래와 종류

### (1) 꽃다발의 유래

꽃다발을 영어로는 bouquet라고 한다. 유래는 다산 기원의 벼이삭 신부화, 이후 질병과 악귀 퇴치 및

냄새제거(노즈게이, 터지머지), 증정 및 선물용(구혼, 축하 등 메시지 전달), 신부화(bridal bouquet) 등

### (2) 제작 테크닉에 따른 분류

① 자연줄기를 그대로 묶는 부케(내츄럴 스템 부케) : 프리젠데이션 부케, 핸드타이드 부케 등 증정용 및

　근래 신부화용 부케로도 많이 이용

내츄럴 스템 부케

② 철사로 줄기를 만드는 부케(와이어링 부케) : 부케 형태를 자유자재로 할 수 있음. 제작 시간이 걸림.

　이전에 신부화 제작시 많이 이용됨

③ 부케 홀더를 사용한 부케(홀더 부케) : 수분 유지. 단시간에 제작가능. 무거움

 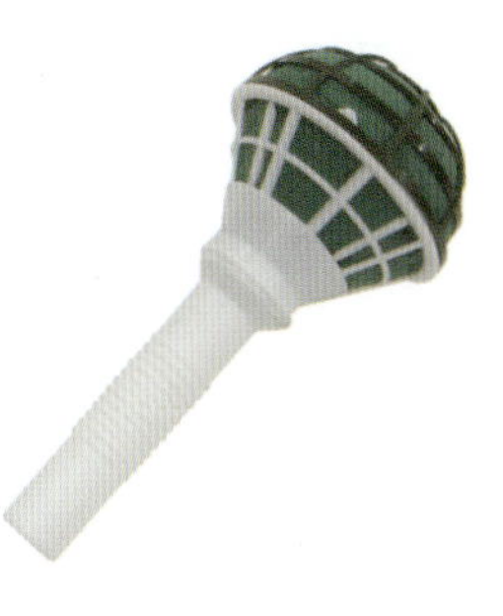

와이어링 부케　　　　　　　　부케 홀더

## (3) 용도별 종류

① **증정용, 선물용 꽃다발**: 프리젠테이션 꽃다발, 원형 꽃다발, 한 송이 꽃다발 등

② **신부화( bridal bouquet)**: 이전에는 와이어링 테크닉으로 많이 제작되었으나 근래에는 자연줄기를 그대로 이용하는 핸드타이드 테크닉이 많이 이용됨

ㄱ. **라운드(round) 부케**: 원형부케로 가장 기본적인 모양

ㄴ. **캐스케이드(cascade) 부케**: 원형중심 부분 밑에 갈란드를 연결. 물이 흘러내리는 폭포 모양. 원형이 길어진 형태

ㄷ. **워터폴(water fall)부케**: 물이 쏟아지는 폭포 모양. 베어그래스, 스프링게리, 스마일락스 등의 식물 소재와 깃털, 끈, 구슬 등과 같은 소재를 사용하여 물이 반짝이며 흘러내리는 모습 연출

ㄹ. **크레센트(crescent) 부케**: 원형의 중심부분 좌우에 2개의 갈란드를 연결한 초승달 모양

ㅁ. **S자형(Hogarth) 부케**: 곡선으로 만든 갈란드 2개를 원형의 중심 부분에서 S자 형태로 붙여 구성

ㅂ. **삼각형(triangular) 부케**: 원형의 중심 부분에 세 개의 갈란드를 연결하여 삼각형으로 구성

ㅅ. **샤워(shower)부케**: 주로 꽃줄기를 그대로 사용하여 다발로 묶고 얇은 리본을 끝에 꽃봉오리나 잎사귀를 매달아 소나기가 쏟아지는 것처럼 길게 늘어뜨림

# 3. 꽃다발 제작

## (1) 원형 꽃다발

① 줄기를 다듬고 종류별로 나누어 놓는다.

② 가장 크고 예쁜 꽃을 절엽과 함께 중심 꽃으로 잡는다.

③ 두세 송이씩 한 방향으로 사선으로 돌려가며 디자인한다.

④ 그루핑을 하며 사이사이에 절엽을 넣는다.

⑤ 180도까지 디자인한다.

⑥ 마끈이나 라피아 등으로 묶는다.

⑦ 꽃과 줄기 비율을 1 : 1 정도로 하여 줄기를 사선으로 자른다(물올림 면적이 넓어지도록).

⑧ 포장한다.

원형 꽃다발

## (2) 프리젠테이션 꽃다발

① 라인플라워와 절엽으로 기준을 잡는다(꽃다발 뒷부분).

② 적당한 간격으로 키를 낮추며 차례로 꽃을 넣어준다(앞면 위주의 긴 형태).

③ 마끈이나 라피아 등으로 묶는다.

④ 포장한다.

## (3) 한 송이 꽃다발

① 장미 등의 한송이로도 가치감이 있는 꽃을 약간의 절엽과 함께 준비한다.

② 컬러감을 생각하여 어울리는 질감의 포장지로 포장하고 리본으로 묶어 준다.

프리젠테이션 꽃다발          한 송이 꽃다발

### (4) 핸드타이드 꽃다발 제작 시 유의사항

① 직렬형이나 나선형(spiral), 견고하고 정확하게 제작

② 나선형은 줄기를 한 방향으로만 움직임

③ **묶음점(binding point)은 라피아 끈 등으로 단단히 묶어줌**

　ㄱ. 나선형은 묶음점이 1개, 직렬형은 1개 이상도 가능

　ㄴ. 묶음점 이하의 줄기에는 잎이나 불순물을 제거

④ 줄기 끝은 사선으로 절단

⑤ 물 공급이 가능하게


### (5) 신부 부케 제작 시 고려 사항

① 아름답고, 오래 들고 있어도 피로하지 않도록 무겁지 않게 디자인

② 신부의 체형, 피부색, 취향, 드레스 형태, 계절, 예식장 분위기 등을 고려

③ 꽃은 물올림 후 사용하며 싱싱하게 유지되도록 수분유지 방법을 고려

④ 손잡이는 신부가 잡기 편한 굵기, 손으로 잡았을 때 2~3cm 정도 남는 길이가 적당

⑤ 견고하고 정확하게 제작하며 철사 등이 노출되지 않도록 끝처리 완벽히 할 것


## 4. 꽃다발 수명연장처리 및 마무리

### (1) 꽃다발 수명연장처리

① 제작 전 충분히 물올림한다.

② 물올림 시 물에 절화보존제를 첨가한다.

③ 제작 후 분무기로 잎과 꽃에 스프레이 한다.

④ 핸드타이드 꽃다발의 경우 물에 비닐이나 아스테이지를 이용하여 물주머니를 만들어 준다.

⑤ 부케홀더 사용 시 플로랄 폼에 충분히 수분을 흡수시킨다.


### (2) 꽃다발 마무리

① 줄기 끝 부분을 사선으로 자른다.

② 꽃다발의 묶음점 아랫부분은 잎을 깨끗이 제거한다.

③ 꽃다발의 묶음점이 잘 묶여 있는지 확인한다.

④ 꺾인 꽃이나 상처 난 꽃은 정리한다.

## 📢 섹션2 : 문제풀기

**01. 꽃다발에 대한 설명으로 가장 거리가 <u>먼 것</u>은?**

① 꽃을 모아 줄기가 모이는 부분을 묶어 다발로 만든 형태이다.

② 실생활에 꽃꽂이와 함께 많이 이용되는 절화 장식물이다.

③ 종류로는 노즈게이, 리스, 갈란드가 있다.

④ 화형의 디자인에 따라 여러가지 형태가 만들어질 수 있다.

**02. 핸드타이드 부케 제작 시 주의사항으로 거리가 <u>먼 것</u>은?**

① 줄기의 끝은 예리한 칼로 일자로 자른다.

② 줄기는 나선형 또는 평행형으로 제작한다.

③ 바인딩포인트는 단단히 묶는다.

④ 바인딩포인트를 기준으로 아랫부분의 줄기는 깨끗이 다듬어준다.

**03. 꽃다발을 나선형으로 묶는 방법이 <u>아닌</u> 것은?**

① 구조물을 이용한 핸드타이드

② 자연적 소재를 이용한 핸드타이드

③ 나뭇가지를 이용한 핸드타이드

④ 평행적인 조형 형태를 만들 때

📖 **정답 |**   01 ③      02 ①      03 ④

## 섹션3 : 꽃바구니 제작

# 1. 꽃바구니 기초 작업

### (1) 작업 공간 확보

작업대, 꽃이 담긴 물통, 작업자 공간

### (2) 절화 재료 준비

꽃바구니 용도와 형태에 따라 절화, 절엽, 절지 등을 준비

### (3) 부재료 준비

바스켓, 비닐, 플로랄 폼, 리본보우, 글씨 리본, 장식물 등 필요한 부재료 준비

### (4) 도구 및 기타

꽃가위, 칼(플로랄 나이프), 분무기, 신문지, 물통, 청소도구, 쓰레기봉투 등을 준비

### (5) 준비 작업과정

① 구입계획서에 따라 꽃바구니 절화 재료 및 부재료 구입

② **절화 재료를 종류별로 분류 하고 다듬기** : 단을 풀고 물에 잠기는 부분 잎 제거

③ 물올림 작업(칼로 줄기 아랫부분을 사선으로 절단 후)

④ 플로랄 폼에 물 흡수시키기

⑤ 작업대 위에 신문지 등을 깔고 물올림한 꽃을 종류별로 올려놓음

⑥ 바구니에 물이 새지 않도록 비닐 작업

# 2. 꽃바구니 제작

용도나 취향에 따라 디자인 형태와 사용하는 절화가 다름

### (1) 축하바구니의 경우

① 플로랄 폼을 바구니에 넣어 철사 등으로 고정

② 플로랄 폼 다듬기

③ 그린으로 가장자리 플로랄 폼 가리기

④ 가장자리부터 절화 꽂기(주, 역, 부 포인트를 잡아 그룹핑으로 꽂으면 좋다)

⑤ 그린과 필러플라워로 입체감을 주며 공간채우기

⑥ 글씨 리본과 리본보우를 만들어 달기

## 3. 꽃바구니의 종류와 특성

### (1) 꽃바구니

① 플로랄 폼의 등장과 저렴한 가격, 운반의 편리성 때문에 널리 이용

② 제작 시 유의사항

ㄱ. 목적에 맞게 축하용, 애도용, 성별, 연령 등 고려. 물이 새지 않도록 할 것

ㄴ. 플로랄 폼은 단단히 고정. 꽃은 깊게 꽂을 것. 운반이 편리하도록 할 것

### (2) 축하바구니

주로 원형이나 수평형 디자인으로 제작. 긴 형태의 바구니는 병렬형으로 꽂기도 함

### (3) 이벤트 바구니

기념일, 잔치 등 이벤트의 분위기를 돋우는 꽃바구니. 꽃 외에도 과일, 와인, 선물 등을 넣어 만들기도 함

### (4) 영정바구니

장례식장의 영정 앞에 두는 꽃바구니. 부채형이나 삼각형 형태로 많이 제작함

## 4. 꽃바구니 마무리

① 플로랄 폼이나 철사 등 고정장치가 보이지 않도록 함

② 물이 새는지 확인

③ 포장 전 플로랄 폼의 물 상태를 확인하고 부족 시 물을 더 흡수

## 📢 섹션3 : 문제 풀기

**01. 다른 화훼장식물에 비해 꽃다발과 꽃바구니가 주로 선물용이나 증정용으로 활용되는 주된 이유는?**

① 이동성이 좋다.    ② 가격이 싸다.

③ 형태가 다양하다.    ④ 색 표현이 다양하다.

**02. 꽃바구니 제작 시 유의사항으로 <u>틀린</u> 것은?**

① 용도와 장소에 맞게 제작한다.

② 제작 후 플로랄 폼이 보이지 않게 한다.

③ 바구니의 물빠짐을 용이하게 하기 위하여 바닥에 비닐 등을 깔지 말아야한다

④ 바구니에 맞추어 메인 플라워가 강조되도록 한다.

📖 정답 |    01 ①      02 ③

# 섹션4 : 꽃꽂이 상품 제작

## 1. 꽃꽂이 상품 기초 작업

### (1) 작업 공간 확보

작업대, 꽃이 담긴 물통, 작업자 공간

### (2) 절화 재료 준비

꽃꽂이 상품의 용도와 형태에 따라 절화, 절엽, 절지 등 절화 재료 준비

### (3) 부재료 준비

상품용기(화기), 플로랄 폼, 장식물 등

### (4) 도구 및 기타

꽃가위, 칼(플로랄나이프), 분무기, 신문지, 물통, 청소도구, 쓰레기봉투 등

### (5) 준비작업 과정

① 구입계획서에 따라 절화 재료 및 부재료 구입

② 절화재료를 종류별로 분류

③ **절화재료 다듬기** : 단을 풀고 물에 잠기는 부분 잎 제거

④ 물올림 작업(칼로 줄기 아랫부분을 사선으로 절단 후)

⑤ 플로랄 폼에 물 흡수시키기

⑥ 작업대 위에 신문지 등을 깔고 물올림한 꽃을 종류별로 올려놓음

## 2. 꽃꽂이 상품 용도별 종류

### (1) 센터피스

음식 테이블이나 장식용 테이블 중앙에 놓는 꽃장식. 사방에서 감상, 수평형, 원형, 리스 모양

### (2) 화병꽂이

파티, 디스플레이에 많이 활용. 유리화기를 많이 사용

## 3. 꽃꽂이 상품제작

### (1) 센터피스

① **수평형** : 플로랄 폼에 수평형으로 길게 꽂기. 수평의 길이와 높이 비율=4:1

② **원형** : 정면에서는 공을 반 자른 모양. 평면으로는 원형. 가시적 초점은 원형의 중앙과 외선 중앙꽃

③ **리스형** : 리스 플로랄 폼에 리스 형태를 살려 꽃을 꽂는다.

④ **수직형** : 플로랄 폼에 꽃을 수직으로 높게 꽂는다. 포컬포인트는 아랫부분에 만든다.

### (2) 화병꽂이

① 유리화기, 도자기 화병 등에 물을 넣고 그린 몇 개를 서로 어긋나게 넣어준 후 매스플라워로 균형
을 잡아주고 그룹핑으로 꽂는다.

② 화병에 물을 적절히 보충하고 줄기 부분이 물 속에 들어 있는지 확인

③ 화병 안 물에 수명 연장제를 넣어 수명연장 처리

④ 꺾여 있는 꽃이나 상처난 꽃은 정리

# 4. 꽃꽂이의 종류와 특성

## (1) 꽃꽂이(Flower arrangement)

### ① 동양식 꽃꽂이

#### ㄱ. 특징

- 선과 공간(여백)의 미를 중시하고 주로 목본 식물을 이용한다.
- 주로 세 주지를 골격으로 한 방사형의 자연적 형태를 띤다.
- 주로 종교의식 등 각종 의례용이나 감상용과 정신수양용이다.

#### ㄴ. 화형의 구성

| 구분 | 상징 | 표시부호 | 역할 |
| --- | --- | --- | --- |
| 제1주지 | 천(天) | ○ | 화형, 크기 결정(형태) |
| 제2주지 | 지(地) | □ | 폭, 부피결정(균형) |
| 제3주지 | 인(人) | △ | 깊이 결정(조화) |
| 종지 | | T | 각 주지를 보충함 |

#### ㄷ. 동양 꽃꽂이 유형

| 구분기준 | 화형 | 특징 |
| --- | --- | --- |
| 제 1주지의 방향 (기본형) | 직립형 | 제 1주지가 바로 서는 형태 |
| | 경사형 | 제 1주지가 좌 혹은 우로 45° 전후로 기우는 형태 |
| 제 1주지의 방향 (기본형) | 하수형 | 제 1주지가 수평선 아래로 늘어지는 형태 |
| | 평면형 | 제 1주지가 수평선과 일치하는 형태 |
| 기타 자연 묘사에 따른 유형 | 부화형 | 수반의 물 위에 꽃을 띄우는 형태 |
| | 방사형 | 한 곳에서 사방으로 뻗어 나가는 형태 |
| | 분리형 | 두 개의 화기나 침봉에 하나의 화형을 나누어 배치한 형태 |
| | 복(합)형 | 둘 이상의 화형을 복합적으로 배치한 형태 |

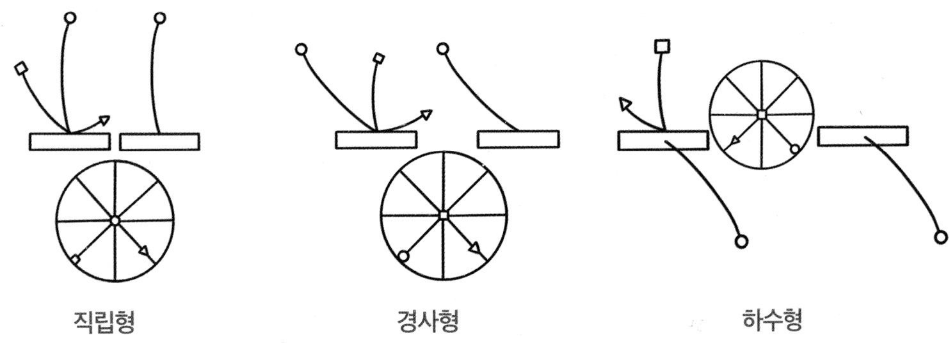



✓ ○→1주지, □→2주지, △→3주지

② **서양식 꽃꽂이** : 웨스턴 스타일(Western style)과 유러피안 스타일(European style)로 구분되며 종교·의례, 감상, 연회 장식, 신체 장식, 공간 장식 등 실용적 목적으로 사용된다.

ㄱ. **웨스턴 스타일** : 고대 이집트, 그리스 시대부터 내려오던 유럽 전통 스타일을 영국의 영향을 받아 미국에서 발전시킨 것으로 실용화되어 상품적 디자인으로까지 발전되었으며 기하학적인 형태가 바탕이 된다.

### 고전적 스타일(classic style)

| 구분 | 특징 |
| --- | --- |
| 전통적인 기하학적 형태 | • **수직형(Vertical)** : 모든 형태의 기본이 되며 상승·운동감을 준다.<br>• **수평형(Horizontal)** : 평화, 편안, 부드러운 느낌을 준다.<br>• **삼각형(Triangle)** : 대칭형(수직축 기준으로 양쪽 동일), 비대칭형(시각상 무게 중심이 수직축에서 벗어남)<br>• **원형(Round)** : 원 안에서만 움직이는 운동성을 가지며 완전 구형, 반구형, 타원형으로 구분된다.<br>• **부채형(Fan)** : 부채 모양 디자인이다.<br>• **크레센트(C형, Crescent)** : 초승달(뉴문)형으로 대부분 비대칭이다.<br>• **S자형(Horarth curve)** : 호가스 라인으로 비대칭이다.<br>• **그 외** : L자형, 역T자형, 방형(Square) |
| 특별한 명칭의 고전 디자인 | • **더치 플레미시(Dutch Flemish)** : 17세기 화가들이 즐겨 사용하였으며 여러 종류의 꽃을 거의 겹치지 않게 타원형으로 배열한다. 조개, 과일, 벌레 등을 같이 배치<br>• **비더마이어 디자인(Biedermeier)** : 1815년에서 1848년 사이 독일과 오스트리아에서 유행한 디자인으로 꽃을 빈 공간 없이 촘촘하게 원형이나 반구형으로 배치한다. 동심원 무늬, 나선형 무늬 등이 있다.<br>• **밀 드 플레(mille de fleur)** : '천송이의 꽃', '많은 꽃'이라는 뜻으로 여러 색상과 모양의 꽃을 사용하여 풍요로운 느낌을 준다.<br>• **폭포형(Water fall)** : 아래로 흘러내리는 폭포를 연상시키는 형태이다.<br>• **피닉스(Phoenix)** : 원형의 빽빽한 디자인. 중앙에 긴 소재들을 꽂아 불꽃을 표현한다. |

## 현대적 스타일(Modern style)

| 구분 | 특징 |
| --- | --- |
| 자연주의<br>(Natural)<br>디자인 | 독일 자연주의 혁명의 영향을 받아 식물의 생장 시기, 생육 환경, 생육 모습 등의 자연 질서를 작품에 반영한 것이다.<br>• **식물 생장적(Vegetative)디자인** : 식물이 생장하는 모습과 식물의 개성을 중시<br>• **조경적(Landscape, 풍경식, 정원식) 디자인** : 정원 풍경처럼 구성하는 디자인으로 병행구성, 그루핑 등을 이용하여 정원처럼 인위적으로 재구성한다. 자연을 그대로 모방하는 것은 아니다.<br>• **식물학적(Botanical) 디자인** : 식물이 발아하여 열매를 맺기까지의 과정을 하나의 작품속에 표현한다. |
| 선적인<br>(Linear)<br>디자인 | • **뉴컨벤션(New convention) 디자인** : 수직의 선들을 중심으로 이것과 직각으로 옆면, 뒷면, 정면에 반사된 것처럼 구성된다.<br>• **평행 시스템(Parallel system)** : 소재들이 병행 배치되며 수직적으로 그루핑되고 비대칭구성이다.<br>• **선형적(Formal linear) 디자인** : 소재의 선과 형태의 대비를 강조하며 긴장감 있게 표현한다. 하나의 생장점을 가지며, 식생적 디자인은 아니다. |
| 실험적<br>(Experimental)<br>디자인 | • **파베(Pave)디자인** : 보석을 박듯이 꽃을 평면에 빽빽하게 꽂는 디자인다.<br>• **쉘터드(Sheltered) 디자인** : 소재들이 보호를 받는 듯한 인상을 주는 디자인이다.<br>• **추상적(Abstractive) 디자인** : 소재들을 비사실적이고 추상적으로 자유롭게 구상한 양식이다.<br>• **뉴웨이브(New wave) 디자인** : 작가의 상상력을 최대한 허용한 현대적이고 새로운 양식이다. |

ㄴ. 유러피언 스타일(European style)

• 성립 : 1950년대 독일 등 북유럽 국가에서 성립되었으며 식물의 생장 모습과 개성과 특성을 파악하여 표현한다. 자연주의 디자인 양식이다.

• 특색 : 식물의 생태와 식물 개개의 개성과 특성, 가치를 파악하고, 재료는 상호 간의 연관성과 식물 사회학적인(식물학 · 생태학적인) 환경을 고려하여 선택한다.

## 유러피안 스타일(European style)

| 구분 | 특징 |
| --- | --- |
| 생장적<br>(Vegetative)<br>조형 | • 식물이 자연에서 자라는 생태적인 모습을 중시하고 식물 소재 개개의 특성을 고려한다.<br>• 자유로운 질서의 비대칭형, 평행형 또는 방사형으로 구성된다.<br>• 주 그룹, 역 그룹, 부 그룹 간의 비율이 8 : 5 : 3 으로 그루핑되고 소재의 대 · 중 · 소 가치를 중시한다. |
| 장식적<br>(Decorative)<br>조형 | • 식물의 생태적 특성이나 가치를 중요시하지 않고 작가의 의도에 따라 인위적으로 재구성하는 형태로 식물 소재의 가치는 중요하지 않다.<br>• 소재를 풍성하게 사용하며 화려하고 강렬한 느낌을 준다. 주로 대칭형(비대칭도 가능)으로 구성된다. |

| 구분 | 특징 |
|---|---|
| 선형적<br>(Formal linear)<br>조형 | • 형태와 선을 강조한 대표적인 비대칭 조형이다. 명확한 선과 형태의 대비로 긴장감을 부여한다.<br>• 형태와 선의 시각적 움직임과 운동감을 강조하고 소량의 소재를 사용한다. |
| 평행적<br>(Parallel)<br>조형 | • 수직, 수평, 사선의 평행 디자인으로 최소한 절반 이상을 평행으로 배치하며 약간의 교차를 허용한다.<br>• 대칭·비대칭, 각각의 생장점, 음성적 공간을 두어 각 소재가 돋보이게 구성한다. |
| 그래픽적<br>(Grphische, 도형적)<br>조형 | • 선이나 형태를 통해 디자인 전체를 도형화시키는 조형이다.<br>• 매우 인위적인 구성으로 명확하고 추상적이며 반드시 선의 교차가 있다. |

# 5. 기타 화훼장식품

## (1) 코사지와 부토니어

### ① 코사지(Corsage)

ㄱ. 원래는 여인의 상반신이나 의복에 장식하는 작은 꽃묶음을 의미하였으나 지금은 신체 장식은 물론 장신구와 증정용 선물에 사용되는 작은 꽃묶음까지 포함된다.

ㄴ. **종류** : 헤어 코사지(머리 장식), 숄더 코사지(어깨 장식, 에폴릿 포함), 버스트 코사지(가슴 부위 장식), 웨이스트 코사지(허리 장식), 리슬릿 코사지(팔, 손목 장식, 브레이슬릿), 앵클릿 코사지(발목, 발목의 뒷부분 장식)

### ② **부토니어(Boutonniere)** : 결혼식 때 신랑의 가슴에 꽂는 꽃으로 주례나 링보이, 신랑 아버지도 착용 가능하다.

## (2) 꽃바구니

① 흡수성 플로랄 폼의 등장과 저렴한 가격, 운반의 편리성 때문에 널리 이용된다.

② **제작 시 유의 사항**

ㄱ. 축하용, 애도용 등의 목적과 성별, 나이 등을 고려하며 물이 새지 않도록 한다.

ㄴ. 플로랄 폼은 단단히 고정하고 꽃은 깊게 꽂는다. 운반이 편리하도록 한다.

## (3) 리스(크란츠)

① 고리 모양의 틀에 꽃이나 잎 등 다양한 소재들을 꽂거나 붙여서 제작

② **리스의 역사와 의미** : 고대 이집트에서부터 시작되었으며 고리 모양은 시작도 끝도 없는 영원성, 불멸을 의미

③ 리스 몸체 폭과 안쪽 공간의 비율을 황금비율(1 : 1.618 : 1)로 제작하는 것이 제일 아름다우며 시각적 비율을 고려한다.

## (4) 갈란드(Garland)

고대 이집트 시대부터 사용되었으며 꽃이나 잎, 열매 등을 차례로 엮어 만든 긴 꽃줄 장식이다.

## (5) 형상물(Figure)

구형, 십자가 모양, 동물 모양 등의 형상물을 절화를 사용하여 반평면적 혹은 입체적으로 만든 것으로 토피어리(나무를 용기에 꽂아 전정한 것) 등이 이에 해당한다.

## (6) 공간장식

① **주거 공간** : 분식물 장식, 절화 장식, 가공소재 장식이 이용되며 장식 효과와 환경 정화 효과가 뛰어난 열대·아열대 관엽 식물과 난과 식물, 꽃이 피는 분화류, 다육 식물, 허브류, 구근류가 선호된다.

② **사무 공간**

ㄱ. 쾌적하고 안정된 분위기로 일의 능률과 창의성을 높일 수 있는 공간 조성이 필요하다.

ㄴ. 관엽 식물 분식물은 눈의 피로를 덜고 공기를 정화하며 심신을 안정시켜 사무 공간에 배치하기에 매우 적합하다. 대형 건물의 경우 실내 정원도 조성할 수 있다.

③ **상업 공간** : 편안한 분위기를 자아내며 아름다운 볼거리를 제공함으로써 사람들을 불러 모으는 효과와 상업 공간에 대한 긍정적인 이미지 유도로 간접적인 경제 효과를 낼 수 있다.

ㄱ. **공간 장식** : 공간 내에 대형 분식물, 실내 정원 등으로 장식하며 실용적인 디자인보다 화려하고 창의적인 디자인을 선호한다.

ㄴ. **디스플레이** : 고객으로 하여금 상품을 구입하도록 동기를 만들어주는 역할을 하며 이미지 전달과 상품 홍보를 위하여 독창적이고 시선을 집중시킬 수 있는 연출이 필요하다. 디스플레이는 상품 진열장 외에도 박람회장, 전시회장 등에도 행해진다.

## 📢 섹션4 : 문제 풀기

**01. 화훼장식물 제작을 위해 절화를 선택할 때 고려사항으로 <u>틀린</u> 것은?**

① 꽃, 잎, 줄기의 균형이 맞아야 한다.

② 성숙도가 적당하고 상처가 없어야 한다.

③ 각 묶음이 정확한 본수를 가져야 한다.

④ 줄기는 될수록 긴 것이 다루기에 편리하다.


**02. 식물소재의 손질 방법으로 <u>틀린</u> 것은?**

① 구입한 절화 소재에서 시들거나 손상된 부위의 꽃잎과 잎은 제거하고 잎이 너무 무성하면 솎아준다.

② 절화 줄기나 나뭇가지 아랫 부분의 잎은 깨끗하게 제거한다.

③ 비슷한 길이의 서로 평행으로 자란 나뭇가지는 모양이 좋으므로 가지를 자르지 않고 잘 살리는 것

　이 좋다.

④ 대칭으로 자란 잔가지는 번갈아 쳐내어 공간을 살리는 것이 좋다.


**03. 일반적인 동양과 서양의 전통 화훼장식의 작품 비교가 바르게 된 것은?**

① 동양은 정신적 수양을 강조하고 서양은 생활공간 장식의 실용성을 강조한다.

② 동양은 꽃의 색과 모양을 강조하고 서양은 선과 여백을 강조한다.

③ 동양의 주재료는 꽃이고 서양의 주재료는 나뭇가지이다.

④ 동양은 기하학적인 이론을 이해하고 서양은 정신적인 요소를 이해해야 한다.


**04. 다음 중 동양꽃꽂이에 대한 설명으로 <u>잘못</u> 된 것은?**

① 불교문화를 통해 시작되었다고 할 수 있으며 선의 아름다움과 여백의 미를 중요시하였다.

② 불교문화의 전래와 유교사상의 접목으로 인해 정신적인 미를 더욱 강조하기 시작하였다.

③ 고려시대에는 연꽃놀이 등을 즐겼으며 조선시대에는 음식장식, 머리장식 등의 맥락이 이어져 왔

　음을 알 수 있다.

④ 모든 동양꽃꽂이의 기본형의 각도 및 형태는 일치한다.

**05. 우리나라의 전통 화훼장식에 관한 설명으로 옳은 것은?**

① 압화사는 고려시대의 꽃을 거두는 벼슬아치이다.

② 꽃꽂이 방법이 소개된 임원십육지는 홍석모의 저서이다.

③ 한 화기에 두 개의 침봉을 사용한 것을 복형이라 한다.

④ 주지의 삼각수성 이론은 동양사상인 천지인의 삼재(三 才)사상에 근거를 두고 있다.

**06. 서양식 꽃꽂이에 대한 설명으로 틀린 것은?**

① 일반적으로 미국식 꽃꽂이와 유럽식 꽃꽂이로 크게 나눌 수 있다.

② 대부분의 형태가 선과 여백을 중요시 한다.

③ 디자인 요소와 원리를 표현한다.

④ 주요 골격은 직선구성, 매스구성, 곡선구성, 입체구성이다.

**07. 다음 서양식 꽃꽂이의 분류에 대한 설명 중 모던 스타일의 특징이 아닌 것은?**

① 자연법칙을 존중하고 자연적인 형태를 기준으로 한다.

② 전통 디자인은 대칭질서를 이루는 반면, 대부분 비대칭질서를 유지한다.

③ 소재끼리 서로 만나지 않고 평행이나 교차를 이룬다.

④ 단순한 조화미를 표현하는 기하학적 장식 디자인이다.

**08. 고전적 형태의 하나이며, 양끝이 서로 이어지려는 느낌으로 곡선과 공간의 균형이 아름다워 동적인 느낌을 주는 디자인은?**

① 나선형          ② 초승달형          ③ 수직형          ④ 둥근형

**09. 원형형태의 꽃다발 제작에서 고려할 점으로 가장 거리가 먼 것은?**

① 라운드 형태를 유지하는 것이 중요하다.

② 스토크, 금어초와 같이 상승하는 운동성이 있는 소재를 주로 사용한다.

③ 완성된 꽃다발이 기울어지지 않고 균형감이 어우러져야 한다.

④ 폼, 매스, 필러플라워를 고루 사용하여 제작한다.

📖 정답 |  01 ④       02 ③       03 ①       04 ④       05 ④       06 ②       07 ④       08 ②
　　　　　 09 ②

## 섹션5 : 작업공간 정리

## 1. 도구 종류

### (1) 칼(Floral knife)

식물을 예리하게 잘라 세포 파괴를 최소화할 수 있어 신선도 유지에 좋고 잘리는 면적이 넓어 물올림에도 좋아 초본식물 절단용으로 가장 적합하다.

### (2) 가위

① 꽃의 줄기나 가지를 자르거나 정리할 때, 리본 등을 자를 때 사용된다.

② 용도에 따라 꽃 가위, 전지 가위(나무 전정), 철사 가위, 핑킹 가위, 리본 가위 등으로 구분된다.

### (3) 가시 제거기(Stripper)

줄기에서 가시와 잎을 제거하기 위한 도구이다.

### (4) 니퍼

철사 등을 절단하는 데 사용된다.

## 2. 도구 정리

도구는 공구함이나 도구 진열대에 정리하여 보관

## 3. 작업장(시설) 정리

① 작업 완료 후에는 작업 테이블과 아래 바닥을 깨끗이 청소

② 공구함의 도구는 개수와 종류를 확인

③ 진열대, 개수대 정돈

④ 물통은 씻어 말림

## 4. 절화 폐기물 정리

절화 폐기물은 자잘하게 잘라 쓰레기봉투에 담아 버린다.

## 📢 섹션4 : 문제 풀기

**01. 작업대, 개수대, 작업공간의 바닥 등을 청소할 때 주의해야 할 점은?**

① 재고 　　　　　 ② 먼지 　　　　　 ③ 상품 　　　　　 ④ 습기나 불순물

**02. 보유하고 있는 재료나 물품의 종류와 수량을 파악하여 관리하는 표는?**

① 작업공정표 　　　　　 ② 재고관리표 　　　　　 ③ 계획표 　　　　　 ④ 점검표

📖 **정답** | 01 ④ 　　　 02 ②

# Chapter3
## 화훼장식 절화상품 포장



## 1. 용도별 문구 선택

상품 용도에 적합한 문구 선택. 글씨 리본은 주로 꽃바구니, 화환 등에 사용 됨

### (1) 축하 화환

개업식 등에는 축하 메시지(리본 왼쪽은 '축 발전', 오른쪽은 '날로 번창하시기를 기원합니다', '대박

나세요' 등 고객이 원하는 내용

### (2) 근조 화환

근조(예 : '삼가 고인의 명복을 빕니다' 등)

### (3) 축하 꽃바구니

왼쪽은 '축 졸업', 오른쪽은 '졸업을 축하합니다' 등

## 2. 글씨리본 선택

### (1) 재질의 종류

실크, 모, 벨벳, 금속 종이, 면, 레이스, 메탈리크, 오간디, 공단 등

① **공단(새틴)** : 부드럽고 광택이 있어 고급스럽고 화려한 느낌

② **골지** : 일정한 간격으로 가는 골. 앞뒤 구분 없음. 두께가 있어 형태 유지에 유리

③ **오간디** : 반투명 소재로 가볍고 섬세. 부케에 사용하면 고급스럽다.

④ **벨벳** : 부드럽고 따뜻한 이미지. 겨울에 많이 사용. 고급스럽고 화려하다.

⑤ **스티치 리본** : 리본의 양쪽 가장자리에 바느질한 것처럼 스티치가 있다.

⑥ **자가드 리본** : 원단 자체에 다양한 문양이 수놓아져 있는 리본

⑦ **체크 리본** : 체크 무늬리본. 실용적. 단순한 색의 포장에 잘 어울림

⑧ **메탈리크 리본** : 메탈사로 직조된 것. 다른 리본에 덧대어 사용 시 효과적

## (2) 글씨리본 출력 컴퓨터 프로그램을 활용하여 글씨 리본 제작 및 출력

### 📢 섹션1 : 문제 풀기

**01. 고객의 요구나 상품의 목적에 맞게 정확히 해야 할 T.P.O의 뜻에 해당하지 <u>않는</u> 것은?**

① 대상　　　　② 장소　　　　③ 스타일　　　　④ 시간

📖 정답 |　01 ③

## 섹션2 : 절화상품 장식리본 제작

# 1. 리본 선택

## (1) 리본의 용도

보우 제작. 메시지 쓰는 용도 및 상품 묶는 용도

## (2) 색상 선택

① 작품을 돋보이게 하는 색상으로 유사 색, 동일 색이 무난

② 작품의 꽃, 잎 색을 사용하는게 좋다.

③ 근조화환의 경우 망자가 평소 좋아하던 색도 좋다.

④ 의식의 색 사용(국가마다 다를 수 있음)

## 2. 보우와 장식

### (1) 보우(bow)

리본 등의 소재로 나비 모양 등으로 만든 장식

① 꽃바구니, 꽃다발, 화환, 코사지 등에 다양하게 이용

② 버터플라이 보우, 엘레간트 보우, 프렌치보우, 로즈보우, 스타보우, 스프레이보우 등

| 프렌치보우 | 스프레이보우 | 부케보우 | 스파클보우 | 로켓보우 | 롤드보우 | 버슬보우 |

---

### 🔊 섹션2 : 문제 풀기

**01. 보우(BOW)의 구성요소에 해당되지 <u>않는</u> 것은?**

 ① 루프(Loop)  ② 센터루프(Center loop)  ③ 코사지(Corsage)  ④ 스트리머(Streamer)

📖 정답 |   01 ③

---

## 섹션3 : 절화상품 장식리본 제작

## 1. 포장재료

### (1) 포장재료

① **한지** : 닥나무에서 뽑아낸 섬유를 물에 띄워 떠서 만든 종이. 견고하고 부드러움. 고급미술품, 공예

 품 등에 주로 이용

② **양지** : 목재펄프에 화학제를 섞어 만든 종이. 정밀 인쇄, 포장용 상자에 적합

 ✓ 합성지(플라스틱 필름을 기본), 부직포(합성섬유를 물에 분산시켜 만든 것)

③ **셀로판지** : 투명 포장재. 목재 펄프에 가성소다 처리. 인쇄 용이. 착색이 자유롭고 표면 광택이 좋다.

④ 포장작업 용이. 먼지가 잘 묻지않음

⑤ **크라프트지** : 강인한 지질로 질 균일. 종이봉투 주 재료. 꽃다발 포장지로도 활용

⑥ **증착지** : 아름다운 금속성 광택. 상품을 고급스럽게 함

⑦ 아트지, 트레싱지, 모조지, 왁스지 등

## (2) 포장지 선택

용도에 맞게. 질감과 색상은 상품과 비슷한 것을 사용하는 것이 무난함

# 2. 포장기법

## (1) 상품의 형태와 용도

포장지에 따라 다양

## (2) 꽃다발 포장 기법

포장지 질감에 따라 다양. 최근에는 브랜드 상징 포장도 많음

> **tip**
>
> 5W1H : 감사나 축하, 사랑의 마음을 전하기 위한 가장 효율적인 수단으로 같은 내용물이라도 포장방법에 따라서 선물 가치가 달라질 수 있기 때문에 5W1H를 고려하여 포장해야 한다.
> - Who : 대상(나이, 성별, 취향, 개성 등을 고려)
> - Why : 의미(기념일, 감사, 축하, 사랑 등의 표시)
> - What : 상품(목적에 맞는 내용물)
> - Where : 장소(전달할 장소)
> - When : 때(날짜, 시간 등)
> - How : 방법(전달 방법)

**📢 섹션3 : 문제 풀기**

**01. 포장디자인의 역할에 해당되지 <u>않는</u> 것은?**

① 소비자의 욕구를 충족시키는 포장　　② 소비자의 취향을 만족시키는 포장

③ 시각적인 측면에서 효과적인 포장　　④ 판매장의 개성적인 포장

**02. 포장의 목적에 해당되지 <u>않는</u> 것은?**

① 배송 중의 파손 방지　　② 수분 공급

③ 판매행위의 표시　　④ 휴대하는 데 편리성 제공

📖 정답 |　01 ④　　02 ②

# 섹션4 : 절화상품 마무리

## 1. 절화상품 유지 관리

### (1) 후처리제

① 물올림 물에 첨가하는 수명 연장제

② 당, 살균제, 에틸렌억제제, 식물생장조절제 등

③ 5% 설탕＋200ppmHQC＋50ppm 질산은(이전부터 사용)

④ 카네이션, 거베라, 국화, 나리 등에 효과

### (2) 꽃다발 마무리

① 꽃다발의 줄기 끝 부분을 사선으로 절단

② 묶음점 아랫부분은 잎을 모두 제거

③ 꺾인 꽃이나 상처난 꽃은 정리

## (3) 꽃바구니 마무리 및 관리

① 물이 새지 않는지 확인하기

② 플로랄 폼이나 고정재료가 보이지 않는지 확인하기

③ 플로랄 폼이 말라 있으면 수분 공급 및 절화에 스프레이하기

---

### 📢 섹션4 : 문제 풀기

**01. 절화상품 유지 관리의 사항으로 틀린 것은?**

① 장시간 보관 시 절화의 수명을 위해 실온에서 보관하여 세균의 번식을 막는다.

② 절화 보존제와 같은 약품은 수명 연장과 품질 유지에 효과적이다.

③ 절화상품의 수명을 연장시킬 수 있는 주변 환경조건을 만들어 주는 것이 좋다.

④ 절화의 수명이란 절화를 물에 꽂아 신선한 상태로 유지되는 기간을 말한다.

📖 정답 |　01 ①

# Chapter4

## 화훼장식 분화상품 제작



## 1. 분화상품

### (1) 일반화분 식물

관엽식물, 난과식물, 선인장, 다육식물, 일반 화초 등을 화분에 알맞은 용토를 넣고 심은 것

### (2) 테라리움(Terrarium)

① 투명 용기 속에 토양을 넣고 작은 식물들을 심어 기르는 것이다.

② 토양은 가볍고 소독이 된 것을 사용하며 비슷한 환경에서 생육하는 식물을 식재한다.

③ 직사광선에 지나치게 노출시키면 내부 온도 급상승이 원인이 되어 심한 경우 식물이 고사한다.

④ 개방형은 관수가 필요하다.

⑤ 종류

ㄱ. **밀폐식 테라리움** : 습기에 강한 식물을 심는다. 양치류의 아스프레니움, 네프롤레피스, 프테리스, 아디안텀, 베고니아 등

ㄴ. **개방식 테라리움** : 건조에 강한 식물인 헤데라, 드라세나, 남천, 야자, 청목 등

### (3) 비바리움(Vivarium)

테라리움의 변형된 형태로 유리 용기 속에 식물과 함께 도마뱀, 이구아나 등 파충류나 곤충을 넣어 자연의 모습을 연출한 것이다.

## (4) 아쿠아리움(Aquarium)

유리 용기 속에 해저의 모습이나 연못을 만들어 수생 식물을 심고 물고기, 갑각류, 연체동물이나 거북이, 양서류 등을 넣어 키우는 것이다.

## (5) 디쉬가든(Dish garden)

접시같이 넓고 얕은 용기에 주로 키가 작고 생육이 느린 식물을 심어 정원의 형태를 구성한 것으로 수분 요구 조건이 비슷한 식물을 식재한다.

## (6) 걸이분(Hanging basket)

늘어지는 덩굴 식물이나 잎이 아래로 향하는 식물을 용기에 심어 천장에 걸거나 벽에 달아 놓는 분 식물 장식이다.

## (7) 분식 토피어리(Topiary)

용기에서 자라는 식물을 동물이나 기하학적인 모양으로 전정하여 형태를 만들거나 넝쿨 식물을 틀에 부착시켜 틀의 형태로 유인하여 키우는 분식물이다.

## (8) 착생 식물 붙이기

착생 식물을 돌이나 나뭇가지에 붙여 아름다운 풍경을 만드는 것이다.

## (9) 수경재배(Hydroponics)

식물 생육에 필요한 배양액만으로 식물을 재배하는 물가꾸기이다(예 : 수선화, 아마릴리스, 히아신스, 스킨답서스, 스타티필름, 행운목, 접란 등).

## (10) 분경(盆景)과 분재(동양)

① **분경** : 분(盆)에 주로 자생 식물을 이용하여 축소된 형태지만 자연 경관과 흡사한 풍경을 표현한다.

② **분재** : 분(盆)에 키 낮은 나무를 심어 오래된 거목(巨木)의 특징과 정취를 축소시켜 가꾼 것으로 수형미와 고태미를 추구한다.

## (11) 숯부작

수반 등에 참숯을 이용해 난, 야생화, 다육식물 등을 심은 것

# 2. 토양재료

## (1) 토양과 식물

수분공급, 식물체 지지, 양분의 분해와 공급, 식물의 생장 환경

## (2) 토양의 최적 구성

① 식물 생육에 가장 적합한 구성 : 고상50%, 액상25%, 기상25%

② 토양 수분 : 모세관수(유효 수분), 중력수, 흡착수

## (3) 토양재료

| | | |
|---|---|---|
| 일반 흙 | 밭흙 | -산, 밭 등에서 채취한 흙. 병충해 피해<br>-퇴비, 모래 섞어 씀 |
| | 사질토 | -점토 함유량 25%이하. 삽목 용토로 적합.<br>-건조하기 쉽고 보수력, 보비력이 낮 음 |
| | 양토 | -점토 23~37.5% 정도가 배합<br>-보수, 보비력, 통기성 우수<br>-식물 행육에 적합 |
| | 점질토 | -50% 이상의 점토를 함유한 토양<br>-보수력, 보비력이 좋다.<br>-배수성이 나쁨 |
| 유기질배합용토 | 부엽토 | 낙엽(떡갈나무, 참나무, 밤나무, 동백, 벚나무, 느티나무)을 썩힌 것 |
| | 수태(水苔) | -순수한 이끼를 건조시킨 것.<br>-강산성, 보수성, 보수성, 보비력, 배수성 우수 |
| | 피트모스 | -수태, 양치류 등 퇴적.<br>-썩으면서 완전히 분해되지 않고 탄화된 것.<br>-유기물 함량 높고 보비력, 보수성, 통기성, 우수염기치환용량 높음.<br>-산성<br>-부엽토 대용 |
| | 바크 | -나무껍질을 잘게 빻아 발효시키거나 살균처리 보수성 우수<br>-양란, 관엽식물 적합<br>-모래나 펄라이트와 혼용 |
| | 훈탄 | -왕겨를 300℃ 이상의 고온으로 가열하여 만듦<br>-무균<br>-통기성 우수 |
| | 톱밥 | 보수력, 통기성 우수 |

| | | |
|---|---|---|
| **광물질용토** | **버미큘라이트** | - 질석을 1,000℃ 이상의 고온에서 구운 인공 용토<br>- 모래의 1/15정도 무게<br>- 통기성과 보수성 우수<br>- 약산성에서 약알칼리성<br>- 염기치환용량이 높다.<br>- 무균 |
| | **펄라이트**<br>(pearlite) | - 진주석을 잘게 부숴 750℃ 이상의 고온에서 구워 냉각 가공<br>- 염기치환용량은 낮다.<br>- 중성 또는 약알칼리성<br>- 병균, 잡초씨앗이 없고, 배수성·통기성 매우 우수 |
| | **하이드로볼** | - 점질토를 물을 섞어 작은 볼을 만들어 800℃의 고온에서 구워 팽창시킨 다공질의 인공 토양<br>- 보수성, 흡수성, 통기성 우수<br>- 배수 보조 재료로 좋으며 걸이분 등 배수구가 없는 화분에도 매우 유용 |
| | **제올라이트**<br>(Zeolite) | - 염기치환용량이 크며 알칼리성<br>- 보수성과 통기성 우수 |
| | **마사토** | - 굵은 모래<br>- 화강암이 풍화되어 생성<br>- 화분의 배수 보조 재료로 많이쓰임 |
| **장식토양** | | 화분에 식물 식재 후 토양 위에 장식하는 토양. 하이드로볼, 콩자갈, 색자갈, 수태, 맥반 석 등 |

피트모스　　　　바크　　　　버미큘라이트　　　　펄라이트

하이드로볼　　　　마사토　　　　배양토　　　　수태

## (4) 식물생육에 좋은 토양의 조건

① 적당한 보수력

② 통기성, 배수성이 좋을 것

③ 보비력이 좋고 병해충이 없을 것

④ 토양산도(酸度)가 적당할 것

# 3. 분화상품 용기

배수구가 있는 것이 일반적. 배수구가 없는 것도 있다.

## (1) 화분

① 형태별로 원분, 타원분, 장방분, 정방분, 육각분 등

② 재료에 따라 토분, 플라스틱화분, 돌화분, 메탈화분, 고무화분, 마블화분, 옹기화분, 자기화분, 테라리움 용기 등

ㄱ. **토분(흙화분)**: 점토로 만듦. 다공질로 보수성, 흡수성, 통기성 우수. 과습 방지. 무겁고 겨울에 동파 우려, 견고하지 못함

ㄴ. **플라스틱화분**: 값이 싸고 가벼움. 다양한 형태. 과습 피해 우려

ㄷ. **마블화분**: 플라스틱 화분의 일종. 우레탄. 가볍다. 탈색 가능

ㄹ. **돌화분**: 보수성, 내구성이 좋음. 다양한 모양. 무게감으로 안정. 이동 불편

ㅁ. **메탈화분**: 모양, 컬러가 자유롭고 스타일리쉬 함. 녹이 슬 수 있으므로 코팅처리 필요

ㅂ. **고무화분**: 견고. 다양한 모양. 이동편리

ㅅ. **자기화분**: 견고. 모양이 좋고 직사광선에도 온도변화가 적음. 통기성 나쁨. 과습 우려

ㅇ. **옹기화분**: 황토. 예스러운 멋. 충격에 약하고 무겁다.

## (2) 분식물 용기의 조건

① 기능적, 장식적일 것

② 식물의 뿌리를 충분히 담을 수 있고 식물을 잘 지지할 수 있을 것

③ 식물과 식물이 놓일 주위 환경과도 잘 어울릴 것. 관수 및 배수 처리가 편리할 것

## 4. 장식물

① 분화상품 종류에 따라서 장식물과 점경물을 사용하여 디자인의 완성도와 상품의 가치를 더욱 높일 수 있다.

② 분수나 물레방아 등 수경요소, 자연소재, 가공소재, 동물, 조각 등의 형상물이나 구조물 등

## 5. 분화 식물 종류와 특성

### (1) 관엽식물

잎을 주요 관상 대상으로 하는 식물. 식물 전체, 줄기, 꽃을 관상하기도 함. 대부분 열대, 아열대 원산의 반음지 식물

**① 잎의 모양을 대상으로 하는 관엽식물** : 필로덴드론속(셀륨, 콩고, 메스티컴), 몬스테라속(반덩굴성) 등

**② 잎의 모양과 빛깔을 대상으로 하는 관엽식물**

ㄱ. 아나나스류, 드라세나류(레인보우, 와네키, 마지마타)

ㄴ. 야자나무류(홍콩야자, 아레카야자, 테이블야자)

ㄷ. 알로카시아, 베고니아, 칼라디움, 칼라데아, 콜레우스, 크로톤, 시페루스, 퍼쿠스속(인도고무나무), 야자나무류 등

**③ 줄기가 관상의 대상이 되는 관엽식물** : 유포르비아속

**④ 잎과 꽃이 관상의 대상이 되는 관엽식물** : 안스리움, 아펠란드라, 스트렐리치아

### (2) 난과식물

**① 동양란**

ㄱ. 한국, 중국, 일본, 대만 등 온대에서 아열대 원산, 원예종이 대부분

ㄴ. 개화 하는 시기에 따라서 춘란, 하란, 추란, 한란 등으로 구분하기도 한다.

ㄷ. 보춘화, 석곡, 나도풍란, 새우난초

**② 서양란**

ㄱ. 열대와 아열대 원산의 난과식물

ㄴ. 남아메리카, 동남아시아가 원산지이며 유럽에서 개량. 화려하고 아름다운 꽃이 핌. 디스플레이 용으로 많이 사용되며 개업, 승진, 생일, 전시회 등의 축하화분으로 많이 활용 됨

ㄷ. 심비디움, 팔레놉시스, 온시디움, 반다, 카틀레야, 파피오페딜럼, 에피덴드룸 등

## (3) 다육식물·선인장

① 다육식물로는 바위솔, 칼랑코에, 알로에, 꽃기린 등

② 선인장은 다육화된 식물 중 잎이 단단하고 좁아져 가시가 된 것으로 기둥선인장, 게발선인장, 부채선인장, 비모란 등

## (4) 허브식물

① 꽃이나 줄기, 잎, 뿌리 등에 향이 있어 생활에 이용할 수 있는 모든 초본식물

② 로즈마리, 라벤더, 민트, 타임, 레몬밤 등

## (5) 온실숙근초

① 온실, 실내에서 월동하는 식물

② 거베라, 군자란, 극락조화, 델피니움, 마가릿, 문주란, 베고니아, 아스파라거스, 안스리움, 제라늄, 카네이션 등

## (6) 구근류

① 잎, 줄기, 뿌리 등이 양분을 저장하여 비대해짐으로써 마치 뿌리 조직처럼 보이는 구근을 가진 식물

② 튤립, 수선화, 히아신스, 무스카리, 아마릴리스, 칼라디움, 시클라멘 등

---

### 📢 섹션1 : 문제 풀기

**01. 각종 생활용기를 이용한 화기로 장식하는 것은?**

① 토피어리　　　② 워터가든　　　③ 윈도가든　　　④ 디쉬가든

**02. 배양토에 대한 설명으로 틀린 것은?**

① 통기성, 보수력, 보비력이 양호하다.

② 식물 생육에 필요한 영양분이 함유되도록 한다.

③ 토양이 무거워야 식물의 뿌리를 잘 눌러 고정할 수 있다.

④ 사용할 식물에 맞게 적정 비율로 경량토를 혼합해서 사용한다.

**03. 원예용 특수토양으로 거리가 먼 것은?**

① 피트모스　　　② 펄라이트　　　③ 찰흙　　　④ 버미큘라이트

**04. 다음 중 피트모스에 대한 설명으로 옳은 것은?**

① 물이끼를 건조시킨 것으로 물을 저장할 수 있다.

② 낙엽활엽수의 잎이 완전히 부식된 것이다.

③ 보수성이 높고 공극이 크며 암갈색으로 산성을 띤다.

④ 고온으로 가열하여 만든 pH7 정도의 중성이다.


**05. 관수요령에 대한 설명으로 틀린 것은?**

① 관수 전에 손으로 배양토를 만져본다.

② 겨울철에는 오전 중에 관수하는 것이 좋다.

③ 대부분의 식물은 배양토 위에 관수한다.

④ 물을 조금씩 여러 번에 나누어 자주 준다.


**06. 착생종에 해당되지 않는 것은?**

① 심비디움　　　② 팔레놉시스　　　③ 반다　　　④ 카틀레야


**07. 분화상품 수명 연장을 위한 환경조건에 해당되지 않는 것은?**

① 광선　　　② 온도　　　③ 에틸렌　　　④ 토양


📖 **정답 |** 01 ④　　02 ③　　03 ③　　04 ③　　05 ④　　06 ①　　07 ③

## 섹션2 : 분화상품 작업 준비

## 1. 분화상품 선행 작업

① 분갈이를 위해 뿌리 상태 확인

② 분갈이 전 수분 공급 상태 확인

③ 토양 상태 확인

④ 병충해 확인

## 2. 분화재료 관수

### (1) 관수 형태

① **지상관수(지표관수)** : 뿌리 근처의 흙에 물을 주는 방법

② **점적관수** : 급수관 끝에서 물방울이 똑똑 떨어지게 하거나 천천히 흘러나오게 함

③ **저면관수** : 용기 아래 배수 구멍으로 물이 스며 올라가도록 하는 방법. 화분, 포트용. 토양이 굳어지

　지않는 장점

④ **엽상관수(葉狀灌水 엽수)** : 잎이나 가지에 물을 주는 것

### (2) 관수 요령

① **관수 시기**

ㄱ. 보통 흙의 표면에서 1cm가량 깊이까지 흙이 말라 있을 때 관수

ㄴ. 실내 관엽 식물은 자주 엽상관수. 단, 한여름 낮의 실외 엽상 관수는 피할 것

② **관수량** : 화분속의 흙이 흠뻑 젖고 물이 화분 밑으로 흘러나올 정도로 충분히

③ **수질과 수온**

ㄱ. 수돗물은 하루 정도 받아 두었다가 윗물만 사용

ㄴ. 수온은 실내온도와 비슷하게

## 3. 분화재료 생리

① 재배에서 최종 소비자까지 여러 번의 환경변화로 스트레스를 받기 쉽다.

　✓ 순화(馴化, 환경이 다른 토양에 옮겨진 식물이 점차 그 환경에 적응해 가는 것) 필요

✓ **광 순화 방법**: 실내의 광도보다 약간 높은 광도에서 순화. 이 기간에는 온도를 높이거나 비료를 주지 않는 것이 바람직하다.

② 화분속에 있으므로 수분과 양분이 부족하기 쉽다.

③ 화분 속에서 뿌리가 마음껏 뻗어 나가지 못해 서로 얽히기 쉽다.

④ 실내에서 환기가 부족하고 적절히 햇빛이 들지 않으면 생육이 저해되고 병이 걸리기 쉽다.

## 4. 분화식물의 관리

### (1) 수분

뿌리가 화분 속에 있기 때문에 수분 공급 필수(관수)

### (2) 공중 습도

① 적정 습도는 분식물이 놓이는 환경, 식물, 화분 등의 여러 요인에 따라 달라진다.

② **열대관엽식물**: 70~80%의 높은 습도를 요구하므로 여름에는 엽상관수가 필요하다.

### (3) 광

직사광선이 비치지 않는 밝은 장소에 둔다.

### (4) 온도

① 대부분의 식물은 시원한 온도(15~18℃)에서 관리한다.

② 밤낮은 온도 차이(DIF)는 5~6℃ 정도가 적당하다.

### (5) 환기

불량하면 생육이 저해되고 병해충이 발생한다.

### (6) 영양

① **식물 필수 원소**: 탄소, 수소, 산소, 질소, 인, 칼륨, 칼슘, 마그네슘 등

② **비료의 3요소**: 질소, 인, 칼륨

ㄱ. **질소(N)**: 생육 초 꽃눈 형성 전 발육에 중요하다. 줄기, 잎을 무성하게 하고 엽색을 진하게 하며 광합성을 촉진한다.

ㄴ. **인(P)** : 꽃과 열매의 종자 형성에 큰 영향을 준다(종자비료). 꽃·열매 관상식물에 중요하다.

ㄷ. **칼륨(K)** : 식물체 신진대사의 촉매 역할을 한다. 뿌리, 가지, 줄기 강화. 기온 변화 및 병해충에 대한 저항력을 강화시키며 생육 초기 뿌리 발달에 중요하다.

ㄹ. **비료의 4요소** : 비료의 3요소＋칼슘(세포막 강화, 유해물질 제거, 흙의 산성화 방지)

ㅁ. **비료의 5요소** : 비료의 4요소＋마그네슘(엽록소의 중요 성분, 효소 활성화)

③ **비료주기(시비)** : 분식물은 토양이 한정되어 있어 적절한 영양관리가 필요하다(밑거름, 덧거름). 비료를 너무 많이 주거나 잘못 주어도 식물 생장을 저해하며 생육 초에는 질소 비료, 개화 결실 시에는 인산 비료를 사용한다. 저온·고온기 및 분갈이 후 새 뿌리가 나기 전에는 시비하지 않는다.

ㄱ. **밑거름** : 식물 필수 성분이 복합 함유된 고형 비료가 적합하며 유기질 비료는 완전 부숙된 것을 사용한다.

ㄴ. **덧거름(웃거름)**

- 식물체와 약간 떨어지게 시비한다.

- 덧거름을 주는 시기는 일반적으로 영양 생장 때(봄~가을)이다.

ㄷ. **엽면시비(葉面試肥)**

- 액체 비료를 분무기에 넣어서 잎과 줄기 등에 분무한다.

- 토양에 비료를 줄 수 없는 경우, 뿌리가 피해를 받는 경우, 토양 조건이 나쁜 경우, 미량 요소를 공급하거나 결핍증이 나타날 경우에 이용하며 토양 시 비보다 흡수가 빠르다.

- 일시에 다량으로 줄 수 없다.


## (7) 병충해 관리

① **병충해의 종류** : 세균(습한환경), 바이러스, 곰팡이(고온다습), 해충(건조한 환경)

② 예방 차원의 조기 방제가 중요하다.


## (8) 분갈이

① **시기** : 보통 연 1회 정도 꽃이 없을 때, 휴면이 끝난 후 영양 생장 직전, 온대식물은 3~4월, 열대 및 아열대 식물은 5~6월(15℃이상)이 적당하다.

② **분갈이가 필요한 경우**

ㄱ. 배수가 좋지 않은 경우

ㄴ. 뿌리가 심하게 노출된 경우

ㄷ. 표면에 잡초나 이끼 등이 번식한 경우

ㄹ. 대체로 심거나 분갈이한지 일 년 정도 지난 경우

## 📢 섹션2 : 문제 풀기

**01. 광선, 온도, 수분, 토양, 시비 등의 적절한 환경조건을 관리해 주어야 하는 것은?**

① 절화관리      ② 분화관리      ③ 건조화관리      ④ 부재료관리

**02. 5대 비료에 속하지 <u>않는</u> 것은?**

① 질소      ② 칼슘      ③ 철      ④ 마그네슘

**03. 실내에서 분식물에 병충해가 발생한 이유에 해당되지 <u>않는</u> 것은?**

① 소독이 되지 않은 배양토 사용

② 극한의 온도나 지나치게 높은 습도

③ 건조한 환경

④ 충분한 관수

📖 정답 |   01 ②    02 ③    03 ④

## 섹션3 : 분화상품 제작

## 1. 분화상품 기초작업

① **배양토 준비** : 일반 흙과 배합토를 식물종에 따라 적절히 혼합

② 잎, 줄기, 뿌리 등 식물의 상태를 확인하고 적절히 손질

③ 관수 도구 준비, 물 공급 확보

## 2. 분화상품 디자인

① 화분에 배수망을 깔고 숯, 마사토, 맥반석, 바크, 하이드로볼, 보조파이트 등을 선택하여 기초 배수

　작업을 한다.

② 기초 작업을 한 화분에 준비한 배양토를 넣고 식물을 식재한 후 배양토를 더 넣어 다져 준다.

③ 모아 심기를 하는 경우 그룹핑을 해 준다.

④ 흙 위에 하이드로볼이나 바크, 이끼, 숯, 왕겨, 자갈, 맥반석 등을 사용하여 장식해 준다.

⑤ 형상물이나 구조물을 이용하여 장식함으로써 디자인의 완성도를 높일 수도 있다.

## 3. 분화상품 포장

### (1) 수명 유지를 위한 처리

① **분화상품 수분공급** : 분화상품을 제작하기 전 토양에 충분히 물을 주어 식물을 다른 화분에 옮겨

　심은 후에도 수분 부족 현상이 일어나지 않도록 함

② 생산자로부터 순화가 잘 되고 건강한 식물 구입하기

### (2) 글씨 리본 문구 및 출력방법

컴퓨터로 리본글씨 작성 프로그램에 의해 글씨 리본 출력 가능. 리본글씨 프로그램(달필, 로즈웹, 다스

에티켓, 누리잉크 리본마스터 등), 리본출력 프린터

### (3) 포장 재료 및 포장 방법

① **포장 재료** : 부직포, 주름지, OPP포장지, 비닐 포장지, 망사 포장지, 한지 포장지 등

② 포장 방법

ㄱ. **포장의 기능**: 보호성, 상품성, 판매 촉진성, 취급 편리성, 구매 심리성, 배송성

ㄴ. 상품 판매촉진 기능에 중점

ㄷ. 과대 포장, 환경오염 문제 야기

## (4) 화분 받침대

화분의 물이 실내 바닥으로 흐르지 않도록 하기 위해 필요

---

### 📢 섹션3 : 문제 풀기

**01. 분화상품 용기에 해당되지 <u>않는</u> 것은?**

① 용기는 배수구가 있는 것이 관수·관리하기 용이하다.

② 일반적으로 키가 큰 식물은 높고 넓은 용기가 적절하다.

③ 배수구가 있는 용기는 물받침을 하지 않아도 된다.

④ 배수구가 없는 용기는 관찰용 파이프를 묻어 관찰해 준다.

📖 정답 | 01 ③

---

# 섹션4 : 작업 공간 정리

## 1. 도구 종류

① **꽃가위**: 식물의 꽃, 가지, 줄기, 잎 등을 자를 때

② **전정가위**: 꽃가위로는 자르기 힘든 가지를 자를 때, 전정이나 전지할 때, 토피어리를 만들 때

③ **꽃삽**: 식물을 식재할 때, 분갈이할 때, 토양이 딱딱한 경우

④ **분무기**: 특히 실내 화분에 사용

⑤ **물통**: 물을 담을 때, 삽목 시 삽수를 담가 둘 때, 배양토 혼합 시

## 2. 도구 및 작업장 정리

도구는 분화상품 제작 장소에 근접하여 비치하고 비품 및 도구는 종류별로 구분한다. 사용후에는 깨끗하게 손질하여 동일한 장소에 비치한다. 도구 보관함을 이용하면 편리하고 작업장은 깨끗이 정리한다.

## 3. 분화 폐기물 관리

가능한 재정리하여 추후에 사용하도록 하고 버리는 것은 생활 쓰레기와 산업폐기물로 구분하여 처리한다.

---

**📢 섹션4 : 문제 풀기**

**01. 절화 폐기소재 처리 시 물기를 제거하여 폐기해야 하는 소재는?**

① 절화소재          ② 절엽소재          ③ 플로랄 폼          ④ 스펀지

📖 정답 | 01 ③

---

# Chapter5
## 화훼장식 상품관리



## 1. 분화상품 유지관리

① 오래되고 누런 잎, 진 꽃은 수시로 제거하고 잎은 자주 닦아준다.

② 화분의 크기, 재질이 알맞은지 점검한다.

③ 가끔 뿌리의 생육이 좋은지 화분을 뒤집어 확인, 뿌리가 차 있으면 적당히 제거하고 큰 화분으로 옮겨 심는다.

④ 꽃피는 식물은 햇빛이 잘 드는 곳에 두고 관엽식물은 반음지에 둔다.

⑤ 토분은 통기성이 좋아 용기 측면으로 수분과 공기, 염류 등이 배출될 수 있으므로 관수를 자주 해준다.

⑥ 플라스틱 화분은 통기성 부족으로 과습 피해가 있을 수 있으므로 관수 횟수를 조절하고 환기와 채광에 주의한다.

### ◀▶ 섹션1 : 문제 풀기

**01. 분화상품 포장 전 주의사항에 해당되지 않는 것은?**

① 포장 전에 누런 잎이나 시들은 꽃 등은 제거하고 지저분한 잎을 닦는다.

② 뿌리의 생육이 좋은지 화분을 뒤집어서 확인한다.

③ 뿌리가 많이 자라 나왔을 경우에는 큰 화분으로 분갈이 한다.

④ 화분의 재질에 따른 보비력을 살핀다.

📖 정답 | 01 ④

# 섹션2 : 가공화상품 관리

## 1. 가공화상품 재료

### (1) 인조화

① 종이, 천, 플라스틱 등을 이용하여 만든 꽃

② 생화에 비해 장기간 장식효과, 생화로 판매되고 있는 대부분을 인조화로 만들 수 있음

③ 실내의 어두운 곳, 실내조명을 많이 사용하는 곳에 많이 사용하여 분위기를 환기할 수 있다.

### (2) 건조화

① 생화를 그대로 말린 것. 모든 식물이 해당

② 인조화에 비해 자연적인 미가 있어 선호

③ **건조 소재의 채취 시기** : 알맞게 성숙한 때(활짝 피기 직전), 수분이 적고 규산질이 많은 꽃은 60~70% 개화(밀짚꽃), 맑은 날 한낮 수분 함량이 적을 때

### (3) 건조방법

#### ① 자연건조

ㄱ. 가장 기본적이고 간편하다.

ㄴ. **방법** : 바닥에 흩어놓기, 거꾸로 매달기, 세우기, 물속에 꽂은 채로 두기

ㄷ. **꽃의 성숙도** : 활짝 피기전에 건조한다.

ㄹ. **건조 장소** : 건조하고 통풍이 잘되는 그늘진 곳에서 건조한다.

ㅁ. **단점** : 건조 과정이나 건조 후 꽃이 쭈그러지고 수축되기 쉬우며, 원래의 색을 유지하기 어렵다.

#### ② 열풍건조

ㄱ. 열풍 건조기에서 60~80℃의 온도로 12시간 정도 단시간에 건조시키는 방법이다.

ㄴ. 소재의 종류에 따라 다르나 대체로 건조 시간을 단축시켜 원래의 아름다운 색을 보존할 수 있다.

ㄷ. 함수량이 높은 식물의 건조에 좋다.

ㄹ. 형태가 수축되고 쪼그라지는 단점이 있다.

③ 동결 건조[★★]

ㄱ. 동결건조기로 영하의 온도에서 꽃을 동결시킨 다음 수분을 승화시켜 건조하는 방법이다.

ㄴ. 수분 함량이 많은 꽃이나 줄기 건조가 가능하다.

ㄷ. 수축과 쭈그러짐이 거의 없으며 색상도 그대로 유지된다.

ㄹ. 공기 중의 수분을 흡수하여 변색과 변형이 일어나므로 피막 처리, 유리 용기 밀폐가 필요하다.

④ 글리세린 건조[★]

ㄱ. 절화의 줄기나 나뭇가지의 절단면을 통해 글리세린 용액을 도관으로 흡수시키는 방법과 글리세린 용액에 담그는 방법으로 건조한다.

ㄴ. 유연성이 증가되고 건조 후 부서지는 것을 방지한다.

ㄷ. 갈변되므로 착색이 필요하다.

⑤ 매몰건조(실리카겔 건조)[★★]

ㄱ. 실리카겔과 같이 흡수력이 강한 건조제 속에 꽃을 파묻어 건조시키는 방법이다.

ㄴ. 건조 후 수축과 형태 및 색상 변화가 적다.

ㄷ. 공기 중의 수분을 흡수하여 변색과 변형이 일어나므로 유리 용기 속 밀폐나 피막 처리가 필요하다.

> **tip**
>
> **실리카겔**
>
> 강한 흡수력을 갖는 건조제로 백색과 청색이 있다. 청색은 수분을 흡수하면 분홍색으로 바뀌어 사용하기 편리하나 값이 비싸 대개 청색과 백색을 섞어서 사용한다.

⑥ 누름건조(압화, Pressed flower)

ㄱ. 꽃이나 잎을 흡습지 사이에 넣고 물리적 압력을 가하여 평면적으로 건조하는 방법이다.

ㄴ. 수분 함량이 낮고 두껍지 않으며 색이 선명하고 구조가 간단하거나 꽃잎의 수가 적은 꽃의 건조에 이용된다(예 : 팬지, 코스모스 등).

ㄷ. 주로 평면적인 장식에 이용된다.

⑦ 보존화(Preserved flower)가공

알코올 등으로 이루어진 전용 탈수 용액에 절화를 담가서 탈색·탈수시킨 다음 보존제, 유연제 등이 함유된 보존 용액에 염료를 첨가하여 염색·보존 처리 후 건조시키는 방식이다. 탈색과 착색, 보존처리를 동시에 행하는 방식도 있다.

⑧ 표백

ㄱ. 적합한 꽃으로는 모란, 장미, 해당화, 조, 밀, 아마, 향유, 토끼풀, 매발톱꽃, 도라지, 포인세티아, 아

디안튬 등 풍부한 섬유질을 함유한 것이 표백에 적합하다.

ㄴ. 표백제 : 아염소산나트륨(NaClO2)이 가장 효과적이다.


## 2. 가공화 상품 제작

### (1) 건조 매체

① **직접건조 매체** : 직접 식물체 표면에 작용하여 식물체의 수분 상실. 공기, 알코올(알코올은 물과 일정

비율로 혼합하여 사용)

② **간접건조 매체** : 실리카겔이 대표적. 직접건조매체와 함께 사용할 때 효과 극대화


### (2) 건조에 필요한 용구

① **처리공구** : 특수처리 등에 사용

② 꽃흡수재료(흡수지, 스폰지, 실리카겔 등), 가압공구(압화기 등)

③ **설비기구** : 전기건조기, 마이크로웨이브기 등

④ 재료를 담는 용구겔

⑤ **밀봉재료** : 테이프, 본드, 와셀린, 파라필름 등


### (3) 건조 작업

자연건조, 매몰건조, 냉동건조, 열풍건조, 감압건조, 중압건조, 가온건조, 액체건조, 글리세린건조, 포

르말린법 등


### (4) 상품디자인

① **건조 소재 이용 상품 디자인**

ㄱ. 포푸리 사세, 필로, 포맨더

ㄴ. 리스, 꽃다발, 병꽃이

② 압화 디자인

# 3. 가공화소재 재료 관리

## (1) 건조소재

① **습기**: 습도 65% 이상에서는 소재가 변형되거나 곰팡이, 벌레 등이 발생한다.

건조하고 어두운 곳, 통풍이 잘되는 곳에 보관하고 건조제(실리카겔)와 나프탈렌 같은 방충제를 동봉하는 것이 바람직하다.

② **직사광선**: 직사광선에 노출 시 변색 될 수 있다.

③ **공기**: 냉동 건조 소재나 실리카겔 건조 소재는 공기 노출 시 변색과 변형이 일어날 수 있으므로 피막 처리하거나 밀폐 공간에 보관한다.

## (2) 조화

플라스틱 재료는 직사광선 노출 시 탈색 가능

---

### 📢 섹션2 : 문제 풀기

**01. 가공화의 종류에 해당되지 <u>않는</u> 것은?**

① 테라리움          ② 드라이플라워          ③ 압화          ④ 프리저브드 플라워

**02. 건조화에 해당되는 것은?**

① 프레스 플라워          ② 프리저브드 플라워          ③ 드라이 플라워          ④ 압화

**03. 건조화에 대한 설명으로 <u>틀린</u> 것은?**

① 건조에 적합한 장소는 공기의 유입과 순환이 자유로운 곳이 좋다.

② 자연건조법은 건조방법 중에서 가장 특별한 기술과 재료를 요구하는 방법이다.

③ 건조소재는 중량이 가볍고 반영구적으로 사용할 수 있는 장점을 갖고 있다.

④ 식물의 장식을 위한 건조에는 관상가치가 높은 꽃과 잎, 줄기, 열매에 이르는 모든 부위가 가능하다.

**04. 건조용 소재별 주요 이용 부위로 <u>틀린</u> 것은?**

① 장미 - 꽃          ② 아킬레아 - 잎          ③ 라그라스 - 이삭          ④ 연밥 - 열매

📖 정답 |   01 ①      02 ③      03 ②      04 ②

## 섹션3 : 대여 상품 관리

### 1. 대여 상품 유지 관리

① 대여 상품은 고객들이 직접 구매하기에 비용이 부담되고 환경적 요건이 맞지 않아 관리하기 어려운 점을 보완하고자 상품을 일정 기간 대여해 주고 관리하여 비용을 청구하는 상품

② 대여품에 대한 약정서를 고객과 명확히 작성(알맞은 배치 장소, 품목별 관리 방법, 임대 기간, 폐기 기준, 하자 시 발생할 수 있는 문제 처리 등을 적시)

③ 대여한 상품이 최적의 상태를 유지할 수 있도록 직접 배치하고 관리

## 섹션4 : 부재료 관리

### 1. 부재료 분류(자재 등)

리본, 포장지 등 장식 용품이나 필요한 기본 비품 등 상품을 제작하는 데 필요한 보조재료

### 2. 부재료 관리

#### (1) 부재료 목록표 작성

#### (2) 부재료 보관장소 및 위치

재료 출고의 빈도, 선입선출의 용이성, 보관재료의 수량 등을 고려하여 장소와 위치 설정

#### (3) 입·출고 관리

입·출고 현황 파악, 재고 파악 및 정리

# Chapter6
## 화훼장식 상품 판매

## 섹션1 : 상품 진열

## 1. 디스플레이

상품을 매력적으로 돋보이게 하기 위한 작업으로 구매욕구를 높이고 시즌별로 적합한 테마를 부여한다. 타 매장과의 차별화를 통해 화훼상품을 연출한다.

① **폐쇄형** : 화원 내부와 분리된 독립된 공간을 디스플레이 공간으로 둠. 화원의 개성표현 가능

② **개방형** : 화원 내부를 볼 수 있는 형태. 화원 내부 전체가 진열장이 된다. 우리나라의 대부분 화원이 이에 속한다.

③ **반개방형**

④ **섬형** : 사방에서 볼 수 있다. 지하 광장 등에서 볼 수 있다.

⑤ **테마형 창가 진열** : 테마를 정해 계절별 행사별로 진열한다. 가장 바람직한 방법으로 볼거리를 제공한다.

## 2. 화훼상품 진열

각 매장공간 사용과 중요도에 따라서 상품을 효과적으로 진열. 고객의 흥미 유발과 상품 선택과 구매에 편리하도록 분류하여 진열

① 분화상품 진열 시 꽃이 핀 식물은 앞쪽으로 배치. 잎이 큰 식물이나 관엽식물은 뒤에 배치

② 꽃이 핀 작은화분, 관엽 소품 등은 화원의 입구에 배치

③ 공통점이 있는 것끼리 모아서 배치

④ 분식물 코너 옆에는 가위, 분무기, 모종삽, 배양토, 화분 용기, 비료 등 식물관리 코너에 둠

⑤ 절화는 꽃 냉장고 안에 진열. 절화상품을 만들어 진열. 화기, 바구니 등도 냉장고 가까이에 진열

⑥ 가공화상품은 프리저브드 플라워, 드라이플라워, 조화상품 등으로 분류하여 진열. 화기, 장식용품도 같이 진열

VMD(Visual Merchandising) : 전시와 연출을 통해 상품을 보기 쉽고, 선택하기 쉽고, 사기 쉽게 분류, 연출하는 종합시각 표현기술체계, 판매촉진을 위해 판매장을 매력적으로 꾸미는 일. 디스플레이라는 용어 대신 새로 등장한 개념
- 상품가치를 최대한 표현. 현재 가장 인기있는 상품과 신상품을 고객에게 전함. 매출촉진
- SI(store identity) 구축. VP, PP, IP로 구성
- VP : 시선을 가장 끌 수 있는 부분. 쇼윈도, 층별, 코너별 주요 스테이지. 시즌별, 특별 행사 상품 기획이나 콘셉트 표현하기도. 소비자에게 시각적으로 매장의 이미지를 제시. 테크닉적인 디스플레이보다 테마의 표현이 중요
- PP : 소비자의 시선이 닿는 벽면의 스테이지로 선반의 상단 등. 주력상품을 매력적으로 연출, 판매 포인트를 강조하여 소비자의 호기심을 자극. 흐름을 염두에 두고 진열 위치 선정
- IP : PP에서 본 상품을 실제 판매가 일어나도록 진열한 곳

## 섹션2 : 고객 응대

## 1. 고객관리

① 고객의 이용 상황이나 기타 정보를 모아서 관리하고 여러가지 서비스의 실현이나 마케팅에 이용하는것

② 과거에는 고객관리를 위해 고객 대장이나 고객 카드 등을 작성. 요즘은 주로 컴퓨터 고객관리 프로그램을 활용

## 2. 고객상담

### (1) 고객 상담

고객이 어떤 문제에 대한 상담을 원하거나 스스로 판단을 내리지 못하는 경우 그가 처한 상황을 이해하여 해결의 실마리를 찾기 위해 도와주는 것. 상담 기술과 충분한 경험이 필요

### (2) 상담 카드

내방 고객과 상담한 내용을 정리하여 문서로 남기는 것이 필요. 상담카드를 작성하게 되면 상담업무에 대한 진행 상황을 알 수 있고 고객의 문제를 파악하여 기타 영업 활동에 필요한 자료로 활용 가능

① 상담한 내용을 구체적으로 작성

② 상담 내용은 사실을 바탕으로 정확하게 기록하고 상담 사유도 기록

### (3) 화훼(장식)와 관련된 내용상담

행사장 장식이나 꽃다발, 꽃바구니 등 주문하고자 하는 화훼장식품에 관련된 문의나 상담이 있는 경우 전문가적인 입장으로 성심껏 상담한다.

---

**📢 섹션2 : 문제 풀기**

**01. 충분한 상담을 통해 신상을 파악하고 취향과 목적을 알아내야 하는 고객은?**

   ① 기존고객       ② 신규고객       ③ 개인고객       ④ 기업고객

**02. 신규고객 상담 시 틀린 것은?**

   ① 충분한 상담을 통해 고객의 신상을 파악한다.

   ② 고객의 취향과 목적을 파악한다.

   ③ 친절한 상담과 목적에 맞는 상품을 추천한다.

   ④ 고객의 취향이나 주로 주문하는 품목을 알 수 있어서 상담이 용이하다.

📖 정답 |    01 ②      02 ④

---

## 섹션3 : 매장 판매

# 1. 상품주문서

## (1) 매장 판매

매장을 방문하는 고객에게 직접 상품을 판매, 예약하거나 고객과의 상담을 통해 주문서를 작성하고 판매된 상품에 대한 기본적인 지식을 고객에게 전달하는것

## (2) 상품주문서 작성

고객과의 상담을 통해 상품의 품목, 용도, 수량, 수취인 정보, 비용, 배달장소, 기타 고객 희망 사항이나 특별 조건 등을 내용으로 하는 주문서 작성

## 2. 상품 정보전달

상담이나 상품 안내 중 상품에 대해 특징, 용도, 장단점 등에 대한 정확한 정보를 전달하여 고객이 상품에 대해 충분히 알고 상품을 선택할 수 있도록 돕는다.

## 섹션4 : 매장 외 판매

## 1. 전자상거래

① 매장 외 판매는 전화 주문, 전자상거래 등의 형태로 이루어짐

② 전화로 주문을 받을 경우 전화 예법이 중요. 주문자 정보, 상품 종류와 주문 가격, 리본이나 메시지내용, 수취장소와 수취인, 배달시간 등을 정확히 파악하고 메모하여 실수가 없도록 한다.

③ 전자상거래는 전국꽃배달협회와 같은 통신배달 협력업체의 체인서비스를 통해 이루어지는 경우와 고객과의 직접적인 일대일 관계로 이루어지는 경우가 있다. 전자의 경우 주문고객이 상품을 주문하면 주로 본사를 경유하여 수발주가 이루어지나 요즘에는 회원 간의 직접적인 수, 발주도 권장되고 있다.

④ 고객과의 직접적인 일대일 전자상거래는 주로 가공화 상품과 같이 수명이 짧지 않은 상품의 거래 방식으로 주로 온라인상의 쇼핑몰을 통해 이루어진다.

## 2. 상품 홍보

① 전화 주문은 미리 배포된 카탈로그나 온라인상의 정보를 통해 이루어지므로 카탈로그나 온라인상의 정보가 정확하면서도 고객의 구매 욕구를 이끌어 낼 수 있어야 한다.

② 전자상거래는 쇼핑몰에 게재한 상품정보와 온라인상의 다양한 방법으로 홍보가 이루어지며 최근에는 SNS를 통한 홍보도 활발하다.

# Chapter7
## 화훼장식 배송 유통관리

### 섹션1 : 배송준비

### 1. 배송 준비하기

#### (1) 화훼장식 배송시스템 관리

고객의 요구와 상품특성에 적합한 배송계획을 세워서 신속 정확하게 배송하고 고객에게 상품관리방법을 전달할 수 있도록 시스템을 만들어 관리한다.

#### (2) 상품납품서

① 상품에 대한 주문자 정보와 배송정보 기록이다.

② 고객이 매장을 방문하거나 인터넷을 통해 작성한 주문서를 바탕으로 작성한다.

③ 납품서에는 상품의 종류와 수량, 납품시기와 장소, 상품을 인도받을 사람의 연락처, 전달메시지가 구체적으로 정확하게 기재된다.

#### (3) 배송 준비하기

① **배송 계획 구상** : 주문서 및 납품서에 근거. 배송운반에 필요한 시간, 장소, 고객 요구사항 등이 누락 되거나 잘못된 정보가 없는지 확인하고 배송계획을 구상

② **배송 방법 결정** : 상품의 종류 크기에 따라 적합한 배송방법 결정. 직접 배송, 화물택배 등. 천막 덮개차(호로차), 냉장탑차, 화물승합차, 오토바이퀵, 도보 등 운송수단도 파악

## 2. 소비자보호법

고객 불만사항 발생 시 소비자보호법을 기준으로 문제 해결

---

### 📢 섹션1 : 문제 풀기

**01. 납품서 작성과 관련하여 옳지 <u>않은</u> 것은?**

　　① 고객이 직접 작성한 '주문서'를 바탕으로 작성한다.

　　② '상품인수확인서'는 포함되지 않는다.

　　③ 고객이 직접 작성하기 어려운 경우 매장직원이 대리작성할 수 있다.

　　④ 납품서에 필요한 내용을 바탕으로 주문서 양식을 만들어 매장에 비치한다.

　📖 정답 | 01 ②

---

## 섹션2 : 배송시행

## 1. 배송 계획서

구상한 배송계획에 따라 배송계획서를 작성

① 상품이 전달 될 배송지 정확히 확인

② 배송 소요시간과 교통 흐름, 배송 차량 운용 상태 등 파악

③ 배송계획서에는 상품명, 배송일시, 배송장소, 소요예상시간, 운송 차량, 출발 시간, 기타 고객요구

　사항 등이 포함

④ 상품납품서, 인수확인서와 통합하여 작성가능

## 2. 배송 현황

① 포장 방법과 포장 재질에 따른 포장 상태 양호 여부 점검

② 운송 과정에서 상품이 흔들리거나 쓰러지지 않도록 고정

③ 신속 안전한 배송, 정확한 배송을 목표

④ 쇼핑몰 이용의 경우 배송 현황에 접속하여 배송 상태 확인

⑤ 배송 완료 시 약속시각에 정확히 전달되었는지 확인

> ### 📢 섹션2 : 문제 풀기
>
> **01. 납품시간이 정해진 화훼상품 배송 시 주의사항은?**
>
> ① 매장이 위치한 관내의 경우 직접 배송한다.
>
> ② 화훼상품 전문 배송차량을 구비한 배송업체에 의뢰한다.
>
> ③ 원거리 배송일 경우 체인본부 인트라넷을 이용한다.
>
> ④ 납품시간이 정해지면 하루 전에 도착하도록 한다.
>
> 📖 정답 |　01 ④

## 섹션3 : 배송 후 관리

# 1. 상품 인수관리

## (1) 상품 인수확인서 작성

① 준비된 상품이 고객의 주문 내용과 맞는지 확인하여 작성한다.

② 인수자, 인수일시, 인수자 서명이 포함되고 상품납품서 작성 시 함께 작성한다.

## (2) 상품 인수 확인

배송자는 상품을 주문자(혹은 인수자)에게 배송 후 인수확인서에 확인 서명을 받도록 한다.

## (3) 상품배치

① 고객이 상품배치 요구 시 고객 요청을 적극 수용하여 배치한다.

② 배송 배치완료사진을 촬영하면 좋다.

## (4) 배송 완료 보고

배송자는 유선으로 사업장에 배송 완료 보고 인수확인서와 배송 완료 사진을 제출한다.

## 2. 고객만족도

### (1) 인수 고객 만족도 확인

배송 담당자로부터 고객 반응 확인, 인수 고객에게 전체적인 만족도를 확인한다.

### (2) 고객만족도 기록

## 3. 불만고객응대

### (1) 상품에 대한 고객 불만 시 즉시 대처

① 상품의 파손, 변형 등 중대 하자 발생 시 공정거래위원회 고시 소비자 분쟁해결기준에 의거 즉각 교환 또는 환불 등의 조치를 취한다.

② 개인 취향에 따른 전달 상품에 대한 불만은 주문서에 기록된 내용과 비교하여 설명하고 적극 응대한다.

### (2) 소비자 분쟁해결기준은 소비자보호법에 따른다.

---

**📌 섹션3 : 문제 풀기**

**01. 전달메시지 확인 사항으로 틀린 것은?**

① 보내는 사람의 명의를 확인한다.

② 전달하고자 하는 메시지가 틀림 없는지 확인한다.

③ 상품인수증에는 상품명, 수량, 배송장소만 포함되면 된다.

④ 고객의 주문내용과 실제 행사상황이 일치하는지를 확인한다.

📖 정답 | 01 ③

---

## 섹션4 : 상품관리법 제공

## 1. 상품관리법 제공

①화훼상품의 특성에 따른 관리 메뉴얼을 만들어 매장 내 비치

②화훼상품 종류에 맞는 관리방법을 구매고객에게 구두로 알려주거나 포장 시 동봉

③온라인 혹은 오프라인상 화훼상품 관리에 대한 고객의 문의 사항에 대해 친절하게 답변

## 2. 고객관리

### (1) 고객과의 의사소통

직접 상담뿐만 아니라 전화, 인터넷 등 다양한 수단을 활용하여 고객과 원활하게 의사소통

### (2) 불만고객 응대

즉각적이고 적극적으로 응대

# Chapter8
## 화훼장식 식물관리

## 섹션1 : 화훼식물 재료 분류

## 1. 화훼식물 재료 분류

### (1) 식물학적 분류

① 분류 체계

ㄱ. 종 < 속 < 과 < 목 < 강 < 문 < 계

ㄴ. 가장 하위 계급 : 종

ㄷ. 가장 상위 계급 : 계

ㄹ. 자주 쓰이는 계급 단위 : '과' 이하

② 과별 분류(과명, Family name) : 같은 과(科) 식물간의 형태와 생태적 특성에 유사성이 많아서 구분이

　용이하여 널리 사용된다.

　✓ 국화과(Asteraceae) : 국화, 해바라기, 코스모스, 거베라 등
　✓ 물푸레나무과(Oleaceae) : 개나리, 미선나무, 이팝나무, 물푸레나무, 라일락 등

### (2) 원예학적 분류

① 1~2년초(한두해살이 식물) : 파종하여 꽃이 피고 열매를 맺은 뒤 생을 마치는 것이 1년 이내 혹은 2

　년에 걸쳐 이루어지는 식물이다.

| 구분 | 특징 | 종류 |
|---|---|---|
| 춘파 1년초 | 봄에 파종하여 그 해에 개화하며 결실 후 고사하는 화초류로 주로 열대, 아열대 원산인 단일성 식물이다. | 맨드라미, 나팔꽃, 코스모스, 백일홍, 천일홍, 해바라기, 채송화, 페튜니아, 미모사, 분꽃, 샐비어, 아게라텀 |

| 구분 | 특징 | 종류 |
| --- | --- | --- |
| 추파 1년초 | 가을 파종 후 어린 싹으로 겨울을 나고 이듬해 봄에 꽃이 피어 초여름에 결실하고 고사하는 화초류로 주로 온대 지방이나 아한대 지방 원산이며 대부분 장일 식물이다. | 데이지, 스위트피, 양귀비, 스톡, 시네라리아, 팬지, 프리뮬러, 금잔화 |
| 2년초 (두해살이 식물) | 2년에 걸쳐 파종해서 개화, 결실, 죽음에 이르는 식물이다. | 캄파눌라, 초롱꽃, 석죽, 달맞이꽃, 디기탈리스 등 소수 |

② **숙근초(다년초, 여러해살이 식물)** : 파종 후 2년 이상 살아있는 초본성 식물이다.

| 구분 | 특징 | 종류 |
| --- | --- | --- |
| ★★★<br>노지숙근초 | 내한성이 강해 노지에서 월동한다. | 구절초, 국화, 금계국, 꽃잔디, 꽃창포, 노루귀, 도라지, 루드베키아, 리아트리스, 매발톱꽃, 벌개미취, 붓꽃, 비비추, 샤스타데이지, 숙근안개초, 옥잠화, 원추리, 작약, 숙근플록스 |
| ★★<br>온실숙근초 | 온실, 실내에서 월동한다. | 거베라, 군자란, 극락조화, 델피니움, 마가릿, 문주란, 베고니아, 아스파라거스, 안스리움, 제라늄, 카네이션 등 소수 |

③ **구근류(球根類, 알뿌리 식물)** : 구근(잎, 줄기, 뿌리 등이 양분을 저장하여 비대해짐으로써 마치 뿌리 조직처럼 보이는 형태)을 가진 식물이다.

ㄱ. **형태에 따른 분류** ★★

| 구분 | 특징 | 종류 |
| --- | --- | --- |
| 인경 (비늘줄기) | 땅속줄기 둘레에 다육의 잎이 비늘처럼 달렸다. | **무피인경** : 나리, 프리틸라리아<br>**유피인경** : 튤립, 수선화, 히아신스, 무스카리, 스노드롭, 아마릴리스, 알리움, 아이리스, 오니소갈룸,백합, 파, 양파 |
| 구경 (알줄기) | 땅속줄기 자체가 비대하다. | 글라디올러스, 리아트리스, 크로커스, 프리지아, 토란,익시아, 콜치쿰 |
| 괴경 (덩이줄기) | 땅속줄기 끝이 비대하다. | 아네모네, 칼라, 칼라디움, 시클라멘, 감자,튜베로즈 |
| 근경 (뿌리줄기) | 땅속줄기가 비대해진 것으로 얕은 땅속으로 뻗어나가며 마디와 부정근이 생기고 땅위로 잎을 낸다. | 칸나, 꽃창포, 붓꽃, 알스트로메리아, 연꽃, 파초, 생강, 독일은방울꽃 |
| 괴근 (덩이뿌리) | 뿌리가 비대하다. | 글로리오사, 달리아, 도라지, 라넌큘러스, 작약, 고구마 |

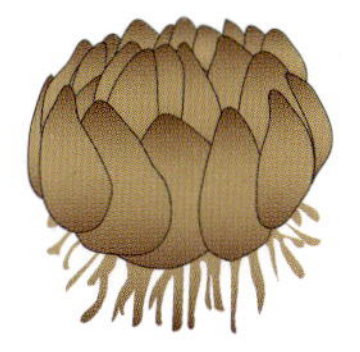
인경(비늘줄기)

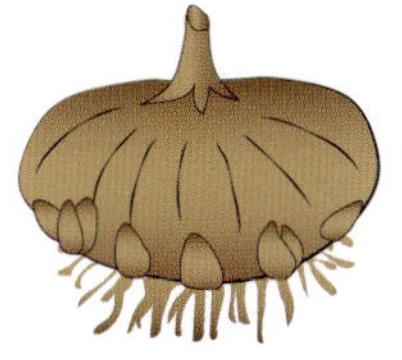
구경(알줄기)

근경(뿌리줄기)

괴경(덩이줄기)

ㄴ. 심는 시기에 따른 분류

| 구분 | 특징 | 종류 |
| --- | --- | --- |
| 춘식구근<br>(春植球根) | 내한성이 약하다. | 글라디올러스, 칸나, 달리아, 글로리오사, 수련, 아마릴리스 |
| 추식구근<br>(秋植球根) | 내한성이 강하다. | 라넌큘러스, 무스카리, 백합, 수선화, 스노드롭, 시클라멘, 아네모네, 아이리스, 크로커스, 튤립, 프리지어, 히아신스 |

④ **화목류**: 꽃이나 잎, 열매가 아름다워 관상 가치가 있는 목본식물이다.

| 구분 | 종류 |
| --- | --- |
| 관화수 | 목련, 벚나무, 배롱나무, 동백, 무궁화, 진달래, 협죽도 등 |
| 관엽수 | 은행나무, 단풍나무, 향나무, 회양목, 주목, 돈나무 등 |
| 관실수 | 먼나무, 모과나무, 피라칸타, 좀작살나무 등 |

⑤ **덩굴 식물(만경 식물)**: 나팔꽃, 부겐빌레아, 등나무, 덩굴장미, 으름덩굴, 청미래덩굴, 인동덩굴, 참으아리, 클레마티스, 능소화

⑥ **관엽식물**: 잎의 모양이나 색상 등이 아름답거나 특이하여 잎만으로 충분히 볼 가치가 있는 식물

| 구분 | 종류 |
| --- | --- |
| 목본성 | 떡갈잎고무나무, 벤자민고무나무, 야자류, 파키라, 드라세나, 코르딜리네, 관음죽, 종려죽, 팔손이나무, 호랑가시나무, 크로톤 |
| 덩굴성 | 스킨답서스, 마삭줄, 몬스테라, 푸밀라고무나무 |
| 초본성 | 디펜바키아, 아나나스, 구즈마니아, 싱고니움, 옥시카디움, 접란, 페페로미아, 군자란, 엽란, 칼라디움, 렉스베고니아, 스파티필름, 보스톤고사리, 아디안텀 |
| 구근성 | 알로카시아, 마란타 |

⑦ **다육식물**: 건조한 곳에서 자랄 수 있도록 줄기와 잎이 다육화하여 수분을 다량 함유한 식물이다

　　(예: 용설란, 돌나물, 바위솔, 칼랑코에, 알로에, 꽃기린, 꿩의비름).

⑧ **선인장**: 다육화된 식물 중 잎이 단단하고 좁아져 가시가 된 것으로 포가 꽃잎화된 경우가 많다.

⑨ **난과 식물**: 양분과 수분을 저장할 수 있는 위구경이 있다.

### ㄱ.원산지에 따른 분류

| 구분 | 특징 | 종류 |
| --- | --- | --- |
| 동양란 | 향기가 좋다. | 춘란(보춘화), 한란, 보세란, 석곡, 나도풍란, 새우난초 |
| 서양란 | 고온다습한 환경의 열대·아열대산으로 꽃이 크고 화려하다. | 카틀레야, 덴드로비움, 반다, 파피오페딜럼, 팔레놉시스, 에피덴드럼 심비디움, 온시디움 |

### ㄴ.생장 습성에 따라

| 구분 | 특징 | 종류 |
| --- | --- | --- |
| 지생란 | 땅속에 뿌리를 내리고 살아가는 난이다. | 춘란, 한란 등 대부분의 동양란, 심비디움, 파피오페딜럼 (서양란) |
| 착생란 | 나무, 바위에 붙어 고착 생활을 하는 난, 기근(공기뿌리)이 있다. | 카틀레야, 팔레놉시스, 덴드로비움, 에피덴드럼, 온시디움, 반다, 덴파레(서양란), 풍란, 석곡 |

⑩ **식충 식물**:벌레나 작은 동물을 잡아먹을 수 있는 포충낭, 포충엽 등이 있는 식물이다(예:네펜데스 (포충낭), 사라세니아, 통발, 벌레잡이제비꽃, 끈끈이주걱, 끈끈이귀개).

⑪ **방향성 식물**:꽃이나 줄기, 잎, 뿌리 등에 향이 있어 생활에 이용할 수 있는 모든 초본 식물이다(예: 로즈마리, 라벤더, 민트, 타임, 레몬밤/배초향, 향유, 섬백리향(한국)).

⑫ **반엽식물**:반입 식물, 무늬 식물이라고도 하며 잎에 두 가지 이상의 색이 나타나는 식물이다(예:러 브체인, 벤자민고무나무, 싱고니움, 아이비, 칼라디움).

---

### 📢 섹션1:문제 풀기

**01. 다음중 주로 매년 종자 파종에 의해서 번식하는 것으로 가장 적합한 것은?**

① 관엽식물　　　② 구근류　　　③ 일년초화류　　　④ 숙근초화류

**02. 가을에 씨를 뿌려 봄화단에 이용하는 한해살이 화초가 <u>아닌</u> 것은?**

① 팬지　　　② 메리골드　　　③ 데이지　　　④ 프리뮬러

**03. 추파 1년초이면서 호랭성인 것은?**

① 시네라리아　　　② 메리골드　　　③ 미모사　　　④ 백일초

**04. 다음 중 저온에 가장 강한 초화류는?**

① 해바라기　　　　② 프리뮬러　　　　③ 샐비어　　　　④ 나팔꽃

**05. 내한성 숙근초에 속하지 <u>않는</u> 식물은?**

① 군자란　　　　② 작약　　　　③ 원추리　　　　④ 접시꽃

**06. 다음 중 화훼식물의 분류 중 옳지 <u>않은</u> 것은?**

① 군자란은 난과 식물이다.

② 팔손이나무는 관엽식물이다

③ 아이리스, 크로서스는 구근류에 속한다.

④ 숙근류는 다년생으로 자라는 것을 말한다.

**07. 봄에 심는 알뿌리 화초로만 나열된 것은?**

① 칸나, 달리아, 글라디올러스

② 칸나, 튤립, 수선화

③ 글록시니아, 백합, 크로커스

④ 칼라, 수선화, 글라디올러스

📖 정답 |　01 ③　　02 ②　　03 ①　　04 ②　　05 ①　　06 ①　　07 ①

## 2. 화훼식물재료 기간, 형태 및 용도

### 1) 뿌리

#### (1) 뿌리의 종류

**① 원뿌리와 수염뿌리**

ㄱ. **원뿌리** : 주근과 지근이 뚜렷하고 주로 쌍떡잎식물이다.

ㄴ. **수염뿌리** : 주근, 지근의 구분이 없다.

**② 정근과 부정근**

ㄱ. **정근(定根)** : 씨앗의 뿌리 기관으로부터 생겨난 뿌리이다.

ㄴ. **부정근(不定根)** : 줄기나 잎에서 생기는 뿌리이며 수염뿌리도 이에 해당한다.

### ③ 특이 기능성 뿌리

ㄱ.**저장근**:뿌리 일부가 양분을 저장하여 비대하다(예:고구마, 달리아, 당근).

ㄴ.**기근(氣根)**:공기중에 드러나 필요한 기능을 수행하는 뿌리이다.

- 호흡근:습지식물 중 뿌리를 땅 위로 내어 공기를 흡수하여 땅속뿌리로 전달하는 뿌리이다(예:망그로브, 낙우송).

- 지주근:옥수수, 대나무

- 흡수근:공기 속의 수분을 흡수한다(예:석골풀, 풍란).

- 기생근:오리나무더부살이, 겨우살이, 새삼

- 부착근:담쟁이, 능소화

## (2) 뿌리의 구조

① 생장점(뿌리 끝, 길이 생장), 뿌리골무(생장점 보호), 뿌리털(흙과의 접촉면을 넓혀 물과 양분 흡수를 높임)

② **관다발**:양분과 물의 이동 통로이다.

ㄱ.**물관**:뿌리로부터 물, 무기양분이 이동한다.

ㄴ.**체관**:잎에서 만든 유기양분이 이동한다.

ㄷ.**형성층(부름켜)**:물관과 체관 사이에 위치하며 부피 생장이 이루어진다.

## (3) 뿌리의 기능

지지, 흡수(물과 무기양분 흡수), 양분 저장(고구마, 달리아, 무), 호흡 작용(흙 속의 산소를 이용하여 호흡) 등의 기능을 한다.

# 2) 줄기

## (1) 줄기의 형태 및 구조

① **줄기의 외형**:마디, 절간, 엽액

② **줄기의 구조**:유관속 식물의 경우 바깥으로부터 표피, 피층, 관다발로 구성된다.

## (2) 줄기의 기능

운반, 지지, 호흡(피목), 저장 작용을 한다.

## (3) 줄기의 종류

① **땅위줄기(지상경)** : 직립경, 포복경, 만경

② **땅속줄기(지하경)** : 구경(토란), 괴경(칼라), 인경(수선화), 근경(생강, 연)

## (4) 줄기의 변이

① **구근** : 인경, 구경, 괴경, 근경

② **다육경** : 수분이 많고 살이 두툼하게 된 줄기

③ **덩굴손** : 시계초

④ **경침** : 탱자나무

⑤ **주아** : 참나리

# 3) 잎

## (1) 잎의 구조

① **외부 구조** : 잎사귀(잎몸, 엽신), 잎자루(엽병), 턱잎(탁엽)으로 구성되며 이를 모두 갖춘 경우 완전엽

(갖춘잎), 하나라도 없는 경우 불완전엽(안갖춘잎)이라 한다.

ㄱ. **쌍떡잎식물(쌍자엽)** : 잎사귀, 잎자루, 곁눈, 탁엽

ㄴ. **외떡잎식물(단자엽)** : 잎자루 없음, 잎집(엽초)

② **내부 구조** : 표피, 책상조직, 해면조직, 잎맥

## (2) 잎의 형태

① **단엽과 복엽**

ㄱ. **단엽(홑잎)** : 하나의 잎자루에 잎사귀가 하나인 구조

ㄴ. **복엽(겹잎)** : 하나의 잎자루에 잎사귀가 3개 이상인 구조

• 우상복엽 : 엽축을 중심으로 깃털 모양의 작은 잎이 여러 개 붙어 있다(기수, 우수).

• 장상복엽 : 잎자루의 선단에 작은 잎이 손바닥 모양으로 여러 개 붙어 있다.

② 잎의 변이

ㄱ. **인편엽** : 비늘 조각처럼 편편한 작은 잎, 겨울눈, 개나리

ㄴ. 인편 양치류 뿌리 부근

ㄷ. 덩굴손

ㄹ. **낭상엽** : 포충낭(네펜데스), 포충엽

ㅁ. **엽침(잎바늘)** : 선인장, 아카시아

ㅂ. **포(포엽)** : 꽃이나 화서를 감싸는 잎으로 광합성 능력은 거의 없음

 • 불염포 : 안스리움, 스파티필름, 칼라

 • 총포 : 국화


## [3] 엽서(잎차례)

잎이 줄기나 가지에 붙는 모양이다. 대생(마주나기, 예 : 카네이션), 호생(어긋나기, 예 : 장미), 윤생(돌려나기, 예 : 섬말나리), 근생(예 : 민들레)


## [4] 잎의 기능

광합성, 증산, 호흡 작용을 한다.


# 4) 꽃

## (1) 꽃의 형태와 구조

① **암술** : 암술머리(주두), 암술대(화주), 씨방(자방)으로 구성된다.

② **수술** : 꽃밥(약, 葯), 수술대(화사)로 구성된다. 꽃밥에서 화분이 생성된다.

③ **꽃잎(화판, Petal)** : 암술과 수술을 보호하고 곤충을 유인한다.

④ **꽃받침(악, Sepal)** : 꽃잎을 받쳐 보호한다.


## [2] 꽃의 분류

① **완전화와 불완전화**

ㄱ. **완전화(갖춘꽃)** : 암술 수술, 꽃잎, 꽃받침이 모두 있는 꽃

ㄴ. **불완전화(안갖춘꽃)** : 암술, 수술, 꽃잎, 꽃받침 중 하나 이상이 존재하지 않는 꽃

② 단성화와 양성화

ㄱ. **양성화(兩性花)** : 하나의 꽃에 수술, 암술이 다 들어있는 꽃(예 : 진달래, 벚꽃 등)

ㄴ. **단성화(單性花)** : 암수가 각각 따로 피는 꽃으로 자웅동주(베고니아)와 자웅이주(소철)로 구분

③ **이판화와 합판화** : 이판화(갈래꽃 : 장미, 팬지), 합판화(통꽃 : 분꽃, 샐비어)

④ **홑꽃과 겹꽃** : 홑꽃(찔레꽃), 겹꽃(카네이션)

⑤ **설상화와 관상화**

ㄱ. **설상화** : 꽃잎처럼 보이는 혀 모양 꽃으로 여러 개의 설상화가 모여 하나의 꽃처럼 보인다(예 : 민들레).

ㄴ. **관상화(통상화)** : 대롱 모양의 꽃으로 여러 개의 관상화가 모여 하나의 꽃처럼 보인다(예 : 엉겅퀴).

ㄷ. 설상화와 관상화가 함께 있는 꽃(예 : 국화, 코스모스, 해바라기)

⑥ **기형화(꽃 아닌 꽃)** : 꽃잎이 아닌 꽃받침, 포엽, 수술 등이 마치 꽃잎처럼 보인다.

ㄱ. 꽃받침이 꽃잎화하여 본꽃잎과 공존한다(예 : 난초, 나리, 붓꽃, 수선화, 튤립, 선인장, 수국).

ㄴ. 포엽이 꽃잎화된다. 본꽃잎은 작아지거나 그대로다(예 : 안스리움, 칼라, 포인세티아).

ㄷ. 포엽이 착색되어 눈에 띄고 꽃받침은 꽃잎화, 꽃잎은 정상이다(예 : 아나나스, 극락조화, 헬리코니아).

ㄹ. 총포가 발달하거나 암술대가 돌출되고 꽃잎은 없어진다(예 : 프로테아, 방크시아).

---

**tip**

**난의 구조**
꽃받침(Sepal) 3개, 꽃잎(Petal) 3개, 입술꽃(Lip, 순판, 변형꽃잎), 예주(Column, 꽃술대)

---

## [3] 화서(꽃차례)

① **무한화서** : 꽃대의 아래에서 위로, 혹은 가장자리에서 중앙 순으로 꽃이 핀다.

ㄱ. **수상화서** : 한 꽃대에 꽃자루 없는 꽃들이 촘촘히 붙어 이삭 모양을 형성(예 : 맥문동, 글라디올러스)

ㄴ. **총상화서** : 긴 꽃대에 꽃자루있는 꽃들이 어긋나게 붙어 밑에서부터 위로 피는 꽃차례(예 : 덴드로비움, 델피니움, 스톡, 금어초, 무스카리, 팔레놉시스)

ㄷ. **원추화서(복합총상화서)** : 원뿔 모양(예 : 플록스, 아스틸베, 남천, 억새)

ㄹ. **산방화서** : 하부의 꽃가지 길이가 길고 위로 갈수록 짧아져 선단이 편평함(예 : 수국)

ㅁ. **산형화서** : 비슷한 길이의 꽃들이 방사상으로 형성됨(예 : 아가판서스, 석산)

ㅂ. **두상화서** : 화서축이 짧아져 두상 또는 원반 모양. 꽃자루가 없는 작은 꽃이 모여 핌(예 : 해바라기, 맨드라미, 국화, 코스모스, 거베라)

ㅅ. **미상화서** : 화서축이 유연하여 밑으로 늘어진 꼬리 모양(예 : 버드나무, 참나무)

ㅇ. **육수화서(肉穗花序)** : 곤봉 모양의 육질의 꽃대에 꽃받침과 꽃잎이 퇴화된 작은 꽃이 밀집되어 있음. 크고 다채로운 포엽(불염포)을 가짐(예 : 안스리움, 칼라, 스파티필름, 몬스테라)

② **유한화서** : 선단(꽃대 끝)에서 점차 아래로, 중앙에서 가장자리로 피는 화서이다.

ㄱ. **단정화서** : 화축 끝에 1개의 꽃(일경일화)이 핌(예 : 장미, 튤립, 아네모네, 개양귀비, 목련)

ㄴ. **집산화서(취산화서)** : 화서축의 꼭대기가 꽃으로 되어 그 꽃대의 성장이 그치고, 곁가지의 꼭대기가 다음 꽃이 되는 것을 반복(예 : 숙근안개초, 베고니아, 작살나무, 사철나무, 기린초)

ㄷ. **수상화서의 일부** : 작은 꽃이 위에서 아래로 핌(예 : 용담, 리아트리스)

## (4) 꽃의 기능

① **수분** : 꽃가루가 암술머리에 붙는 것

② **수정** : 수분 후 화분관 속의 정핵과 씨방 속의 밑씨 안에 있는 난세포가 합쳐지는 것. 씨방은 열매, 밑씨는 씨가 됨

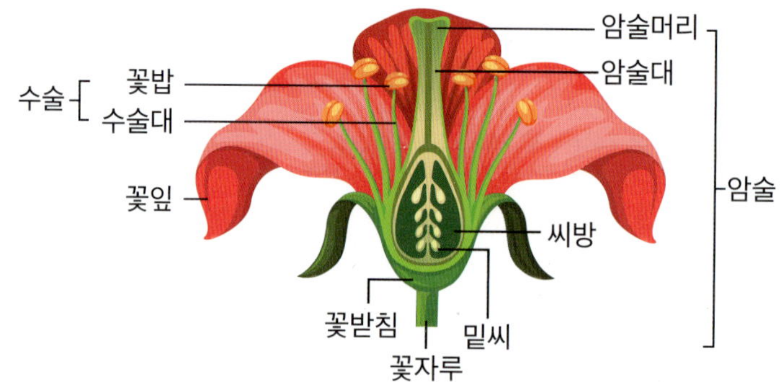


## (5) 화색(花色)

① **플라보노이드류** : 안토시아닌(화청소) 등에 의해 적색, 등색, 분홍색, 보라, 자주, 청색 등이 발현된다.

② **카로티노이드류** : 카로틴과 크산토필에 의해 황색, 등색, 적색이 발현된다.

③ **베타레인류** : 선인장, 채송화, 분꽃 등이 해당되며 황색부터 적자색까지 발현된다.

④ **클로로필** : 녹색이 발현된다.

# 3. 화훼식물재료 품질

## (1) 절화의 품질과 출하

① **품질 기준**

ㄱ. **외적 품질** : 절화의 균형(가장 중요), 꽃과 줄기, 잎의 외관도 등

ㄴ. **내적 품질** : 절화수명(절화의 전체품질을 결정하는 가능 중요한 요소)

ㄷ. **사회적 요소** : 시대의 유행, 경기 상황, 절기, 소비자의 욕구

② **절화의 선별과 포장**(표준 출하 규격) : 품위 등급 기준, 크기 선별 기준

---

**tip**

절화 종류에 따른 포장 및 운송
- 금어초, 글라디올러스, 스톡 등은 직립 운반한다(항굴지성 고려).
- 난, 수국 등은 절단 부분을 물이 든 작은 플라스틱 용기에 담가 수송한다.

---

### 📢 중간 문제 풀기

**01. 잎의 기공이 주로 하는 일은?**

① 흡수작용　　　　② 광합성작용　　　　③ 증산작용　　　　④ 분해작용

**02. 잎의 구조에 대한 설명으로 <u>틀린</u> 것은?**

① 잎은 잎새, 잎자루, 턱잎의 세 부분으로 구성되어 있다.

② 쌍떡잎식물의 잎맥은 나란히맥이다.

③ 잎새는 잎의 중심 부분이다.

④ 턱잎은 잎자루의 기부에 있는 일종의 부속기관이다.

**03. 다음 중 포엽(Bract)이 꽃처럼 보이는 식물이 <u>아닌</u> 것은?**

① 포인세티아　　　　　　② 플라밍고 안스리움

③ 부게인빌레아 글라브라　　　　④ 범부채

**04. 변형된 잎이 <u>아닌</u> 것은?**

① 선인장의 가시　　② 생이가래의 잎　　③ 네펜데스의 포충낭　　④ 금잔화의 잎

**05.** 다음 중 일반적인 식물체 줄기의 기능으로 가장 거리가 먼 것은?

① 식물체를 지지하는 기능          ② 향기의 기능

③ 물질의 통로기능                ④ 양분의 저장기능

**06.** 꽃의 기관 중 가장 먼저 분화하는 것은?

① 꽃받침          ② 꽃잎          ③ 수술          ④ 암술

**07.** 다음 중 주축의 정부에 화탁이 있고 그 위에 설상화와 관상화가 착생하는 식물은?

① 알리움          ② 국화          ③ 프리뮬러          ④ 루피너스

**08.** 다음 중 유한화서에 속하는 것은?

① 베고니아          ② 글라디올러스          ③ 금어초          ④ 거베라

**09.** 두상화서로 꽃이 피는 화훼류는?

① 장미          ② 카네이션          ③ 국화          ④ 칼라

📖 **정답 |**　01 ③　　02 ②　　03 ④　　04 ④　　05 ②　　06 ①　　07 ②　　08 ①

　　　　　　　09 ③

# 4. 화훼장식의 정의와 기능

## (1) 화훼장식의 정의

화훼장식이란 화훼식물을 주소재로 인간의 창의력과 표현능력을 이용하여 공간의 기능과 미적 효율성을 높여주는 장식물을 제작하거나 설치하고 유지, 관리하는 것

## (2) 화훼장식의 기능

① **장식적 기능** : 공간을 아름답게 하는 미적기능. 사회문화적 상징의미 표현. 메시지 전달

② **건축적 기능** : 동선 유도, 공간 분할, 시야 차단 등 건축물의 역할

③ **심리·치료적 기능(원예치료, 향기치료)** : 정서순화와 안정, 성취감 경험, 부정적 감정 완화, 스트레스 및 우울증 감소, 일의 효율성과 창의성 유발, 눈의 피로 경감, 손 및 뇌기능 향상, 운동 효과(신체 기능 향상)

④ **환경적 기능** : 공기정화, 습도와 온도조절, 음이온, 환경오염물질 제거

⑤ **교육적 기능** : 식물과 식물관리에 관한 지식 및 조형적 지식 습득, 미적 감각 향상, 문제 해결 능력 향상, 창의력 개발, 관찰력 증진

⑥ **경제적 기능** : 상업 공간의 화훼장식은 사람을 불러 모아 상품 판매 촉진, 공간에 긍정적 이미지를 부여하여 간접적 경제 효과

# 5. 화훼의 범위

## (1) 화훼

관상을 목적으로 재배하거나 장식하는 초본, 목본 등의 모든 식물을 화훼라 한다.

## (2) 화훼원예

절화, 분화, 화단묘 등의 생산과 유통(경매·도매·소매·수송 등), 화훼장식과 조경 등의 이용, 건조화·압화·보존화 등으로 가공, 판매하는 것을 화훼원예라 한다.

## (3) 화훼원예의 특징

① 경제적 조건에 영향을 받는다.

② 자본과 노동, 토지 집약적이다.

③ 고도의 재배 기술이 필요하다.

④ 투자비 회수가 빠른 편이다.

⑤ 품종과 품질이 다양하다.

⑥ 운송비가 많이 든다.

⑦ 국제성이 높다.

⑧ 증정용 소비 비중이 높다.

⑨ 소비자의 욕구, 기호가 다양하다.

⑩ 계절성이 강하다.

⑪ 문화적, 후생적 역할을 하며 환경 미화 재료로 사용된다.

## 📢 중간 문제 풀기

**01. 화훼의 정의에 대한 설명으로 가장 거리가 <u>먼 것은?</u>**

① 채소나 과일은 화훼재료로 부적합하다.

② 화훼식물을 이용하여 우리의 생활환경을 보다 아름답고 쾌적하게 조성할 수 있다.

③ 감상이나 가꾸는 것 외에 원예치료의 효과도 거둘 수 있다.

④ 생활환경을 아름답게 하기 위한 절화류, 분화류, 관엽식물 및 건조화 등 이용이 폭넓다.

**02. 다음에서 설명하는 화훼장식의 주요 기능은?**

> **보기**
>
> 철근과 콘크리트로 이루어진 건물 내 딱딱한 공간에 배치된 절화장식물이나 분식물은 꽃과 잎의 아름다운 형태와 색, 향기, 신선함으로 아름다운 분위기를 만들어 낸다.

① 장식적 기능　　　② 심리적 기능　　　③ 환경적 기능　　　④ 교육적 기능

**03. 화훼장식의 정의와 가장 거리가 <u>먼 것은?</u>**

① 식물을 주 소재로 시간, 장소, 목적에 적합한 아름다운 조형물을 설치하는 것이다.

② 화훼장식의 넓은 의미는 화훼장식물을 유지 및 관리하는 영역도 포함된다.

③ 식물에 인간의 창의력이 첨가된 조형예술이다 .

④ 화훼장식은 식물 생명의 유한성이 배제된 조형예술이다.

📖 정답 | 　01 ①　　　02 ①　　　03 ④

# 6. 화훼의 역사

## 1) 동양

## (1) 한국

① **꽃꽂이의 기원** : 수목숭배의 자연 신앙에서 기원하였으며 삼국 시대부터 중국의 불전공화 수용으로 발전했다.

② **삼국 시대와 통일신라 시대**

ㄱ. **고구려의 고분벽화** : 강서대묘(비천상의 산화도), 무용총(연꽃 꽃꽂이), 쌍영총(부부도의 좌우 대칭의 연꽃 병꽂이), 안악2호분(비천상의 수반 연꽃)

---

**tip**

**고구려의 고분벽화**

- **쌍영총**

평안남도 용강군에 있는 토총으로 고구려의 고분은 크게 적석묘와 봉토묘의 형식으로 분류 할 수 있다. 적석묘는 장군총이 대표적이며 봉토묘는 쌍영총을 들 수 있는데, 쌍영총과 같은 봉토묘에서는 벽화가 많이 발견되었다는 특징을 들 수 있다. 평안남도에 있는 쌍영총은 현실과 전실 사이에 '팔각'의 석주 한 쌍이 세워져 있으며, 천장 장식은 아름다운 벽화로 채워져 있어 고구려의 특징이 잘 나타나 있다. 벽화의 내용에는 사신도나 수렵, 가옥, 남녀입상, 무용, 부부상, 씨름과 같은 내용이 남아 있는데 이러한 것들로 그 시대의 생활 풍습을 알 수 있다.

- **병화도**

현실 북쪽의 벽에는 부부상이 그려져 있다. 부부상 위의 양쪽으로 붉은색의 목이 가늘고 입구가 넓은 항아리에 풍성하게 꽃을 꽂아둔 것을 볼 수 있다. <병화도>로 이 시기에 이미 종교적인 목적이나 사례의 용도가 아닌 관상을 위한 장식용 꽃꽂이가 성행했던 것을 알 수 있다.

- **천장벽화**

첫 번째 단의 굄돌에는 당초, 두 번째 굄돌에는 봉황, 구름, 세 번째 굄돌에는 당초, 천장의 뚜껑돌에는 연꽃을 그려 넣었다.

- **강서대묘**

묘실 벽면에 네 마리의 짐승을 그린 것을 <사신도>라 하는데 석실 동쪽에는 '청룡', 남쪽에는 '주작', 서쪽에는 '백호', 북쪽에는 '현무'를 그려 '사방위'를 상징하는 사신을 힘과 패기 넘치게 표현하였다. '오방'의 표현이 명확하고 굄돌에도 화려한 장식이 되어 있으며, 굄돌에 사용된 무늬는 인동, 연꽃 등의 식물과 '비천', '비운', '신선' 등이 그려져 있다.

- **안악2호분의 비천상**

고구려의 고분에서는 많은 벽화들이 등장하게 되는데 안악2호분에서도 마찬가지이다. 그러나 벽화의 훼손 정도가 심해 동벽의 경우 <비천상> 정도만 남아있다. 특히 두손으로 연꽃이 가득 담긴 수반을 들고 나는 듯 보이는 <비천상>이 주목받고 있는 것은 매우 우아한 선과 미려한 흐름이 아름답기 때문이다.

---

ㄴ. **백제** : 무령왕릉 금제관식(초화, 꽃나무 추상화), 칠지도(나뭇가지 추상화)

---

**tip**

**백제**

- 마한의 작은 세력에서 출발해 계속되는 병합으로 성장 발전하여 고대국가의 기틀을 만들게 되었다. 일찍부터 정치나 문화가 매우 선진화 되어 삼국 내에 머무르지 않고 외국의 문물을 직접적인 교류를 통해 받아들였다. 이러한 문화적인 접촉을 통하여 유교의 경전을 중국으로부터 유입하여 가르치고 일본에 파견된 학자를 통해 이를 다시 전수하였다. 불교 역시 중국에서 백제를 거쳐 일본으로 유입된 것으로 백제와 일본의 교류는 매우 활발했으며 주기적으로 사신단이나 학자가 왕래하였다. 이 시기 백제와의 교류로 불전공화가 일본으로 전수되었으며 이것이 일본의 생화(이케바나)의 시초가 되었다고 알려져 있다. 백제는 궁궐이나 사원 등에서 연못을 축조하고 식물을 심어 가꾸는 경우도 많았는데 진사왕 7년(391년)에는 궁궐을 중수하면서 연못을 만들고 여기에 기이한 화초와 진귀한 새를 길렀으며, 무왕35년(634년)에는 궁궐의 남쪽에 연못을 파고 20여리 정도 되는 곳에서 물을 끌어온 후 연못 안에는 작은 섬을 만들고 연못가의 언덕에는 버드나무를 심어 길렀다는 기록이 남아 있다.

---

ㄷ. **신라 및 통일신라** : 수막새기와(항아리 꽃꽂이), 석굴암 십일면관음보살상(삼존형식의 연꽃 보병)

---

**tip**

**신라**

- 고구려, 백제와 함께 삼국의 하나로 지금의 한반도 동남쪽 일대에 영향력을 행사하고 있었다. 그러나 삼국을 통일한 후 갑자기 넓어진 영토를 다스리기 위해 왕권을 강화하고 지방행정조직을 대대적으로 개편하였다. 이 과정에서 중앙의 귀족문화가 지방으로 빠른 시간내에 확산되고 삼국을 통일하는데 정신적 기반이 되었던 불교는 더욱 융성하게 되었으며 불교의 발전과 함께 연관된 건축, 공예 등도 비약적으로 발전하게 된다.
- 통일신라 시대에는 삼국으로 나뉘어져 있던 다양한 문화를 통합하고 당과 활발한 문화교류가 이루어지게 되면서 독자적이고 정교한 예술양식을 확립하게 되었다.

---

③ **고려시대**

ㄱ. 불전공화, 궁중의식 및 연회의 꽃장식, 예술로서 발전되었다.

ㄴ. **꽃꽂이 기록** : 고려사, 고려사절요, 동국이상국집

ㄷ. **고려시대의 서화** : 수덕사 대웅전의 벽화(수생화도, 야생화도), 해인사 대적광전벽화(꽃바구니 장식),

　수월관음도(버들가지가 꽂힌 꽃병과 연화당초문)

ㄹ. **형태변화** : 삼존형식(초기) ➡ 반월형삼존형식(후기)

ㅁ. **분식물 장식** : 시(문집), 사계분도 자수병풍(고려말), 분재(초본식물, 국화, 소나무, 매화, 대나무 등)

ㅂ. 꽃의 장식

- 화안 : 연회전날 왕의 좌석 정면 기둥 사이에 좌우로 '화안'을 설치. 이것은 꽃을 놓는 탁자이다.
- 대화 : '고려사'에 의하면 '대관전연조신익'에 참석한 모든 이들이 꽃을 꽂았다고 기록, 몸을 장식할 때에도 신분에 따라 꽃을 꽂는 시기 및 장소가 정해져 있었다고 한다.

ㅅ. 꽃의 하사

고려의 궁중에서는 다양한 연회가 있었는데 이 때 꽃을 머리에 꽂는 풍습이 있었다. 왕이 꽃을 꽂고 난 후 태자나 재상, 혹은 다른 연회의 참석자들이 꽃을 꽂는 절차가 차례로 이루어지는데 이 때 왕으로부터 꽃을 하사받게 됨. 특히 나이가 많고 연로한 대신들을 위해 베풀어지는 기로연이 끝난 뒤에는 각종 예물을 하사하게 되는데 이것을 연폐라고 함

연폐로 하사되는 하사품 중에는 값비싼 비단, 금, 은, 솜 외에 꽃도 포함되어 있었으며 이것은 관직의 높고 낮음을 가려 하사함

---

tip

고려시대의 관직
- **선화주사** : 왕이 하사하는 꽃이나 술을 전달하는 관직으로 꽃을 '권화사'에게 준다.
- **압화주사** : 꽃이나 술을 운반하는 것을 감독하는 직책이다.
- **권화사** : 꽃을 담당하는 직책으로 '선화주사'가(선화 : 임금이 내리는 꽃) 선화를 차례로 전하여 주면 받아서 대상자들에게 꽃을 차례로 꽂아주는 역할을 한다.
- **인화담원** : 꽃을 가진 사람들을 영솔하거나 꽃을 다시 거두는 관직이다.

---

④ 조선 시대

ㄱ. **꽃꽂이와 원예, 분식물에 관한 전문 서적 저술** : 양화소록(강희안), 성소부부고(허균), 산림경제(홍만선), 임원경제지(서유구), 색경증집(박세당), 오주연문장전산고(이규경)

ㄴ. 전공화, 궁중의례장식(가화 위주), 민가의례에서까지 사용되었다.

ㄷ. **꽃꽂이 역사 기록** : 조선왕조실록, 국조오례의, 민요, 시 등

ㄹ. **형태 변화** : 일지화(초기) → 기명절지화(후기)

ㅁ. **꽃꽂이 특징** : 화목류 중심, 재배화 중심, 선과 여백 중시, 정신적 요소 중시

ㅂ. **분식물 장식** : 자생 식물, 기술 발달

### 조선시대의 원예 문화

고려시대와 달리 조선시대는 유교를 정신적 근간으로 삼아 숭유억불정책을 지향하였다. 이 시대에도 궁중에서 꽃을 담당하는 관직으로 꽃을 관리하는 '분화관'이나 '생화장', '조화장' 같이 꽃을 꽂는 공인 계급이 존재하였다. 유교의 발달과 함께 농업기술의 필요성으로 다양한 원예서적이 출간되었으며, 단순히 꽃을 꽂는 것에 그치지 않고 그 자체에 정신적인 가치를 중시하고 사용하는 소재에도 의미를 부여하였다. 매화, 대나무, 난초, 국화는 사군자라 하여 매화는 지조있는 선비의 기상, 대나무는 곧은 성품, 난초는 절개와 기품, 국화는 고고함을 상징하였다. 여러가지 화훼장식 형태나 문화가 발달하였으며 궁중에서부터 사대부나 일반 선비들에 이르기까지 광범위한 계층에 의하여 사랑받게 되었다.

### 조선시대의 문헌

**· 농사직설**

조선시대 초기에는 고유의 농서 없이 중국의 농서만으로 농사를 지어 지리, 환경적 차이로 올바른 농사가 되지 않았다. 조선의 실정에 맞는 농법의 정리가 절실해지자 1429년 조선전기의 문신 정초, 변효문 등이 세종대왕의 명을 받아 농서를 엮게되었으며 후에 <산림경제>나 <임원경제지>의 기초자료가 되었다.

**· 양화소록**

조선 세조 때의 문신 강희안이 엮은 원예서적으로 본래의 원명은 <청천양화소록>이다. 양화소록은 '진산세고' 권 4에 들어있으며 '진산세고'는 조선 전기의 문신 강희맹과 3대에 걸친 인물들의 시문이나 서발 등을 수록한 것이다. 그 중 권 4에 있는 양화소록은 강희안이 엮은 것으로 이 책에는 다양한 식물이나 괴석에 대한 내용들이 자세히 다루어져 있다. 그 외에도 꽃을 분에 심는법, 꽃을 빨리 피게하는 법, 꽃이 꺼리는 것, 꽃을 취하는 법, 꽃을 기르는 법, 화분 놓는 법, 저장하는 법, 꽃을 기르는 뜻 등을 상세하게 다루고 있다.

**· 산림경제**

조선 숙종 때의 실학자 홍만선이 엮은 책으로 농업과 일상생활에 관해 광범위한 내용을 담고 있다. 건축물을 짓는 위치에서부터 농사를 지으면서 종자를 심는 시기, 토양조건, 환경 등 다양한 내용들을 담고 있다. 특히 원예작물이나 나무의 재배법, 화목을 가꾸는 법 등을 매우 상세하게 설명하고 있다.

**· 임원십육지**

순조 때의 실학자 서유구가 엮은 농업 백과사전으로 임원경제지, 임원경제십육지라고도 한다. 산림경제를 토대로 농업에 대한 일반적 사항외에도 식용, 약용 작물의 명칭과 재배법, 화훼, 과실 등의 품목과 재배법 외에도 가옥, 장식품, 일상용품에 관한 사항에 이르기까지 다양한 부분을 논하고 있다.

**· 성소부부고**

광해군 3년에 저술된 책으로 조선 중기의 문신 성소 허균의 시문집이다. 성소부부고는 26권으로 구성되어 있으며 부록인 한정록중 권17의 병화사에는 꽃을 병에 꽂는 방법에 대해 매우 구체적으로 다루고 있다. 화목을 선택하는 법, 용기의 선택, 적당한 물의 조건, 꽃의 양 등의 내용이 매우 자세하게 서술되어 있으며 이것은 지금의 화훼장식 기술에도 크게 뒤쳐지지 않는다.

**· 오주연문장전산고**

조선 후기 실학자 오주 이규경이 엮은 백과사전 형식의 책으로 문학에서부터 농업에 이르기까지 변증설의 형식으로 나열하고 있다. 구황식물로서 감자의 중요성을 언급하고 있으며 그 외에도 다양한 내용들이 들어있다.

⑤ 현대

ㄱ. 일제 강점기에 일시적으로 단절되었다.

ㄴ. 1960년대 후반부터 실용적인 목적과 화도로서 이용되었다.

ㄷ. 1970년대에 미국의 서양식 디자인과 유럽 디자인이 도입되었다.

ㄹ. 오늘날에는 화도로서 보다는 실용적 목적으로 화훼장식이 이용되며 분식물 장식(열대 관엽식물이

　주종)이 주를 이룬다.


## (2) 중국

① **중국의 꽃꽂이** : 삽화(揷花, 차화)

② **삽화의 기원** : 육조 시대의 불전공화

③ **삽화의 목적** : 인간과 자연의 교류를 통한 천인합일의 경지를 추구하였다.

④ **삽화의 발달** : 당대에 크게 발전되고 송대에 위축되었으며 명 · 청대에 전성기를 맞았으나 청 말기

　에 급격히 쇠퇴하였다.


## (3) 일본

① **일본 꽃꽂이** : 이케바나('꽃에 생명을 불어넣는다'는 의미)

② **이케바나의 기원** : 중국과 백제의 불전공화가 전래되었다.

③ **이케바나의 발달** : 리카(불전공화, 엄격한 형식) ➡ 나게이레바나(무형식, 간단) ➡ 세이카(형식 추구) ➡

　모리바나(서양꽃꽂이의 영향) ➡ 지유바나(자유로운 꽃꽂이) ➡ 전위 이케바나(실험적) ➡ 현대 꽃꽂이

　(서양식 꽃꽂이의 도입으로 다양하게 발전)


# 2) 서양

## (1) 고대

종교 의식, 축제에 사용되었으며 꽃꽂이, 리스, 갈란드, 산화(散花) 등 화훼장식 문화가 발달되었다.

특히 이집트 문명을 죽은자를 위한 문명이라 할 정도로 망자들을 위한 문화는 매우 화려하였다.

① **고대이집트**(B.C 3200~30)

ㄱ. 화훼가 종교 및 일상생활에서 널리 사용되었다.

ㄴ. 문양의 반복과 강한 색채를 사용하였으며 세련된 형태를 가진다.

ㄷ. 꽃꽂이, 화관, 리스, 갈란드, 꽃목걸이, 정원과 분식물 장식 등이 이용되었다.

ㄹ.**정원화** : 네바문의 무덤에서 발견된 정원화는 중심에는 정사각의 인공 연못과 연못 주변으로 맨드레이크 울타리, 야자나무, 시카모어 등의 각종 유실수가 그려져 있다. 이 시기의 정원은 순수하게 관상용으로만 가꾸는 것이 아니라 다양한 유실수를 심고 수확하여 더욱 풍성한 생활을 할 수 있었다.

② **고대 그리스**(B.C 2000 ~ A.D 30)

ㄱ.예술분야에서의 고대 그리스 시대는 인간을 위한 사상을 가진 예술로 서양문화의 모체로 인정받고 있다. 고대 이집트 화훼장식의 특징을 계승하였으며 축제 때 꽃을 바닥에 뿌리고 일상생활에서 꽃꽂이 장식과 리스, 갈란드, 화관 등을 사용하였다.

ㄴ.**화훼장식의 종류**

- 리스(충성과 헌신의 상징), 갈란드, 화관, 꽃목걸이
- 코누코피아(Cornucopia) 등장 : 풍요의 뿔(플렌티 혼)

> **tip**
>
> 월계수로 만든 화환은 경기의 승리자에게, 올리브로 만든것은 전투에서 귀환한 병사에게, 은매화 화환은 군중을 상대로 한 연설자에게 수여되었다.

③ **로마**(B.C600 ~ A.D476)

고대 로마는 제국의 중심이었던 만큼 소비가 많고 화려한 문화를 자랑하였는데 빈부의 차이가 심해 부자들은 많은 양의 꽃을 소비하였지만 서민들의 삶은 매우 어려웠던 시기이다. 로마시대에는 장미로 제작된 화환을 선호하는 경향이 짙었다. 겨울에도 알렉산드리아로부터 장미를 구입할 수 있었고 로마의 남쪽에는 온실을 이용한 장미의 재배가 이루어지고 있었다.

ㄱ.리스, 갈란드, 산화(散花), 페스툰(Festoon, 꽃줄)

ㄴ.정원수를 독특한 모양으로 다듬는 기술이 발달되었으며 토피어리(Topiary)라는 용어가 생겨났다.

④ **비잔틴**(330 ~ 1453) : 로마가 쇠퇴하는 동안 비잔티움은 동방의 영향을 받아 화려한 색채와 장식성을 띤 초기 기독교미술을 발전시켰으며 문명의 중심지로 자리잡음. 그리스나 로마시대의 전통적인 형태들이 지속적으로 사용. 원추형 디자인이 등장하게 되었다(비잔틴콘이라고 부름).

## (2) 중세

① **로마네스크**(950 ~ 1200) : 로마와 같은 이라는 뜻으로 19C 부터 부르기 시작함. 이 시대에는 수도원이나 성의 정원에서 약용식물이 재배되었으며 교회의 장식용으로 백합과 장미가 재배되고 있었다.

② **고딕(1250~1500)** : 중세 미술의 업적중에서도 고대 그리스와 로마의 경이로운 업적에 필적하는 것이 바로 고딕양식의 대성당들이다. 건축물들은 높은 천장과 첨두형 아치, 스테인드 글래스로 장식된 가늘고 긴 커다란 창이 출현하여 경쾌하고 맑으면서 수직감이 강한, 위를 향해 우뚝 솟은 것 같은 인상의 건축물들이 지어졌다(파리 노트르담 대성당, 독일의 쾨엘른 대성당). 화훼장식물도 수직적으로 솟구치는 형태의 사용이 많아졌다.

③ **서유럽** : 약용 식물, 교회 장식 목적의 백합, 장미 재배 외에는 화훼장식 문화가 후퇴되었다.

④ **르네상스 시대(14C 후반 ~16C)**

ㄱ. 고대의 화훼장식 문화가 부활·발전되었다. 고대 그리스, 로마의 화훼장식물이 재출현 했다.

ㄴ. 밝고 다양한 색상과 풍만한 이미지를 나타내고 많은 종류의 꽃을 사용하였으며 빽빽하게 순차적으로 배열했다.

ㄷ. 제일 중요한 꽃은 맨 위에 배치하고 엄격한 대칭 디자인을 사용했으며 꽃의 상징적 의미를 중시하여 꽃은 사랑, 순결, 인간성과 같은 매우 추상적인 개념들을 표현하기 위해 사용되었다.

ㄹ. 대칭삼각형, 원추형, 원형, 타원형의 꽃꽂이, 화관, 갈란드 등의 정형화된 형태를 사용했다.

ㅁ. 성모를 상징하는 백합의 상징성으로 '마돈나 릴리'라고 불러왔으며 그 외에도 올리브가지, 장미, 매발톱꽃 등을 함께 그리기도 하였다.


## (3) 근대

① **바로크 시대(1600~1750)**

바로크 양식은 장중하고 남성적 경향이 강했다. S자형, 크리센트형 등의 곡선과 비대칭형이 출현했다. '바로크'란 용어는 '허세부리다' 혹은 '지나치게 과장되어 있다.' 라는 부정적인 의미로 종종 사용되지만 예술사에서는 가장 화려한 시기중 하나로 꼽힌다.

왕권의 번영과 함께 나타난 과장된 남성 경향의 양식이다. 이 시기는 매우 부유한 시기로 궁중생활도 매우 화려하여 방들은 크게 만들어졌으며 과시하기 위해 많은 행사가 있었다.

바로크 시대의 건축물들은 세공된 장식과 벽난로, 벽화 등으로 꾸며지고 금박과 거울을 사용해 더욱 사치스럽게 장식하였다.

② **로코코 시대(1723~1774)** : 유연한 곡선을 사용하여 여성적 경향이 강했다. 부드럽고 우아한 색상과 형태를 나타낸다. 바로크 시대의 예술이 왕족 중심의 예술양식이라면 로코코 양식은 귀족계급의 사치스러운 양식으로 볼 수 있다.

ㄱ. **대형온실** : 향기로운 오렌지나무와 궁중 장식을 위한 각종 꽃이나 물품들이 사철 보관

ㄴ. 비대칭 삼각형이나 곡선적인 장식인 S자형, 크레센트 등의 디자인이 유행하게 됨

ㄷ.화려하고 풍만한 형태의 디자인들이 사랑받았으며 하나의 꽃이나 장식만을 사용하지 않고 장식을 나열하는 방법들로 공간을 장식

ㄹ.색상은 선명한 보라색, 황금색처럼 명확하고 화려한 색들이 선호됨

✓ 윌리엄 호가스(William Hogarth)
윌리엄 호가스는 '미의분석' 이라는 책에서 주로 대칭적인 미적 효과에 귀착시켜왔던 고전주의적인 전통에 강력히 반대하고 새로운 원리를 내세운다. 사람은 항상 직선만의 도형보다 파상형의 선이 훨씬 아름답게 느껴지는 것도 그러한 이론에 따르는 것이다 라고 주장했다. 조형적인 '미'가 새롭게 조명되는데 크게 기여 하였으며 화훼장식 분야에서 현재까지 사랑받고 있는 디자인 형태중 하나인 'S자형'은 윌리엄 호가스의 그러한 기여를 인정하여 호가스라인이라고도 부른다.

ㅁ.**더치 플래미쉬** : 플래미쉬 시대의 화풍에서 유래된 디자인으로 꽃들의 식생적인 환경을 고려하지 않고 타원형이나 원형으로 디자인한다. 그림에서는 같은 계절에 피지 않는 꽃들을 함께 사용하여 현실적인 그림으로 생각되지는 않으며 화가들이 스스로 생각하여 구성한 것으로 알려져 있다. 꽃과 함께 과일이나 조개껍질 등의 악세서리를 사용하기도 하였다.

③ **조지 왕조 시대(1714~1820)** : 노즈게이, 터지머지(유행 질병, 나쁜 일을 막기 위한 용도로 몸에 지니기 위해 향기 있는 꽃으로 만든 작은 꽃다발). 형식적이고 대칭적이며 여러 종류의 꽃들을 공간없이 콤팩트하게 구성

④ **비더마이어(1815~1848, 독일·오스트리아)** : 당시 시민계급을 풍자하던 것에서 유래. 작고귀여운 것, 깔끔함, 평온함, 로맨틱한 정원 풍경을 즐겨 추구하는 사고방식

✓ **비더마이어 부케** : 비더마이어 시대에 유행하던 디자인이라는 뜻으로 꽃을 공간이 없는 라운드형으로 빽빽하게 디자인한 부케이다.

⑤ **빅토리아 시대(1837~1901)**

ㄱ.화훼장식의 번영기로 화훼 관련 서적과 잡지가 출간되고 화훼장식을 교육했다.

ㄴ.건조화와 조화를 제작하고 화려하고 촘촘한 형태의 꽃꽂이가 성행했으며 이펀(Epergne) 화기를 사용했다.

ㄷ.당시 사회에서는 교양있는 여성들에게 꽃을 가꾸고 터지머지를 만드는 것 뿐만 아니라 꽃을 키우고, 보존하고, 그림을 그리거나 꽃을 염색하는 것까지 배우도록 요구하였다.

ㄹ.조화, 누름꽃, 건조화 등 매우 다양하게 사용. 특히 작은 꽃 장식들의 수명을 연장시키기 위해 제작되었던 플로랄 홀더는 거북 등껍질, 자개, 호박, 자기 등의 다양한 재료로 제작 개발되었다.

⑥ 아르누보(19C 말~20C 초)

ㄱ. 아르누보는 새로운 예술을 의미하는 프랑스어로 산업화시대의 불모성에 반대하여 장식적 스타일을 중시한 사조

ㄴ. 역사적인 고전양식들을 부정하고 자연에서 모티브를 얻어 구불구불한 선과 넝쿨 같은 곡선을 위주로 한 양식으로 한다.

ㄷ. 환하고 연한 파스텔 계통의 부드러운 색조가 유행. 부드러운 형태의 꽃과 금색 선이 장식된 화기도 많이 사용되었으며 아르누보 양식은 부드러운 색과 비대칭의 자연문양에서 그 특징을 찾아 볼 수 있다.

## (4) 현대

미니멀리즘(간결한 작품), 포스트모더니즘(실험적인 작품) 등의 영향으로 다양한 디자인이 발생하고 있다.

### 📢 중간 문제 풀기

**01. 현대의 꽃꽂이에 대한 설명으로 옳은 것은?**

① 일제 시대의 잔재로 전통꽃꽂이가 계승되지 못했던 시절이 있었다.

② 세계화의 추세로 전통적인 꽃꽂이가 완전히 없어졌다.

③ 서양식 디자인의 도입으로 소재는 다양해졌으나 형태적인 다양성을 이루지 못하고 있다.

④ 오늘날의 화훼장식은 실용적인 의미보다는 화도(花道)로서의 의미가 더 크다.

**02. 유럽의 절화장식에서 꽃의 자연건조나 누름건조, 꽃그림 그리기, 조개, 왁스, 깃털, 구슬 등으로 조화를 만드는 기술이 교육되었던 시기로 옳은 것은?**

① 르네상스 시대　　　② 빅토리아 시대　　　③ 바로크 시대　　　④ 영국 조지 시대

**03. 밀 드 플레 디자인의 설명으로 옳지 <u>않은</u> 것은?**

① 19세기 중반 유럽에서 시작되었다.

② 다양한 꽃과 잎, 과일이나 채소를 밀집되게 장식하는 형태이다.

③ 1,000송이 꽃 또는 많은 꽃이라는 뜻이다.

④ 둥근형 모양이 일반적이지만 삼각형이나 사각형과 같은 형태도 있다.

04. 우리나라 화훼장식을 나타내는 역사물 중 고려시대의 작품이 <u>아닌</u> 것은?

① 수덕사 대웅전의 수화도

② 해인사 대적광전의 벽화

③ 강서대묘 현실 북벽의 비천상의 꽃을 흩뿌리는 산화도

④ 수월관음도

05. 오늘날에도 많이 이용되는 화관, 리스, 갈산드, 칼라 등의 절화장식물이 일상적으로 이용되기 시작한 시대는?

① 고대 이집트　　　　② 고대 그리스　　　　③ 로마　　　　④ 중세

정답 ｜　01 ①　　02 ②　　03 ②　　04 ③　　05 ①

# 7. 화훼원예의 형태

## (1) 생산 화훼

영리적 목적으로 절화, 분화, 수목, 구근, 분재, 모종 등을 재배, 생산, 유통, 이용하는 것. 역사가 짧다.

## (2) 취미 화훼

개인의 취미생활, 여가선용의 일환으로 가정이나 기타 생활 공간에 분화, 분재, 구근 등의 화훼를 가꾸는 생활원예와 취미로 하는 꽃꽂이 등. 역사가 길다.

## (3) 후생 화훼

교육이나 환경조성 등 주로 공적인 목적으로 화훼를 심고 가꾸는 것. 도시원예, 경관원예, 원예치료 등에 쓰인다.

## 8. 식물명(학명, 일반명)

### (1) 학명(Scientific name)

국제식물명명규약(ICBN)의 명명법에 따른 식물명으로 전 세계에서 공통으로 사용하는 명칭이다(이명법, 학계 사용).

① **학명 표기** : 속명과 종명을 차례로 표기하고 명명자를 부기한다(예 : 수선화과 문주란 Crinum 속명 asiat-icum 종명 Linne 명명자).

② **학명 표기 방법**

ㄱ. 라틴어 또는 라틴어화한 단어 사용

ㄴ. 속명과 종명의 이탤릭체나 볼드체 혹은 밑줄로 표시하며 속명의 첫 글자는 대문자, 종명은 소문자로 표기

ㄷ. 명명자는 인쇄체, 첫 글자는 대문자로 표기

ㄹ. 변종(var. 혹은 v), 품종(for, 혹은 f)

ㅁ. 재배종(cv.)

ㅂ. 속 안에 종이 여럿일 경우 spp, 한 가지일 경우 sp

### (2) 일반명(Common name)

보통명이라고도 하며 각 나라에 분포된 식물에 그 나라의 언어로 붙인 이름이다. 세계 공통 혹은 학계 사용 명칭으로는 부족하다.

---

### 📢 중간 문제 풀기

**01. 화훼의 이용형태 중에서 생산화훼에 관한 설명으로 틀린 것은?**

① 생산화훼는 영리를 목적으로 절화, 절엽, 절지, 분화, 종묘, 화단묘, 구근을 생산하고 공급하는 것이다.

② 절엽은 꽃장식에 있어서 배경식물로 이용하기 위해 잎을 자른 것이다.

③ 한국에서는 분화, 종묘, 구근 등의 생산비율의 높지만 유럽과 미국에서는 절화의 생산비율이 높은 편이다.

④ 분화는 식물체를 용기에 심어서 판매하는 형태로 식물을 기르는 것이다.

**02. 화훼의 이용형태에 관한 설명으로 연결이 <u>틀린</u> 것은?**

① 생산화훼 - 영리를 목적으로 한다.

② 생산화훼 - 절화, 절엽, 절지, 분화, 종묘, 화단묘가 해당된다.

③ 취미화훼 - 판매를 목적으로 하지 않는다.

④ 후생화훼 - 가정원예, 실내원예, 베란다원예, 생활원예가 해당된다.


**03. 다음 수선화과의 문주란의 학명 표기법 중 'asiaticum' 가 나타내는 것은?**

"Crinum asiaticum L. var. japonicum Baker"

① 종명　　　　　② 속명　　　　　③ 명명자　　　　　④ 변종명


**04. 다음 중 식물을 보통명으로 사용할 때 단점으로 보기 <u>어려운</u> 것은?**

① 학명에 비해 부적합한 것이 많다.

② 보통명은 전 세계 사람이 통용어로 사용할 수 없다.

③ 학술용어로 사용시 과학적이다.

④ 같은 식물을 다른 이름으로 부르거나 다른 식물을 같은 이름으로 부르는 사례가 있어 혼돈을 가져 온다.


**05. 다음 중 분류의 가장 하위 단위는?**

① 종　　　　　② 속　　　　　③ 과　　　　　④ 목


정답 | 01 ③　　02 ④　　03 ①　　04 ③　　05 ①


# 9. 이용 형태별 및 이용 용도별 분류

## (1) 이용 형태별 분류

### ① 절화 장식용

ㄱ. **절화용** : 장미, 거베라, 국화, 수국, 카네이션, 금어초, 공작초, 스타티스, 숙근안개초, 나리류

ㄴ. **절엽용** : 주로 관엽 식물(엽란, 몬스테라, 필로덴드론 셀로움, 크로톤, 루모라고사리)

ㄷ. **절지용**

- 꽃 : 산수유, 매화나무, 조팝나무
- 줄기 : 흰말채나무(붉은색 줄기), 화살나무, 삼지닥나무
- 잎 : 향나무, 편백나무, 사스레피나무
- 열매 : 먼나무, 광나무, 작살나무, 피라칸타

② **분식물용**

ㄱ. 관엽 식물(고무나무, 야자류, 몬스테라, 드라세나 등), 다육식물(칼랑코에), 선인장류, 스킨답서스, 싱고
니움, 난(蘭)

ㄴ. **걸이분** : 러브체인, 스킨답서스, 싱고니움, 아이비, 콜레우스, 페페로미아

ㄷ. **테라리움** : 관수 조건, 광 요구도 등 환경이 비슷한 식물끼리 구성된다.

ㄹ. **디쉬가든** : 키가 작고 생육이 느린 식물로 구성된다.

ㅁ. **수경 재배** : 수선화, 아마릴리스, 히아신스, 스킨답서스, 스파티필름, 클로로피텀(접란)

③ **정원용**

ㄱ. **우리나라 실외 정원** : 온대산 화목류, 초화류로 구성된다.

ㄴ. **실내 정원** : 주로 열대 · 아열대 관엽 식물로 구성된다.

④ **화단용** : 주로 일 · 이년생 화초로 숙근초, 화목류 등 꽃이 피는 다양한 식물로 구성된다.

⑤ **가공소재용**

ㄱ. **자연건조화용** : 숙근안개초, 홍화, 수국, 스타티스, 왁스플라워, 천일홍, 유칼립투스, 라벤더 등의 섬
유질과 규산질이 많고 수분 함유량이 적은 것으로 구성된다.

ㄴ. **생화 염색화용** : 하얀색의 장미나 카네이션, 숙근안개초, 수국

ㄷ. **보존화(프리저브드 플라워)용** : 레가토 등의 장미 품종이나 수국, 라이스플라워, 숙근안개초, 유칼립
투스 등의 옅은 색상의 꽃잎이 겹쳐있거나 적당히 두꺼운 것이 사용된다.

ㄹ. **압화용** : 리시안셔스, 코스모스, 아게라툼, 팬지 등 주로 꽃잎 두께가 적당히 얇고 작은 꽃이 사용
된다.


## (2) 화훼장식 용도별 분류

① **형태별 분류**

ㄱ. **라인 플라워**(선형)

- 꽃 : 글라디올러스, 스톡, 금어초, 리아트리스, 델피니움
- 잎 : 엽란, 산세베리아, 칼라데아 인시그니스, 네프롤네피스, 부들, 억새

ㄴ. **폼 플라워(모양)**

- 꽃 : 백합, 칼라, 카틀레야, 안스리움, 방크시아, 프로테아, 헬리코니어, 극락조화, 튤립
- 잎 : 몬스테라, 필로덴드론, 팔손이, 크로톤

ㄷ. **매스 플라워(덩어리)**

- 꽃 : 장미, 국화, 맨드라미, 카네이션, 수국
- 잎 : 백묘국, 레몬 잎, 동백나뭇잎, 루스커스, 무늬둥굴레, 디펜바키아

ㄹ. **필러 플라워(채우기)**

- 꽃 : 숙근안개초, 스타티스, 왁스플라워, 소국, 과꽃
- 잎 : 편백, 아스파라거스, 회양목, 아디안툼, 사철나무, 사스레피나무

② **가치(價値)별 분류**

ㄱ. **대(大)가치** : 자기주장이 가장 강한 꽃으로 형태적 가치가 매우 높거나 뚜렷한 개성과 기품이 있으며 희소성이 큰 꽃이다(예 : 안스리움, 알리움, 루피너스, 아마릴리스, 백합, 아가판서스, 글라디올러스, 극락조화, 팔레놉시스, 델피니움, 헬리코니어).

ㄴ. **중(中)가치** : 자기주장이 다소 약하지만 존재감이 있는 꽃이다(예 : 장미, 국화, 아네모네, 거베라, 스카비오사, 튤립, 라넌큘러스, 라일락, 양귀비).

ㄷ. **소(小)가치** : 자기주장이 강하지 않아 많은 양을 사용하여 식물의 개성을 표현한다(예 : 데이지, 과꽃, 페튜니아, 공작초, 왁스플라워, 아게라툼, 서양톱풀, 무스카리).

## 섹션2 : 화훼식물생장 관리

# 1. 식물 생육 환경

## 1) 빛

### (1) 빛

식물 생육의 필수 요소로 화색, 잎의 두께와 크기, 향기 등 식물의 품질에 큰 영향을 미친다.

### (2) 광도(빛의 밝기, 세기)

① **광도와 광합성**

ㄱ. **광합성** : 식물이 빛을 이용하여 잎의 기공에서 받아들인 이산화탄소와 뿌리에서 흡수한 수분으로 양분(포도당)을 합성하는 작용이다.

  ✓ 이산화탄소＋물＋빛→포도당＋산소＋물

ㄴ. **광 보상점** : 광합성에 의한 이산화탄소 흡수량과 호흡에 의한 이산화탄소 배출량이 같아 외견상 광합성량이 0이 되는 때의 광도

ㄷ. **광 포화점** : 광합성량이 증가하다가 일정 광도에 이르러 더 이상 증가하시 않을 때의 광도

② **광 요구도에 따른 식물 구분**

ㄱ. **양지 식물(양생식물)** : 80,000~130,000lux의 밝은 곳에서 잘 자라는 식물로 광 보상점과 광 포화점이 높다(예 : 백일홍, 코스모스, 국화, 선인장, 칼랑코에, 해바라기 등).

ㄴ. **반음지 식물(중생식물)** : 50,000lux 내외의 광도에서 잘 자란다(예 : 군자란, 난, 팔손이, 안스리움 등).

ㄷ. **음지 식물(음생식물)** : 10,000lux 이내의 음지에서 잘 자라는 식물로 광 보상점 및 광 포화점이 낮다(예 : 고사리, 드라세나, 맥문동, 스킨답서스 등).

③ **광도에 따른 식물의 반응**

| 구분 | 높은 광도(강광) | 낮은 광도(약광) |
| --- | --- | --- |
| 잎 크기 | 작아진다 | 커진다 |
| 잎 두께 | 두꺼워진다 | 얇아진다 |
| 엽색 | 옅어진다(과한 경우 엽소 현상 발생) | 어느 정도까지는 진해진다(과한 경우 오히려 옅어짐) |
| 줄기 | 마디와 마디 사이(절간)가 짧아진다 | 절간이 길어진다 |
| 뿌리 | 굵어진다 | 가늘어진다 |
| 꽃 수 | 증가 | 감소 |
| 향기 | 증가 | 감소 |

## (3) 광질(Light quality)

식물은 광질의 영향을 받는다. 식물의 생육과 주로 관련 있는 것은 가시광선, 자외선, 적외선이다.

① **가시광선(380~780nm)** : 식물 생육에 가장 큰 영향을 주며 청색광과 적색광이 특히 중요하다.

② **자외선(일부)** : 화색 발현을 촉진시킨다.

③ **적외선** : 화아(꽃눈) 형성과 개화에 영향을 준다.

## (4) 광주기성(光週期性)

① **광주기성(광주성 반응, 일장 효과)** : 일장(낮의 길이)의 변화가 식물의 생육에 영향을 미치는 현상(줄기 생장, 부피 생장, 개화 시기, 낙엽 시기 등에 영향)

② **개화 시기** : 개화는 대표적인 광주성 반응

| 구분 | 특징 | 예 |
|---|---|---|
| 단일 식물 | 일조 시간이 짧아야 꽃눈 형성 및 개화하는 식물로 일정 시간 이상의 암기가 필요하다. | 코스모스, 국화, 나팔꽃, 봉선화, 프리뮬러, 포인세티아, 메리골드, 백일홍 등 |
| 장일 식물 | 일조 시간이 12~14시간 이상 되어야 꽃눈 형성 및 개화가 촉진된다. 일정 시간 이하의 암기도 필수이다. | 데이지, 루드베키아, 금어초, 금잔화, 델피니움 양귀비, 숙근안개포, 카네이션 등 |
| 중일 식물 (중성 식물) | 일장에 영향을 받지 않고 어느 정도 자라면 개화되는 식물이다. | 조팝나무, 덴드로비움, 수국, 장미, 시클라멘, 제라늄, 튤립, 팬지 등 |

## 2) 온도

### (1) 온도와 식물

① 종자 발아, 양분과 수분 흡수, 증산 작용, 휴면, 화아 분화 등에 큰 영향을 미친다.

② 생육 가능 온도 내에서는 고온일수록 생육과 개화가 촉진된다.

③ **온주성(溫週性, 온도 주기성)** : 기온 변화 주기에 따라 식물이 반응하는 성질을 말한다.

### (2) 식물의 생육적온

① **생육적온**

ㄱ. 열대 원산 대부분의 관엽 식물 : 25~30℃

ㄴ. 온대식물(개나리, 국화, 장미, 카네이션) : 15~25℃

② **주야의 생육적온**

ㄱ. 낮에는 다소 높고(광합성 촉진) 밤에는 높지 않아야(호흡 억제) 생장에 유리하다.

ㄴ. DIF : 주야 간 온도 차(주간 평균 온도 - 야간 평균 온도)이며 5~6℃ 차이로 균일해야 한다.

### (3) 온도 장해

① **고온 장해** : 저장 양분 과다 소모, 개화율 하락, 황화 현상, 위조 현상

② **저온 장해** : 열대식물은 5~7℃ 이하에서 저온 장해가 발생한다.

## (4) 온도와 식물의 생리작용

① 광합성

② **호흡 작용** : 30℃까지는 온도가 증가할수록 호흡량도 증가한다.

③ **증산 작용** : 온도가 증가할수록 증산 작용도 증가한다.

④ **양분 및 수분 흡수와 이동 속도** : 온도가 증가할수록 이동 속도도 증가한다.

## 3) 수분

### (1) 수분과 식물

① 수분은 식물체의 구성 요소로 광합성의 원료가 되며 뿌리로부터 무기양분을 운반한다.

② 체온이 상승하면 증산 작용으로 기화열을 발산시켜 체온을 조절한다.

### (2) 수분과 식물 장해

① **토양 수분**

ㄱ. **수분 부족** : 생육 및 개화에 지장이 생기며 심하면 고사한다.

ㄴ. **수분 과다** : 뿌리의 호흡이 곤란해지고 미생물 활동이 억제되며 심하면 죽는다.

② **공중 습도**

ㄱ. **과잉** : 병해가 발생하거나 생육이 위축된다.

ㄴ. **부족** : 시들거나 관상 가치가 하락한다.

## 4) 공기

### (1) 공기와 식물

① **산소와 이산화탄소** : 식물의 호흡과 광합성에 매우 중요하다.

② **에틸렌** : 위조, 잎의 황변, 낙엽, 꽃잎 말림과 탈리, 청색화 등의 노화를 초래한다.

## 5) 토양

### (1) 토양과 식물

수분 공급, 식물체 지지, 양분의 분해와 공급, 식물의 생장 환경

## (2) 토양의 최적 구정

① 식물 생육에 가장 적합한 구성 : 고상 50%, 액상 25%, 기상 25%

② 토양 수분 : 모세관수(유효 수분), 중력수, 흡착수

## (3) 화훼 재배에 적합한 토양

### ① 천연 유기질 배합용토

ㄱ. 부엽토 : 떡갈나무, 참나무 등의 낙엽을 썩힌 것으로 배수와 통기성, 보수력, 보비력이 우수하다(산성).

ㄴ. 수태(水苔) : 순수한 이끼를 건조시킨 것으로 보수성, 보비력, 배수성이 우수하다(강산성).

ㄷ. 피트모스 : 수태, 양치류 등이 퇴적되어 썩으면서 완전히 분해되지 않고 탄화된 것으로 유기물 함량이 높고 보비력, 보수성, 통기성이 우수하며 염기치환용량이 높다(산성, 부엽토 대용).

ㄹ. 바크(Bark) : 나무껍질을 잘게 빻아 발효시키거나 살균 처리한 것으로 보수성이 우수하고 양란, 관엽 식물에 적합하다. 모래나 펄라이트와 혼용하여 사용한다.

### ② 광물질 배합용토

ㄱ. 버미큘라이트(Vermiculite) : 질석을 1,000℃ 이상의 고온에서 구운 무균인공용토로 모래의 1/15 정도 무게를 가진다. 통기성과 보수성이 우수하고 염기치환량이 높다(약산성 ~ 약알카리성).

ㄴ. 펄라이트(Pearlite) : 진주석을 잘게 부숴 750℃ 이상의 고온에서 구워 냉각 가공한 무균인공토양으로 배수성과 통기성이 매우 우수하고 염기치환용량은 낮다(중성 ~ 약알칼리성).

ㄷ. 제올라이트(Zeolite) : 보수성과 통기성이 우수하고 염기치환용량이 크다(알칼리성).

## (4) 영양

① 식물 필수 원소(16) : 탄소, 수소, 산소, 질소, 인, 칼륨, 칼슘, 마그네슘 등

② 비료의 3요소 : 질소, 인산, 칼륨

ㄱ. 질소(N) : 생육 초 꽃눈 형성 전 발육에 중요. 줄기, 잎을 무성하게 하고 엽색을 진하게 함. 광합성 촉진

ㄴ. 인(P) : 꽃과 열매, 종자 형성에 큰 영향(종자비료). 꽃 · 열매 관상식물에 중요

ㄷ. 칼륨(K) : 식물체 신진대사의 촉매 역할, 뿌리, 가지, 줄기 강화, 기온 변화 및 병해충에 대한 저항력 강화, 초기 뿌리 발달에 중요

> **tip**
> - **비료의 4요소** : 비료 3요소 + 칼슘(세포막 강화, 유해물질 제거, 흙의 산성화 방지)
> - **비료의 5요소** : 비료 4요소 + 마그네슘(엽록소의 중요성분, 효소 활성화)

## 📢 중간 문제 풀기

**01. 식물의 생육에 영향을 미치는 빛의 종류가 <u>아닌</u> 것은?**

① 광원　　　　　② 일장　　　　　③ 광도　　　　　④ 광질

**02. 여러 가지 장해가 발생하며 품질이 저하되는 온도는?**

① 최고온도　　　　　② 최저온도　　　　　③ 한계온도　　　　　④ 최적온도

**03. 토양 내 수분의 종류 중 유효수분은?**

① 중력수　　　　　② 결합수　　　　　③ 자유수　　　　　④ 모세관수

**04. 공기 중 식물의 호흡작용에 필요한 요소에 속하는 것은?**

① 산소와 이산화탄소　　　　　② 질소　　　　　③ 오존　　　　　④ 아황산가스

**05. 식물의 필수원소 중 질소의 역할은?**

① 꽃과 열매의 비료이다.　　　　　② 식물의 발달과 성숙의 비료이다.

③ 잎과 줄기의 비료이다.　　　　　④ 세포벽의 비료이다.

**06. 퇴비가 속하는 비료의 종류는?**

① 무기질 비료　　　　　② 유기질비료　　　　　③ 복합비료　　　　　④ 요소비료

**07. 식물 생육에 가장 큰 영향을 미치는 광선은?**

① 자외선　　　　　② 가시광선　　　　　③ 적외선　　　　　④ 근적외선

**08. 식물의 광합성은 기공을 통해 흡수한(a)와 뿌리로부터 흡수한(b)을 재료로, 잎의 엽록체에서 광에너지에 의해 탄수화물이 합성되는 과정이다. (a)와(b)에 알맞은 것은?**

① (a) : 산소, (b) : 질소　　　　　② (a) : 이산화탄소, (b) : 물

③ (a) : 수소, (b) : 붕소　　　　　④ (a) : 아황산가스, (b) : 칼륨

📖 정답 |　01 ①　　02 ③　　03 ④　　04 ①　　05 ③　　06 ①　　07 ②　　08 ②

## 섹션3 : 화훼식물 병충해 관리

## 1. 병충해의 종류

### (1) 세균

세균은 습한 환경에서 많이 발생된다. 방제가 어려운 편

### (2) 바이러스

바이러스 감염은 먼저 감염된 식물과의 접촉에 의해 생겨나는 경우가 많다. 방제가 쉽지않다.

### (3) 곰팡이

고온다습한 환경에서 발생하기 쉽다. 탄저병, 그을음병, 회색곰팡이병 등

### (4) 해충

고온건조한 환경에서 많이 발생한다. 진딧물, 온실가루이, 깍지벌레, 민달팽이 등

## 2. 병충해 발생과 예방

### (1) 발생

회색곰팡이병 등 병해가 잦으면 외관상 품질이 나빠질 뿐 아니라 수분손실과 에틸렌 생성으로 노화가 촉진된다.

### (2) 예방

미리 조기 방제로 병충해를 예방하여 품질을 보호하는 것이 중요

# 3. 병충해 방제

## (1) 살균제

살균제에는 병이 생기기전 예방을 목적으로 살포하는 보호살균제, 침입한 세균을 직접 죽이는 직접
살균제, 종자소독제, 토양살균제(예 : 클로로피크린) 등이 있다. 보르드액, 지네브제, 수화유황제, 석회
황합제, 오소사이드 등

## (2) 살충제

말라티온 유제, 제충국 유제, 켈센유제, 스미티온(MEP) 등

---

### 📢 중간 문제 풀기

**01. 화훼식물의 병충해 예방에 관한 내용이 <u>아닌</u> 것은?**

① 발병 후 방제보다 발병 전 예방이 더 중요하다.

② 식물병과 해충에 의한 피해는 상품의 관상가치와 상품성의 저하로 연결된다 .

③ 새로운 병과 해충의 유입이 빈번해졌기 때문에 식물 검역의 역할이 매우 중요하다.

④ 화훼식물은 재배되는 종류가 다양하여 병충해에 의한 피해가 미비하다.

📖 정답 |   01 ④

Part.2

# 화훼장식 기능사 필기
## CBT예상문제

# 1회 CBT 적중예상문제

| 화훼장식 기능사 CBT 자격시험 | 수험번호 | 제한시간 60분 |
| --- | --- | --- |

## 01 다음 중 화훼의 설명으로 가장 거리가 먼 것은?

① 관상가치가 있는 초본류, 목본류, 등 모두를 포함한다.

② 기호성이 강하며, 고품질로 생산해야 한다.

③ 노동, 자본, 기술 집약성이 높고 고수익성이다.

④ 국제성이 없고 지역, 국가 간의 특징이 약하다.

해 화훼는 국제성이 높다.

## 02 다음 중 서양식 꽃꽂이에 골격을 형성하는 선형의 꽃(Line flower)으로 이용하기에 적당치 못한 형태를 갖고 있는 것은?

① 스토크　　　　② 장미

③ 아이리스　　　④ 금어초

해 장미는 뭉치꽃(매스 플라워)으로 양감이나 면을 표현하기에 적합하다.

## 03 절화상품 재료 구매 전에 하는 일 중 잘못된 것은?

① 실행예산서에 근거하여 구매계획서를 작성한다.

② 구매계획서는 매주 작성하며 웨딩 등 특별행사 시에는 별도로 작성한다.

③ 실행예산에 인건비는 포함시키지 않는 것이 원칙이다.

④ 사전에 시장조사를 하면 보다 정확한 구매계획서를 작성할 수 있다.

해 실행예산에는 절화재료, 부재료, 인건비가 포함된다.

## 04 다음 중 주로 절화용으로 사용되는 화훼류가 아닌 것은?

① 숙근안개초　　　② 극락조화

③ 칼랑코에　　　　④ 오리엔탈나리

해 칼랑코에는 주로 분화(盆花)로 이용된다.

## 05 다음 중 동양식 꽃꽂이의 특징에 대한 설명으로 가장 거리가 먼 것은?

① 공간과 선을 강조한 정적 표현의 형태이다.

② 꽃이나 나무로 한 주지를 기본 양식으로 한다.

③ 화려하고 다양한 색을 사용하기도 한다.

④ 일반적으로 기하학적인 구성으로 전체적인 형태미를 중요시한다.

해 동양꽃꽂이는 천지인의 삼재 사상에 입각하여 세 개의 주지를 중심으로 제1주지의 방향에 따라 위로 뻗는 직립형, 옆으로 기울이는 경사형, 아래로 흘러내리는 하수형이 기본형태이다. ④는 전통적인 서양꽃꽂이의 특징이다.

## 06 식물학적 분류에 대한 설명으로 **틀린** 것은?

① 종이 기본단위로 되며 속과 과의 계급이 중요하게 취급되고 있다.
② 학명은 속명과 종명으로 2명법으로 표기한다.
③ 식물의 자연분류에서 계(kingdom)는 속씨식물과 겉씨식물로 분류한다.
④ 시중에 유통되고 있는 나리는 나팔나리, 아시아틱나리, 오리엔탈나리의 3계통이 있다.

**해** 생물의 분류체계는 계＞문＞강＞목＞과＞속＞종이며, 계는 동물계와 식물계로 분류되는 가장 큰 분류단위이다.

## 07 추파 1년초이며 호랭성인 것은?

① 시네라리아　　　　② 메리골드
③ 미모사　　　　　　④ 백일초

**해** 추파 1년초는 가을에 파종하여 봄에 꽃이 피는 식물로, 대부분 온대 원산이며 추위에 강한 편이다. 시네라리아, 데이지, 프리뮬러 등이 있다. 메리골드, 백일초(Zinnia elegans, 백일홍), 미모사는 춘파 1년초로 분류된다.

## 08 다음 구근식물 중 비늘줄기인 것은?

① 아네모네　　　　　② 나리
③ 글라디올러스　　　④ 칸나

**해** 비늘줄기(인경)는 짧은 줄기 둘레에 비늘 모양의 변형 잎이 밀생하여 이루어진 땅속줄기의 하나로 나리, 백합, 튤립, 수선화, 아마릴리스 등이 인경을 지닌 구근이다.

## 09 '수천 송이의 꽃', '많은 꽃' 이라는 의미로 여러가지 질감, 색, 꽃을 한꺼번에 꽂아주는 기법으로 19세기 유럽에서 유행하는 것으로 가장 적당한 것은?

① 밀 드 플레(Mille de fleur)
② 워터폴(Water fall)
③ 비더마이어(Biedermaier)
④ 보태니컬(Botanical)

**해** 밀 드 플레는 '수천송이의 꽃', '많은꽃'이라는 의미로 많은 색상과 다양한 종류의 꽃을 방사형으로 꽂아 대칭 균형과 함께 색상과 질감의 조화를 꾀하는 유럽의 전통적인 플라워 디자인이다.

## 10 도매시장에서 절화 구입 시 절화 수명이 오래 갈 수 있는 최적 상태가 **아닌** 것은?

① 안개꽃 : 거의 모든 꽃이 개화된 상태
② 카네이션 : 약 50%정도 개화, 봉오리는 개화직전으로 풍만해 보이며 단단함
③ 거베라 : 봉오리 상태로 화색을 띠기 시작한 상태
④ 달리아 : 대부분 개화된 상태로 꽃심 부위는 녹색으로 꽃가루가 보이지 않음

**해** 거베라는 개화된 상태로 꽃심 부위는 한두 바퀴 꽃가루가 핀 것이 최적상태이다.

## 11 다음 수선화과의 문주란의 학명표기법 중 'asiaticum' 가 나타내는 것은?

Crinum asiaticum L. var. jaoinicum Baker

① 종명　　　　　　　② 속명
③ 명명자　　　　　　④ 변종명

**해** 기본적으로 학명은 이명법에 따라 속명과 종명을 차례로 이탤릭체(비스듬한 체)나 밑줄, 볼드체로 표기하고 다음에 명명자를 인쇄체(바로세운체)로 표기한다.

## 12 관엽식물류가 <u>아닌</u> 것은?

① 아네모네      ② 행운목
③ 디펜바키아      ④ 팔손이

**해** 아네모네는 구근류(괴경)로 꽃이 관상의 대상이다.

## 13 자연적인 구성형식으로 보기 <u>어려운</u> 것은?

① 장식적(Decorative) 구성
② 식물학적(Botanical) 구성
③ 식생적(Vegetative) 구성
④ 풍경식(Landscape) 구성

**해** 장식적인 구성은 식물의 자연적인 생태를 고려하지 않고 디자이너의 의도에 따라 인위적으로 구성하는 형식이다.

## 14 다음 중 잎의 부착양식이 대생하는 식물이 <u>아닌</u> 것은?

① 개나리      ② 숙근안개초
③ 거베라      ④ 용담

**해** 거베라 잎은 뿌리에 모여서 나는 근생이다.

## 15 다음 중 일반적인 식물체의 줄기 기능으로 가장 거리가 <u>먼 것</u>은?

① 식물체를 지지하는 기능
② 향기의 기능
③ 물질의 통로 기능
④ 양분 저장 기능

**해** 줄기는 식물체를 지지하고 수분과 양분의 통로 역할을 하며 양분을 저장하기도 한다.

## 16 식물의 뿌리 흡수기능이 약해져서 초세를 빨리 회복하기 위해 액체비료를 식물 지상부에 살포하려고 한다. 다음 중 시비 방법으로 적당한 것은?

① 엽면시비      ② 전면시비
③ 부분시비      ④ 이산화탄소시비

**해** 식물의 잎 앞뒤에 분무기로 뿌려주는 방법인 엽면시비가 적당하다.

## 17 다음 중 숙근초화류에 대한 설명으로 가장 적당한 것은?

① 사막이나 건조 지방에서 잘 자라며 잎이 가시로 변한 식물을 말한다.
② 영양번식으로 번식되므로 품종의 특성이 장기간 유지될 수 없다.
③ 파종 후 여러 해 동안 식물체의 전부 또는 일부가 살아남아 개화 결실하는 종류를 말한다.
④ 봄에 씨를 뿌려 그 해에 꽃을 피우며 고사하는 화훼를 말한다.

**해** 숙근초화류는 여러해살이 초화류이다.

## 18 다음 중 '다육식물'에 대한 설명으로 가장 거리가 <u>먼 것</u>은?

① 건조한 지역에서 잘 자란다.
② 사막이나 태양광선이 강한 곳에서 잘 자란다.
③ 식물체가 연약하므로 잦은 관수를 통해 유지해야 한다.
④ 주로 분화용으로 많이 이용하며 분주, 삽목 등의 영양번식을 주로 한다.

**해** 건조한 환경에서 잘 자라는 식물로 잦은 관수는 좋지 않다.

**19** 동양꽃꽂이의 기본 형태로 사용하는 용어가 <u>아닌</u> 것은?

① 직립형
② 경사형
③ 하수형
④ S자형

해 S자형은 서양 꽃꽂이 용어로 호가스 라인이라고도 한다.

**20** 우리나라 절화시장 조사 시 고려할 사항 중 사실과 다르거나 적절하지 <u>않은</u> 것은?

① 생화시장의 절화 가격은 요일에 따라 차이가 있다.
② 국내 절화시장에 수입 꽃이 들어오는 날은 월요일이다.
③ 도매시장마다 생화의 가격이나 품질에 차이가 있을 수 있다.
④ 시장조사 시 생화와 부재료는 따로 조사 정리하는 것이 좋다.

해 우리나라 꽃시장에 수입꽃이 유통되는 날은 화요일이다.

**21** 절화를 꽂는 물에 식초를 몇 방울 넣어 주는 주된 이유는?

① 꽃에 영양분을 주기 위하여
② 물을 산성화 하여 미생물의 증식을 억제하기 위하여
③ 줄기의 갈라짐을 방지하기 위하여
④ 화색을 좋게 하기 위하여

해 식초, 구연산은 물의 pH를 낮추어 미생물의 증식을 억제하고 물 흡수를 원활하게 해준다.

**22** 방사선 배열에 대한 설명으로 옳은 것은?

① 한 개의 초점에서 부채살처럼 사방으로 펼쳐지는 배열이다.
② 여러 개의 줄기가 같은 방향으로 뻗어 가는 배열이다.
③ 여러 개의 초점에서 나온 선이 각각 여러 각도 방향으로 뻗어 나가는 배열이다.
④ 교차선 배열에서 발전된 형으로 선의 흐름이 구부러지고 휘감기는 배열이다.

해 ②는 병행선배열, ③은 교차선 배열, ④는 감는선 배열에 대한 설명이다.

**23** 토양의 수분이 과다할 경우 발생하는 현상이 <u>아닌</u> 것은?

① 토양 속의 공기 함량이 감소한다.
② 통기 불량으로 뿌리가 썩는다.
③ 유기물의 분해를 촉진한다.
④ 토양 미생물의 활동을 억제한다.

해 미생물의 활동이 억제되어 유기물 분해가 어려워진다.

**24** 효과적인 상품 진열 방법으로 적합하지 <u>않은</u> 것은?

① 고객의 흥미를 유발시킬 수 있도록 진열한다.
② 상품을 품목별로 분류하여 진열한다.
③ 꽃이 핀 식물은 뒤쪽에, 잎이 큰 관엽식물은 앞쪽에 배치한다.
④ 관리요령과 가격 등을 표시한다.

해 꽃이 핀 식물은 앞쪽에, 잎이 넓은 관엽식물은 뒤쪽에 배치한다.

**25** 다음 중 한국의 분식물 장식에 대한 역사적인 설명으로 가장 거리가 <u>먼</u> 것은?

① 한국의 전통적인 분식물은 자생 목본식물이 주종을 이룬 분재나 분경이었다.
② 고려 후기에는 소나무를 비롯한 매화나무와 대나무가 주종이었다.
③ 오늘날 실내공간에서 가장 일반적으로 이용되고 있는 식물은 자생식물이다.
④ 1970년대 경제발전으로 인한 생활의 여유와 주거양식의 변화로 분식물 장식에 대한 관심이 높아졌다.

해 오늘날 실내에서 가장 널리 이용되고 있는 식물은 관엽식물이다.

**26** 다음에서 절화의 내적 품질에 해당하는 것은?

① 절화수명
② 꽃의 크기와 형태
③ 화색의 선명도
④ 줄기의 굵기

해 내적 품질은 절화 수명이며 나머지는 외적 품질이다.

**27** 소재에 따른 철사 처리법이 가장 적합하게 짝지어진 것은?

① 거베라 - 인서션(Insertiion)법
② 소국 - 크로싱(Crossing)법
③ 카네이션 - 헤어핀(Hairpin)법
④ 프리지아 - 후크(Hook)법

해 인서션법은 줄기의 속이 비었거나 약한 경우 적당한 철사 처리법으로 거베라의 경우 줄기가 약해 인서션법이 적당하다. 소국은 후킹, 카네이션은 피어싱 혹은 크로싱, 프리지아는 시큐어링법이 적합하다.

**28** 다음 중 절화보존제의 역할이 <u>아닌</u> 것은?

① 절화수명을 연장한다.
② 원래의 화색을 보존한다.
③ 에틸렌 발생을 증가시켜 피해를 준다.
④ 꽃의 개화를 돕는다.

해 절화보존제는 에틸렌 발생을 억제하여 절화 수명을 연장시켜 준다.

**29** 다음 중 배양토와 그 특징의 연결이 적당하지 <u>않은</u> 것은?

① 부엽 : 보수성, 보비력은 좋으나 약알칼리성이다.
② 피트모스 : 보수성, 보비력, 염기치환 능력이 좋다.
③ 버미큘라이트 : 규산 화합물이며, 모래의 1/15 무게이다.
④ 펄라이트 : 통기성이 좋으나 염기치환용량이 적다. 중성, 약알칼리성으로 삼목용토에 적합하다.

해 부엽토는 산성이다.

**30** 일반적으로 절화의 수분 흡수를 저해하는 원인이 <u>아닌</u> 것은?

① 절단 후 도관 중에 기포가 생겨 수분의 상승을 방해하는 것
② 박테리아, 곰팡이 등 미생물이 도관을 막는것
③ 절단면에 유액이 분비되어 절구가 굳어 버리는 것
④ 줄기의 절단면에서 물을 빨아들여 세포 팽압을 유지 하는 것

해 식물체의 세포 팽압이 유지되는 것은 절화의 줄기 절단면으로부터 물 흡수가 원활해지는 결과이다.

**31** 다음 중 에틸렌 억제와 살균 기능을 모두 갖는 것은?

① STS
② 구연산
③ 사이토킨
④ 질산암모늄

**32** 다음 중 식사용 테이블 장식에 대한 설명 중 가장 <u>부적당한</u> 것은?

① 향이 강하고 짙은 식물을 선택하여 호기심과 식욕을 유발한다.
② 좌식 테이블에서는 가능한 한 시야를 가리지 못하게 낮게 디자인한다.
③ 장식물의 부피가 테이블의 폭보다 지나치게 크지 않아야 한다.
④ 사용하는 식물, 화기 등이 다른 용도의 테이블 장식보다 특히 청결하여야 한다.

해 향이 강하거나 짙은 식물은 음식의 풍미를 떨어뜨리므로 테이블 장식은 삼간다.

**33** 꽃받침이나 씨방 또는 줄기에 철사를 직각으로 꽂고 꽃이 크고 더 무거운 경우에는 철사를+자 모양이 되게 두 개의 철로 한 번 더 처리하여 한층 안정감을 주는 기법은?

① 시큐어링법
② 트위스트법
③ 헤어핀법
④ 피어스법

해 장미, 카네이션 등의 밑받침 부위에 철사를 가로로 찔러 넣는 것으로 십자로 두 개를 찔러 넣는 경우는 크로싱 기법이라고도 한다.

**34** 핸드타이드 부케(Handtied Bouquet)로불리는 꽃다발을 제작할 때의 주의사항으로 가장 거리가 <u>먼 것은?</u>

① 묶음점 아랫부분의 줄기는 깨끗이 다듬어 준다.
② 묶음점은 굵은 철사로 단단하게 여러번 묶는다.
③ 일반적으로 줄기는 나선형으로 돌려가며 조립한다.
④ 묶음점을 단단하게 묶는다.

해 굵은 철사로 열 번 묶으면 줄기가 손상될 수 있다.

**35** 디자인의 색상, 질감, 형태의 대비를 이루면서 소재들을 종류나 질감이 유사한 것끼리 모아서 높든 낮든 하나 된 느낌으로 표현하는 방법은?

① 클러스터링
② 그루핑
③ 조닝
④ 스태킹

해 클러스터링은 주로 가치가 낮은 소재를 형태나 색상, 질감이 유사한 것끼리 모아서 빈공간 없이 덩어리로 꽂아 주는 기법이다. 클러스터링에 의해 뭉치로 밀집된 소재들은 한 송이의 특징보다는 그룹이 하나의 개체처럼 보이면서 소재의 색상이나 질감을 강조하는 효과가 나타난다. '하나된 느낌' 이 힌트이다.

**36** 각종 연회와 모임에 가장 널리 사용되고 여성용으로 가슴이나 어깨, 팔목 등을 장식하며 의복의 특성에 따라 다양한 양식으로 디자인되는 결혼식 꽃장식은?

① 코사지
② 부토니어
③ 꽃다발
④ 오브제 장식

해 원래 코사지는 여성의 상반신이나 의복에 장식하는 작은 꽃다발을 의미하였으나 오늘날에는 가슴 어깨, 목, 허리, 팔, 발목 등의 신체 부위 외에 핸드백, 모자 등에까지 사용된다. 부토니어는 신랑 등 남성의 가슴에 다는 꽃이다.

**37** 신부화를 만들때 일반적으로는 철사처리를 하게 된다. 식물을 철사처리한 후 마감으로 손잡이 부분의 미끄러짐을 방지하고 접착력을 주기위해 사용되는 재료는?

① 색철사　　　　　② 플로랄테이프
③ 라피아　　　　　④ 접착제

해 플로랄 테이프는 종이에 접착용 왁스를 가공한 것으로 접착력이 있다.

**38** 테라싱(Terassing) 기법에 대한 설명으로 틀린 것은?

① 베이싱 기법 중 하나이다.
② 동일한 소재를 계단처럼 수평으로 배치하는 기법이다.
③ 디자인 유형에서 초점지역의 바닥처리 용도로 주로 활용된다.
④ 재료를 공간이 없이 촘촘하게 사용한다.

해 테라싱 기법은 소재들 사이에 공간을 준다.

**39** 다음 웨딩 부케에 대한 설명으로 옳지 않은 것은?

① 모든 부케의 기본 형태는 원형이다.
② 캐스케이드형 부케란 상부의 원형부케와 하부의 흐름을 갈란드로 연결한 것이다.
③ 초승달형부케는 선의 흐름을 최대한 돋보이게 하고 대칭적, 자율적인 비대칭적 제작구성이 가능하다.
④ 트라이앵글형 부케는 아름다운 곡선이 돋보이는 형태이다.

해 트라이앵글형 부케는 삼각형 형태로 직선구성이다.

**40** 대기오염에 의한 식물의 피해 현상이 아닌 것은?

① 반점 현상　　　　② 조기 낙엽
② 형태 변화　　　　④ 꽃눈 형성

해 꽃눈 형성은 정상적인 현상이다.

**41** 보존화(Preserved flower) 로 제작하기에 가장 적합하지 않은 것은?

① 하이비스커스　　　② 천일홍
③ 레가토장미　　　　④ 수국

해 보존화 처리에 적합한 꽃은 꽃잎이 비교적 두텁고 겹겹으로 되어 있는 꽃이다. 꽃잎이 너무 얇거나 홑꽃인 경우 형태 유지가 쉽지 않다. 하이비스커스는 얇은 한 겹의 통꽃으로 보존화 처리가 쉽지 않다.

**42** 용기의 질감에 관한 느낌을 설명한 것으로 가장 적당한 것은?

① 플라스틱 : 매끈한 질감으로 무겁게 느껴진다.
② 유리 : 단순하고 우아하며 탁한 느낌을 준다.
③ 금속용기 : 매끈한 질감으로 현대적이며, 빈약해 보인다.
④ 나무 바구니 : 거친 질감으로 자연적인 느낌을 준다.

해 플라스틱은 매끈하고 가벼운 느낌, 유리는 단순하고 우아하며 맑은 느낌, 매끈한 금속용기는 격식을 갖춘 느낌, 부유한 느낌을 준다.

**43** 플로랄 폼(floral form)에 대한 설명 중 가장 적당한 것은?

① 물에 띄워 스스로 물을 흡수하여 가라앉도록 한다.
② 한번 꽂았던 자리에 다시 꽂을 수 있다.
③ 꽂히는 길이는 10cm이상에 깊게 꽂는다.
④ 플로랄 폼은 한번 사용한 것은 자연 건조시켜 재활용이 가능하다.

해 플로랄 폼을 강제로 물속에 밀어 넣으면 오히려 물이 잘 흡수되지 않으므로 저절로 가라앉도록 해야한다. 플로랄 폼은 한 번 꽂았다 빼면 구멍이 생겨 다시 꽂기가 어렵고, 사용한 것은 재활용도 어렵다. 소재를 꽂을 때는 3~4cm 정도 길이로 꽂는 것이 적당하다.

**44** 다음 중 압화로 만들기 쉬운 화훼장식 품은?

① 꽃꽂이
② 갈란드
③ 평면장식
④ 리스

해 압화는 눌러 건조시킨 꽃이므로 평면 장식에 적합하다.

**45** 절화의 등급 산정 기준에 해당하지 <u>않는</u> 것은?

① 뿌리의 굵기, 길이 정도와 형태의 정상 여부.
② 꽃 색의 선명도, 청결도, 조화성의 정도
③ 홑꽃, 겹꽃, 크기, 꽃잎 등 꽃 형태의 정상 여부
④ 줄기의 강도와 굵기, 길이 정도

해 절화에는 뿌리가 없다.

**46** 프리저브드 플라워 장미의 줄기를 만들어 줄 때 흔히 사용되는 철사 기법은?

① 크로싱
② 인서션
③ 트위스팅
④ 헤어핀

해 피어싱 기법, 크로싱 기법이 주로 사용된다.

**47** 다음 중 화훼장식의 육체적, 정신적 치료 효과로 거리가 <u>먼</u> 것은?

① 정서적으로 안정감을 준다.
② 녹색식물은 눈의 피로를 덜어준다.
③ 분식물의 배치는 사람들의 통행을 조절해준다.
④ 향기식물은 우울증이나 스트레스를 줄여준다.

해 분식물의 배치로 통행을 조절하는 것은 화훼장식물의 건축적 기능이다.

**48** 색의 삼속성의 하나로 색의 선명도를 나타내는 것으로 포화도라고도 하는것은?

① 명도
② 색상
③ 채도
④ 순색

해 명도는 색의 밝기, 색상은 유채색의 종류별 이름이다.

**49** 황갈색의 가벼운 종려 섬유질로 꽃들을 받쳐주기 위하여 매듭 또는 보를 만들어 단순한 뜻으로 장식하거나 부케를 둘러싼 종이를 보호하기 위해 사용되는 것은?

① 색철사
② 플로랄테이프
③ 라피아
④ 접착제

해 라피아는 야자과의 종려나무 잎에서 추출한 섬유로 화훼장식용 끈으로 많이 쓰인다.

**50** 특별한 기술이나 도구 없이 꽃을 건조시키는 방법중 가장 비용이 적게 들고 대량으로 만들수 있는 방법은?

① 동결 건조  ② 열풍건조
③ 자연 건조  ④ 실리카겔 건조

해 자연건조는 가장 일반적이고 손쉬운 방법이다.

**51** 다음 중 화훼장식의 긍정적 기능에 대한 내용으로 거리가 <u>먼</u> 것은?

① 스트레스를 줄이고 일의 효율과 창의력을 높여준다.
② 실내공간의 공기를 정화시켜준다.
③ 정서적 안정과 같은 정신적인 치료 효과를 준다.
④ 식탁 주변에 배치한 식물의 강한 향기는 식욕을 돋우는 효과가 있다.

해 강한 향기는 오히려 음식의 풍미를 잃게 하여 식욕 저하를 가져올 수 있다.

**52** 잎의 형태가 원형인 식물은?

① 소나무  ② 팬지
③ 콜레우스  ④ 한련화

해 한련화는 덩굴성 다년초로 긴 잎자루 끝에 둥근잎이 방패 모양으로 붙는다.

**53** 화분 장식토 중 점토와 물을 혼합해 고온에서 구워 부풀린 소재로 가볍고 토양의 산성화 방지, 냄새 제거의 기능이 있으며 많은 다공층으로 인해 수경재배 시 유해물질의 흡수, 흡착, 보수와 배수가 탁월한 것은?

① 바크  ② 맥반석
③ 하이드로볼  ④ 색자갈

해 환경친화적 소재인 하이드로볼에 대한 설명이다.

**54** 작품을 강조하고 지배적인 형태를 이루어 표현하는 효과가 큰 꽃으로 넓은 공간을 필요로 하는 소재로 가장 적당한 것은?

① 장미  ② 안스리움
③ 안개초  ④ 거베라

해 모양 꽃(폼 플라워)을 묻는 문제이다. 장미와 거베라는 덩어리꽃(매스 플라워), 안개초는 채우기꽃(필러 플라워)이다.

**55** 다음 중 우리나라 화훼장식에 대한 설명으로 가장 거리가 <u>먼</u> 것은?

① 우리나라의 화훼장식은 꽃꽂이로부터 시작되었다.
② 문헌이나 벽화, 조형물들을 통해 역사적인 배경을 알 수 있다.
③ 조선 시대부터 일지화, 문인화 등의 전문용어가 생겼다.
④ 한국의 화훼장식은 종교적인 배경과는 큰 관련이 없다.

해 한국의 화훼장식은 신단수에서 비롯된 수목숭배사상에서 기원하여 불전공화로 활용되었다.

**56** 플라워 디자인을 할 때 우선적으로 구체적인 용도에 맞도록 몇 가지 고려사항이 있는데 그 중 포함되지 <u>않는</u> 것은?

① 시간  ② 장소
③ 목적 및 동기  ④ 독창성

해 우선적으로 고려해야 하는 것은 시간, 장소, 목적 및 동기 이다.

**57** 유럽의 신부용 부케의 기원에서 사용된 '벼이삭'의 의미는?

① 행복　　　　　② 다산

③ 약속　　　　　④ 순종

해 벼이삭 다발을 든 것은 다산을 기원하는 의미였다.

**58** 다음 중 꽃꽂이에 이용되는 '철사'에 관한 설명중에서 거리가 <u>먼 것은?</u>

① 굵기는 홀수 번호로 표시한다.

② 번호 숫자가 클수록 가늘다.

③ 철사는 꽃의 줄기를 대신하는 용도로 이용되기도 한다.

④ 번호가 없지만, 장식용이나 고정용으로 카파 와이어, 늘림 와이어 등도 사용된다.

해 철사의 굵기는 짝수 번호로 표시된다.

**59** 결혼식장의 화훼장식을 설명하는 내용 중에서 거리가 <u>먼 것은?</u>

① 일반적으로 주례단상에는 낮고, 옆으로 긴 꽃꽂이를 한다.

② 꽃길을 따라 양측으로 꽃 기둥을 반복해서 세워준다.

③ 순결, 순수의 의미를 강조하기 위해서 흰색꽃을 사용하고 유색 꽃은 사용하지 않는 것이 원칙이다.

④ 꽃길이 시작되는 부분에 아치형 구조물을 설치하여 꽃꽂이하거나 갈란드를 만들어 부착한다.

해 유색꽃은 사용하지 않는 다는 원칙은 없으며, 실제로 유색꽃도 많이 사용되고 있다.

**60** 다음 중 건조 소재의 보존방법으로 적당하지 <u>않은</u> 것은?

① 건조하고 어두운 곳에 보관한나.

② 햇빛이 잘 닿는 곳에 걸어 놓아둔다.

③ 아크릴 상자 속에 건조제와 함께 보관한다.

④ 가능하면 피막 처리하여 보관한다.

해 건조 소재는 직사광선을 피하여 건조하고 어두운 곳에 건조제와 함께 보관하는 것이 좋다.

| 정답 | | | | |
|---|---|---|---|---|
| 01 ④ | 02 ② | 03 ③ | 04 ③ | 05 ④ |
| 06 ③ | 07 ① | 08 ② | 09 ① | 10 ③ |
| 11 ① | 12 ① | 13 ① | 14 ① | 15 ② |
| 16 ① | 17 ③ | 18 ③ | 19 ④ | 20 ④ |
| 21 ② | 22 ① | 23 ③ | 24 ① | 25 ③ |
| 26 ① | 27 ① | 28 ③ | 29 ① | 30 ④ |
| 31 ① | 32 ① | 33 ④ | 34 ② | 35 ① |
| 36 ① | 37 ② | 38 ④ | 39 ④ | 40 ④ |
| 41 ① | 42 ④ | 43 ① | 44 ③ | 45 ① |
| 46 ① | 47 ③ | 48 ③ | 49 ③ | 50 ③ |
| 51 ④ | 52 ④ | 53 ③ | 54 ② | 55 ④ |
| 56 ④ | 57 ② | 58 ① | 59 ③ | 60 ② |

새로운 출제기준반영 CBT 문제풀이

# 2회 CBT 적중예상문제

| 화훼장식 기능사 CBT 자격시험 | 수험번호 | | 제한시간 60분 |
|---|---|---|---|

## 01 다음 중 화훼원예의 주요 특징으로 가장 거리가 먼 것은?

① 종류와 품종 수가 극히 적은 편이다.
② 고도의 생산기술을 요구한다.
③ 문화 생활 수준의 향상과 더불어 발전한다.
④ 경영상 시설을 이용한 연중 집약재배를 실행한다.

해 화훼의 종류와 품종 수는 굉장히 많다.

## 02 자연 향을 오래 간직하기 위해서 말린 꽃에 향기나는 식물, 향료 등을 혼합하여 이것을 용기속에 넣어 이용하는 장식을 무엇이라 하는가?

① 포푸리　　② 리스
③ 부토니아　　④ 오브제

해 포푸리는 '향기를 담은 항아리'의 뜻으로 방향성 식물의 꽃, 줄기, 뿌리, 열매 등을 말려서 향료를 혼합 숙성시켜 용기에 넣어 이용한다.

## 03 절화 와이어링 작업에 대한 설명으로 틀린 것은?

① 인공줄기를 만들어 주는 것이다.
② 클러스터링, 밴딩, 베이싱 기법 등이 있다.
③ 디자인을 원하는 형태로 쉽게 만들 수 있게 한다.
④ 부케나 코사지에 많이 활용된다.

해 클러스터링, 베이싱 등은 디자인 기법이다.

## 04 다음 "나팔꽃"의 특성에 대한 설명으로 옳지 않은 것은?

① 한해살이 화초이다.
② 가을에 파종하는 화초이다.
③ 보통 종자로 번식한다.
④ 대체로 단일조건 하에서 개화가 촉진된다.

해 봄에 파종한다.

## 05 "미선나무"의 분류학상 해당하는 과(科)명은?

① 천남성과
② 물푸레나무과
③ 장미과
④ 차나무과

해 물푸레나무과(Oleaceae)에 속하는 우리나라 특산식물이다.

## 06 아마릴리스의 학명 표기가 바르게 된 것은?

① *hippeastrum hybridum* Hort.
② *hippeastrum Hybridum* Hort.
③ *Hippeastrum Hybridum* Hort.
④ *Hippeastrum hybridum* Hort.

해 속명과 종명은 이탤릭체나 밑줄, 볼드체로, 명명자는 인쇄체로 표기하며 속명과 명명자의 첫글자는 대문자로 표기한다.

## *07* 다음 중 관엽식물이 <u>아닌</u> 것은?

① 벤자민고무나무(Ficus benjamina L.)
② 박쥐란(Platycerium bifurcatum C.Chr)
③ 알스트로메리아(Alstroemeria cv.)
④ 엽란(Aspidistra elatior Blume)

해 알스트로메리아는 수선화과 구근류이다.

## *08* 다음 중 가을에 씨를 뿌리는 1년 초화류는?

① 시네라리아　　　　② 메리골드
③ 미모사　　　　　　④ 백일초

해 시네라리아는 추파 1년초, 메리골드, 백일초, 미모사는 춘파 1년초이다(미모사는 원산지인 브라질에서는 다년초이다).

## *09* 다음 중 암술이 꽃잎화한 것은?

① 아이리스　　　　② 나리
③ 글라디올러스　　④ 포인세티아

해 아이리스는 암술대가 세 갈래로 갈라져 꽃잎처럼 보인다.

## *10* 절화 재료 검수 시 절화 수명이 오래갈 수 있는 최적 상태로 보기 <u>어려운</u> 것은?

① 라넌큘러스는 대부분의 꽃송이가 봉오리 상태이다.
② 라일락은 대부분의 꽃송이가 봉오리 상태이다.
③ 스타티스는 거의 모든 꽃이 개화된 상태이다.
④ 수레국화는 완전 개화된 상태이다.

해 라넌큘러스는 대부분의 꽃이 개화된 상태이나 꽃 중앙은 닫혀 있고 봉오리의 경우 색상이 발현된 상태일 때가 최적 상태이다.

## *11* 다음 중 괴근(傀根, 덩이뿌리)에 해당하는 구근류(알뿌리)는?

① 수선화　　　　　② 글라디올러스
③ 칼라　　　　　　④ 달리아

해 괴근(덩이뿌리)에 해당하는 구근에는 달리아, 고구마, 라넌큘러스, 글로리오사 등이 있다. 수선화는 인경, 글라디올러스는 구경, 칼라는 괴경에 해당한다.

## *12* 다음 중 테라리움의 관리방법으로 옳지 <u>않은</u> 것은?

① 식재토양은 가볍고 소독이 잘 된 것을 사용한다.
② 유리를 통해 충분한 양의 광이 전달되지 않으므로 창가에 직사 일광이 비치는 밝은 곳에 둔다.
③ 식충식물이나 아디안툼, 프테리스와 같은 고사리류 식물이 좋다.
④ 배수층 위에 숯을 약간 깔아 주면 토양 내 발생된 유해 물질을 흡수해 줄 수 있다.

해 직사광선이 비치는 곳은 빛이 유리를 투과하여 용기 속의 온도가 급상승함으로써 식물이 고사할 수 있어 좋지 않다.

## *13* 화훼식물의 분류에 대한 설명으로 <u>틀린</u> 것은?

① 군자란은 난과 식물이다.
② 팔손이는 관엽식물이다.
③ 아이리스, 크로커스는 구근류에 속한다.
④ 숙근류는 다년생으로 자라는 것을 말한다.

해 군자란은 수선화과의 온실숙근초이다. 이름이 난과 식물과 비슷하여 오해하기 쉽다.

**14** 다음 중 아스파라거스(Asparagus)속이 <u>아닌</u> 식물의 종(種)명은?

① 미리오클라두스(Myriocladus)
② 스프링게리(Sprengeri)
③ 메이리(Meyerii)
④ 코모숨(comosum)

해 코모숨은 접란이다.


**15** 화훼의 식물학적 분류에 대한 설명으로 <u>옳지 않은</u> 것은?

① 식물학적 분류란 유연관계가 있는 공통적인 특색을 가진 종들을 같은 속으로 포함시킨다.
② 학명의 표기는 각 나라의 고유 언어로 표기한다.
③ 속명, 종명, 변종명은 이탤릭체로 쓴다.
④ 속명의 첫 글자는 이탤릭체 대문자로 쓴다.

해 학명은 라틴어나 라틴화된 언어로 표기한다.


**16** 화훼상품 재료 구매 전 구매계획서를 작성하면 좋은 점이 <u>아닌</u> 것은?

① 필요한 재료를 누락없이 구매할 수 있다.
② 예산 밖의 충동구매를 피할 수 있다.
③ 융통성과 재량을 키울 수 있다.
④ 재료 구매 시간을 절약할 수 있다.

해 구매계획서는 필요한 재료를 누락없이 구매할 수 있고, 충동구매를 피할 수 있으며 재료 구매 시간을 절약할 수 있다.


**17** 다음 중 기형화의 주요 식물과 구성상의 설명이 <u>옳지 않은</u> 것은?

① 팬지는 보통의 꽃으로 바깥쪽부터 꽃받침, 꽃잎, 수술, 암술의 순으로 배치된다.
② 백합은 꽃받침편이 꽃잎화하여 꽃잎과 공존하면서 꽃을 형성한다.
③ 안스리움은 꽃잎은 소형화 또는 정상이지만 포엽이 꽃잎화하여 눈에 띈다.
④ 튤립은 꽃잎은 소형화하고 꽃받침이 꽃잎화하여 눈에 띈다.

해 튤립은 꽃잎이 그대로 있으면서 꽃받침이 꽃잎화한 경우이다.


**18** 다음 화훼장식의 도구에 관한 설명 중 <u>옳지 않은</u> 것은?

① 절단면이 깨끗하게 잘릴 수 있는 잘 드는 칼을 사용해야 한다.
② 글루건(Glue gun)은 90℃ 정도의 온도에서 접착제로 접착할 수 있는 접착제이다.
③ 가위는 용도에 따라 꽃가위, 철사가위, 리본가위 등으로 나누며 용도에 맞게 사용해야 한다.
④ 절화 잎이나 가시를 제거하기 위해서는 잎제거기와 가시 제거기 등의 도구를 사용하면 편리하다.

해 글루건은 180℃까지 온도가 올라가므로 화상에 주의해야 한다.

## 19 플라워 샵 내부 공간에 대한 설명으로 맞지 <u>않는</u> 것은?

① 꽃을 파는 공간에는 포장지와 팜플릿을 비치한다.
② 작업 공간에는 도구와 재료들을 둔다.
③ 작업공간에는 냉장고, 싱크대, 테이블이 필요하다.
④ 작업 테이블은 가급적 낮게 하여 안정감이 있도록 한다.

해 작업 테이블은 작업자가 작업하기 편리한 높이가 좋다.


## 20 절화에 대한 당의 역할로 맞지 <u>않는</u> 것은?

① 꽃잎의 세포 팽압을 유지시킨다.
② 화색을 선명하게 한다.
③ 봉오리 개화를 촉진한다.
④ 도관 기포를 발생시킨다.

해 절화에 대한 당의 역할은 꽃잎의 세포 팽압 유지, 화색 선명, 봉오리 개화 촉진이다.


## 21 꽃 모양과 크기에 따른 꽃꽂이 소재의 4가지 구성요소 중 연결이 옳은 것은?

① Line flower - 뭉치꽃 - 장미
② Mass flower - 선 꽃 - 칼라
③ Filler flower - 채우는 꽃 - 스타치스
④ Form flower - 모양 꽃 - 소국

해 **소재의 형태별 종류**
- **라인 플라워** : 선 꽃(글라디올러스)
- **매스 플라워** : 뭉치 꽃, 덩이리 꽃(장미 등)
- **폼 플라워** : 모양 꽃, 형태 꽃(칼라, 극락조화 등)
- **필러 플라워** : 채우기 꽃(소국, 스타티스 등)


## 22 다음 중 설명이 <u>잘못된</u> 것은?

① 테라리움 : 라틴어로 흙이라는 의미의 Terra 와 용기라는 의미의 Arium의 합성어이다.
② 비바리움 : 유리 용기 속에 도마뱀, 개구리 등의 동물과 식물이 공생하는 자연의 모습을 연출한다.
③ 아쿠아리움 : 거북이, 물고기를 넣고 수생식물을 띄워 키운다.
④ 디쉬가든 : 깊이가 얕은 분에 목본 식물을 인공적으로 생장 억제시켜 축소, 묘사한 것이다.

해 디쉬가든은 주로 생육속도가 더디고 뿌리가 발달하지 않는 식물을 이용한다. 목본식물을 인위적으로 생장을 억제시켜 축소, 묘사하는 것은 분재이다.


## 23 가을 국화를 7~8월에 개화시키고자 할 때 처리해야 하는 방법은?

① 차광(遮光)처리
② 장일(長日)처리
③ 전조(電照)처리
④ 고온(高溫)처리

해 일조시간이 긴 때에 단일식물인 국화를 개화시키려면 차광처리가 필요하다.


## 24 다음 중 4℃ 저온의 냉장고에 두면 꽃잎이 퇴색되고 봉오리가 개화되지 <u>않는</u> 저온장해를 받는 화훼류는?

① 거베라                     ② 국화
③ 안스리움                   ④ 카네이션

해 열대성 식물은 저온에서 장해를 입는다. 안스리움은 7℃이하에서 장해를 입는다.

**25** 화분 밑의 배수공을 통해 물이 모세관 현상으로 스며 올라가게 하는 관수방법은?

① 점적관수　　　　② 저면관수
③ 살수관수　　　　④ 지중관수

**해** 넓은 용기에 물을 적당히 채운 후 화분을 놓아 화분 밑으로 물이 스며들어 관수가 되게 하는 방법이다.

**26** 색상이 밝고 작은 소재들은 바깥쪽에, 어둡고 무거운 소재들은 중앙을 향해 배치하여 시각적균형과 점진적 변화를 창조하는 기법은?

① 시퀀싱(Sequencing)
② 쉐도잉(Shadowing)
③ 그루핑(Grouping)
④ 클러스터링(Clustering)

**해** ② 쉐도잉 : 한 소재의 앞이나 옆에 하나를 더 꽂아 그림자가 처럼 표현하는 기법, ③ 그루핑 : 소재를 비슷한 색상이나 종류, 형태별로 그룹을 지어주는 기법, ④ 클러스터링 : 작은 꽃이나 잎들을 모아서 덩어리로 꽂아주는 기법

**27** 다음 중 수액이 다른 꽃에 해를 미쳐 따로 물올림을 하는 것은?

① 튤립
② 수선화
③ 아마릴리스
④ 포인세티아

**해** 수선화에는 독이 있으므로 다른 꽃과 분리하여 물올림한다.

**28** 일반적으로 절화의 수분 흡수를 저해하는 유관속 폐쇄의 원인으로 옳지 <u>않은</u> 것은?

① 보존제 처리한 물속 자르기
② 절단 후 도관 중에 기포 발생
③ 절단면의 유액에 의한 절구 굳음 현상
④ 미생물 증식으로 인한 도관부 폐쇄

**해** 보존제를 처리한 물속 자르기를 하면 오히려 물올림과 수명연장에 효과적이다.

**29** 절화의 노화 원인 중 관련이 가장 <u>먼</u> 것은?

① C/N율 저하
② 수분균형 불량
③ 에틸렌에 노출
④ 호흡에 의한 양분 소모

**해** C/N 율은 질소에 대한 탄소의 비율로 이것이 낮으면 개화가 잘 안 된다. 노화와는 무관하다.

**30** 실외 창가장식에 많이 이용되는 것으로 적합하지 <u>않은</u> 것은?

① 제라늄
② 아이비 제라늄
③ 말채나무
④ 아이비

**해** 말채나무는 주로 산에서 자라는 낙엽성 목본식물로 창가 장식으로는 부적합하다.

**31** 분식물 용기 중 다공질이어서 수분과 공기가 출입될 수 있어 과습을 피할 수 있고 보수성, 흡수성, 통기성이 매우 좋으나 겨울에는 동파되거나 견고하지 못하고 토양이 건조해지기 쉬운 단점이 있는 것은?

① 자기화분　　　　② 토분
③ 메탈화분　　　　④ 고무화분

해 재배 관리에 가장 적당한 토분(흙 화분)에 대한 설명이다.

**32** 식물의 식생적인 모습을 보여 주기보다는 디자이너의 의도로 소재를 자유롭게 인위적으로 구성하여 장식성이 높은 자유로운 형태를 구축하는 화훼장식의 구성형식은?

① 장식적 구성
② 식생적 구성
③ 구조적 구성
④ 선형적 구성

해 장식적 구성은 식생적 구성의 대립되는 개념으로 사용된다. 식생적 구성이 자연에 따른 구성인데 반해 장식적 구성은 식물의 자연적 생태나 특성을 고려함 없이 인위적으로 자유롭게 구성하여 장식성 높은 형태를 구축한다. 가장 오래된 구성방식이다.

**33** 20세기에 등장한 독특한 시각 예술 형태로 자연적, 추상적 어떠한 구성도 가능하며 소재의 조율에 따라 종이, 캔버스, 합판, 나뭇가지 등의 지지물을 바탕으로 이용하는 디자인 양식은?

① 리스　　　　　　② 콜라주
③ 토피어리　　　　④ 갈란드

해 콜라주는 주로 평판에 반입체적으로 여러가지 소재를 붙여서 작품을 구성한 것이다.

**34** 다음 중 머리장식물에 들어갈 꽃의 조건으로 가장 <u>부적합한</u> 것은?

① 꽃이 작고 가벼운 것
② 꽃의 키가 크지 않은것
③ 꽃의 향기가 진한 것
④ 꽃의 색과 모양이 특징이 있는것

해 향기가 너무 진한 것은 좋지 않다.

**35** 잎 비료로 왕성한 생육을 유도하고, 부족하면 잎이 연한 녹색으로 변하며 오래된 잎에서 결핍증상이 빨리 나타나는 것은?

① 인(P)　　　　　　② 질소(N)
③ 칼륨(K)　　　　　④ 망간(Mn)

해 질소질 비료는 잎 비료, 인산질 비료는 종자 비료라고도 불린다.

**36** 피트모스(Peatmoss)에 대한 설명으로 <u>옳지 않은</u> 것은?

① 초본의 식물이 습지에 퇴적되어 완전히 분해되지 않고 탄화된 것이다.
② 온대에서 퇴적되는 양이 적지만, 아한대, 한대 지역에서는 넓게 분포한다.
③ 보수성이 높고 공극이 크며 염기치환 용량이 낮은 토양이다.
④ pH 3.0~6.2 정도의 산성이다.

해 피트모스는 염기치환 용량이 높은 토양이다.

**37** 르네상스 시대는 종교적인 상징을 표현하는 화훼장식이 성행하였다. 다음 중 르네상스 시대의 대표적인 화훼장식의 형태 <u>아닌</u> 것은?

① 피라미드형
② 원추형
③ 플레미시형
④ 대칭삼각형

🔤 플레미시형은 바로크와 비슷한 시기에 종교적 박해를 피해 네덜란드와 벨기에로 옮겨온 화가들의 영향으로 나타난 것으로 많은 종류의 꽃을 화려하게 타원형으로 디자인하며, 꽃 외에도 과일, 곤충, 조개 등 장식적 효과가 있는 다른 재료를 함께 사용하기도 하였다.

**38** 철사(Wire)에 대한 설명으로 옳지 <u>않은</u> 것은?

① 꽃의 줄기를 대신하거나, 뼈대, 고정용으로 이용한다.
② 철사의 굵기는 짝수 번호로 표시된다.
③ 높은 숫자일수록 철사의 굵기가 굵어진다.
④ 녹색이나 백색의 종이가 감겨있는것과 에나멜로 가공한것, 롤드 와이어, 알루미늄 와이어 등이 있다.

🔤 높은 숫자일수록 철사의 굵기는 가늘어진다.

**39** 핸드타이드 꽃다발(Hand tied bouquet)에 대한 설명으로 옳은 것은?

① 묶음점 아래 부분 줄기에도 싱싱한 잎을 붙여둔다.
② 묶음점은 단단하게 하기 위하여 최대한 넓은 폭으로 묶는다.
③ 줄기 끝은 직선으로 자른 후 세울 수 있게 한다.
④ 줄기는 스파이럴(Spiral)또는 패럴렐(Parallel) 기법으로 제작한다.

🔤 묶은 부위 아래는 잎을 모두 제거한다. 묶음점은 가급적 좁은 폭으로 묶는 것이 좋다. 줄기 끝은 사선으로 자른다.

**40** 디자인 기법 중 수평형, 수직형이 모두 포함되어 있고 음화적인 공간이 필요하며 반사되어 보이듯 제작하고 L자형을 기본으로 하는 것은?

① 뉴 컨벤션 디자인(New convention)
② 포멀리니어 디자인(Formal linear)
③ 뉴 웨이브 디자인(New wave)
④ 필로잉 디자인(Pillowing)

🔤 뉴 컨벤션 디자인은 L자형을 기본 구조로 한다.

**41** 색에 대한 설명 중 옳지 <u>않은</u> 것은?

① 빨간색은 활력이 넘치는 색으로 따뜻하고 강한 느낌을 준다.
② 흰색은 색상환의 제일 앞에 위치하며 화훼디자인에 있어서 일반적인 색이라 할 수 있다.
③ 분홍색은 빨강에 흰색을 혼합한색으로 낭만적이고 여성스런 느낌을 준다.
④ 색상환에서 빨강과 청록은 보색관계에 있다.

🔤 흰색은 무채색으로 색상환에 나타나지 않는다.

## *42* 다음 중 먼셀 표색계의 채도에 대한 설명으로 옳지 않은 것은?

① 채도는 'C' 로 표시한다.
② 색의 선명도를 나타내는 것으로 포화도라고도 한다.
③ 채도가 높으면 색이 탁해진다.
④ 채도는 1에서 14단계로 나눠지며 색입체의 중심축에서 바깥쪽으로 멀어질수록 채도 번호는 점점 높아진다.

해 채도는 색의 3속성의 하나로 색의 선명도를 나타내며 색상의 진하고 엷음을 나타내는 포화도라고도 한다. 아무것도 섞지 않아 맑고 깨끗하며 원색에 가까운 것을 채도가 높다고 표현한다.

## *43* 용기 위에 꽃다발을 얹은 것처럼 구성한 디자인으로 줄기와 꽃이 자연스럽게 연결된 것처럼 보이도록 양쪽에서 연결하여 꽂는 디자인은?

① 대각선형(Diagonal style)
② 나선형(Spiral style)
③ 스프레이형(Spray style)
④ 수평형(Horizontal style)

해 스프레이형은 마치 꽃다발을 얹어 놓은 듯한 형태이다.

## *44* 플로랄 폼을 사용할 때 좋은 방법이 <u>아닌</u> 것은?

① 사용하기 전에 절화 보존제를 탄 물에 담근다.
② 깊은 물 속에 넣고 단시간에 위에서 누르면서 담근다.
③ 플로랄 폼이 수면 위로 0.6cm 정도 떠 있으면 충분히 젖은 것으로 본다.
④ 한번 꽂은 구멍은 메워지지 않음으로 정확한 위치에 꽂는다.

해 물 흡수시 억지로 손으로 누르면 폼 내부의 공기가 빠져나오지 못해 공기층이 형성되어 물이 제대로 흡수되지 않는다.

## *45* 다음 색채의 대비에 관한 내용 중 바르게 설명한 것은?

① 녹색과 청색은 같은 거리이지만 가깝게 느껴지고, 무채색은 유채색보다 진출되어 보인다.
② 노란색에서 빨간색까지 단파장의 색상은 따뜻한 느낌을 준다.
③ 명도가 밝으면 작게 보이고 어두우면 크게 보인다.
④ 유채색에서 노랑색이 가장 크게 보인다.

해 명도가 높으면 커 보이고, 낮으면 작게 보인다. 유채색에서는 노랑색의 명도가 가장 높아 같은 크기에서 다른 색상보다 커 보인다. 빨강 등 난색은 파장이 긴 색상이다.

## 46 병렬형(Parallel) 디자인에 대한 설명으로 틀린 것은?

① 꽃줄기들이 수직의 선들로 무한정 확장되다가 한 곳에서 만나게 되는 디자인이다.
② 규칙적으로 수평, 수직, 또는 규칙적인 대각선을 이루면서 평행으로 배치되는 디자인이다.
③ 용기 안의 서로 다른 점으로부터 뻗어 나온 디자인이다.
④ 경직되고 구조적으로 보이기는 하나 높이를 달리하면 부드러워 보인다.

해 병렬형(평행형)은 선들이 서로 만나지 않는다.

## 47 상품 진열시 바람직하지 않은 내용은?

① 상품에 필요한 초나 카드, 인조 나비 등의 장식물은 화원 안쪽에 배치한다.
② 코너마다 가격과 설명 등을 비치하여 상품 정보를 제공한다.
③ 상품성을 높이고 소비자의 욕구를 증대시켜 판매를 촉진하기 위해 VMD 기법을 활용한다.
④ 혼잡해 보이므로 화원 바깥쪽에는 상품을 진열하지 않는 것이 좋다.

해 화원 바깥 공간도 충분히 활용하는 것이 좋다.

## 48 다음 식충 식물 중 포충낭을 가지고 있는 것은?

① 네펜데스　　　　② 끈끈이주걱
③ 벌레잡이 제비꽃　　④ 파리지옥

해 네펜데스는 포충낭이 있어 벌레를 잡는다. 끈끈이주걱, 벌레잡이제비꽃은 선모가, 파리지옥은 감각모가 있는 포충엽이 벌레를 잡는다.

## 49 중국의 꽃꽂이인 차화(揷花)에 대한 설명으로 옳지 않은 것은?

① 육조 시대의 불전공화에서 시작되었다.
② 인간과 자연의 교류를 통한 천인합일의 경지를 추구했다.
③ '차화'는 꽃에 생명을 불어넣는다는 의미이다.
④ 청나라 말기에 급격히 쇠퇴하였다.

해 차화는 꽃꽂이의 의미이며, 일본의 '이케바나'가 꽃에 생명을 불어넣는다는 뜻을 지니고 있다.

## 50 다음 중 건조화에 대한 설명으로 옳지 않은 것은?

① 식물의 장식을 위한 건조 소재에는 관상가치가 높은 꽃과 잎, 줄기, 열매에 이르는 모든 부위가 가능하다.
② 자연 건조법은 건조방법 중에서 가장 특별한 기술과 재료를 요구하는 방법이다.
③ 건조에 적합한 장소는 공기의 유입과 순환이 자유로운 곳이 좋다.
④ 건조 재료는 가벼운 중량감으로 반영구적으로 사용할 수 있다는 장점을 가지고 있다.

해 자연건조는 가장 손쉬운 건조방법이다.

## 51 형 - 선적(Formal linear) 구성에 대한 설명으로 틀린 것은?

① 각 소재가 가진 형과 선을 뚜렷한 선과 각도로 대비시켜 표현하는 것을 말한다.
② 작품 소재의 종류와 양을 최소화하여 최대의 효과를 얻을 수 있는 형태이다.
③ 매스(Mass)가 되는 꽃을 길게 사용하면 작품의 선을 더욱 강조하게 되어 형태를 더 뚜렷하게 나타낼 수 있다.
④ 수직선, 수평선, 사선, 곡선을 모두 이용하여 소재의 형태를 작품에 잘 활용한다.

해 선과 형태가 각각 뚜렷하게 서로 대비를 이룰 수 있으려면 매스 플라워의 길이를 짧게 하는 것이 효과적이다.

## 52 색의 대비에 대한 설명으로 틀린 것은?

① 색상이 다른 두 색의 영향으로 인해 색상차가 크게 보이는 것이 색상대비이다.
② 면적이 커지면 실제보다 명도는 높게, 채도는 낮게 보인다.
③ 연변대비를 방지하기 위해서는 색과 색 사이에 무채색을 사용한다.
④ 옆에 있는 색과 닮은 색으로 보이는 것은 동화현상이다.

해 면적이 커지면 실제보다 명도와 채도가 모두 높게 보인다.

## 53 숯부작에 대한 설명으로 옳지 <u>않은</u> 것은?

① 주로 아래로 늘어지는 꽃이나 잎 등 덩굴성 식물을 심어 감상한다.
② 참숯을 이용해 식물을 심는 것으로 공기정화와 습도조절에 효과가 있다.
③ 착생난을 심은 경우 뿌리를 덮지 않아도 된다.
④ 수반 위에 숯을 올리고 글루건을 이용해 고정해 준다.

해 숯부작에는 아래로 늘어지는 식물보다는 난, 분재, 야생화 등을 심는다. 아래로 늘어지는 식물은 행잉 가든에 적당하다.

## 54 다음 중 영국 조지왕조 시대 때 꽃문화에 대한 설명으로 틀린 것은?

① 전염병을 예방해 준다는 향기 있는 꽃을 손에 들고 다니는 꽃다발(Nosegay)이 유행했다.
② 꽃장식이 머리, 목, 허리, 가슴 등의 몸 장식용으로도 이용되었다.
③ 길고 가는 병(Bud vase)에 꽃을 꽂거나, 테이블 중앙의 정형적인 꽃꽂이 장식이 유행하기 시작했다.
④ 꽃꽂이는 정형적인 대칭구조를 벗어나 비대칭형의 형태가 일반적이었다.

해 영국의 조지 왕조 시대에는 대칭형이 일반적이었다.

## 55 페더링(Feathering)기법에 관한 설명 중 틀린 것은?

① 코사지나 터지머지(Tuzzy-muzzy) 등과 같은 섬세한 디자인을 할 때 사용된다.
② 카네이션, 국화 등의 꽃잎을 여러장 겹쳐서 감아주는 기법이다.
③ 하나하나의 꽃과 잎이 움직이지 않도록 철사를 중심으로 단단히 감아 연결하는 기법이다.
④ 꽃의 꽃잎을 분해하여 새의 날개처럼 처리한다고 하여 붙여진 이름이다.

해 철사를 감으면 꽃잎이 상한다.

## 56 습식 플로랄 폼 사용법이 옳지 않은 것은?

① 물을 흡수시킬 때는 손으로 누르지 않는다.
② 글씨가 있는 부분이 아래로 오게 하여 사용한다.
③ 두 개 이상 겹쳐 사용하지 않는다.
④ 화기에 고정시킬 때 손가락이 들어갈 정도의 공간을 둔다.

해 글씨 부분이 위로 오게 하여 사용한다.

## 57 소재를 차곡차곡 쌓아 놓듯이 표현하는 기법은?

① 시퀀싱(Sequencng)
② 스태킹(Stackng)
③ 클러스터링(Clustering)
④ 파베(Pave)

해 장작을 쌓듯이 비슷한 소재들을 틈이 거의 없도록 차고차곡 쌓는 기법은 스태킹이다.

## 58 포장과 관련된 내용 중 적절하지 않은 것은?

① 종이 포장지는 종이의 흡습성, 유연성 등을 이용한 포장지로 보완재를 사용하여 강도를 높인 것이다.
② 포장의 기본적인 기능은 보호성, 상품성, 편리성, 심리성, 배송성이다.
③ 예전에는 판매촉진 기능에 포장의 중점을 두었으나 지금은 보호성이 더 중요해지고 있다.
④ 플라스틱 재질의 포장 폐기물은 환경문제가 되고 있다.

해 이전에는 상품 보호에 중점을 두었으나 최근에는 판매촉진 기능에 중점을 두는 추세이다.

## 59 자연과 격리된 도시에서 사무공간에 이루어진 화훼장식은 사원들의 스트레스를 줄이고 일의 효율성과 창의성을 높여 주는데 이러한 화훼장식의 기능으로 가장 적당한 것은?

① 환경적 기능
② 심리적 기능
③ 장식적 기능
④ 교육적 기능

해 직장인들의 심리적 스트레스를 풀어주는 것은 화훼장식의 심리적 기능에 해당한다.

## *60* 다음 중 화훼상품 관리 방법으로 맞지 않은 것은?

① 건조화 상품은 햇빛이 잘 드는 곳에 두어 습기로 인해 곰팡이 피는 것을 방지한다.

② 절화 상품의 상태를 최상으로 유지하기 위해서는 절화에 대한 기초지식을 갖추고 구매 고객에게도 전달하는 것이 좋다.

③ 분식물 상품은 식물의 생리적 특성을 파악하여 물, 온도, 햇빛, 통풍 등의 환경을 잘 조절해야 한다.

④ 화훼상품을 대여할 때는 상품에 맞는 환경과 관리방법, 임대기간, 하자 시 처리문제 등을 적시한 약정서를 작성한다.

[해] 건조화상품은 습기, 햇빛을 피하여 환기가 잘 되고 건조하며 직사광선이 없는 곳에 보관하는 것이 좋다.

| 정답 | | | | |
|---|---|---|---|---|
| 01 ① | 02 ① | 03 ② | 04 ② | 05 ② |
| 06 ④ | 07 ③ | 08 ① | 09 ① | 10 ① |
| 11 ④ | 12 ② | 13 ① | 14 ④ | 15 ② |
| 16 ③ | 17 ④ | 18 ② | 19 ④ | 20 ④ |
| 21 ① | 22 ④ | 23 ① | 24 ③ | 25 ② |
| 26 ① | 27 ② | 28 ① | 29 ① | 30 ③ |
| 31 ② | 32 ① | 33 ② | 34 ③ | 35 ② |
| 36 ③ | 37 ③ | 38 ③ | 39 ④ | 40 ① |
| 41 ② | 42 ③ | 43 ③ | 44 ② | 45 ④ |
| 46 ① | 47 ④ | 48 ① | 49 ③ | 50 ② |
| 51 ③ | 52 ② | 53 ① | 54 ④ | 55 ③ |
| 56 ② | 57 ② | 58 ③ | 59 ② | 60 ① |

새로운 출제기준반영 CBT 문제풀이

# 3회 CBT 적중예상문제

| 화훼장식 기능사 CBT 자격시험 | 수험번호 | 제한시간 60분 |
| --- | --- | --- |

## 01 상품 진열 시 적절하지 않은 내용은?

① 절화는 종류별, 색상별로 나누어 분류하여 꽃 냉장고에 진열한다.

② 꽃이 있는 작은 화분이나 관엽 소품 등은 화원 입구에 배치하여 생동감을 준다.

③ 분식물 코너 옆에는 가위, 분무기, 모종삽, 배양토, 빈 화분 등을 둔다.

④ 프리저브드플라워, 드라이플라워, 조화 등은 채광이 좋은 창가에 배치한다.

해 건조화, 프리저브드 플라워 등의 가공화는 빛이 직접 들어오는 곳에 두면 바스러지거나 퇴색되어 수명이 짧아진다.

## 02 결혼식에서 신랑이 사용하는 작은 꽃묶음을 무엇이라 하는가?

① 코사지　　　　② 부토니어
③ 부케　　　　　④ 스트라우스

해 작은 꽃묶음은 흔히 코사지로 불리나 신랑이 사용하는 것은 부토니어 혹은 버튼홀 플라워라 한다.

## 03 동양 꽃꽂이에 주로 사용하는 침봉에 대한 설명으로 틀린 것은?

① 핀이 촘촘하게 꽂혀 있어야 한다.

② 가능하면 안정감을 가질 무게를 선택한다.

③ 물에 오래 담가 두어도 녹슬지 않아야 한다.

④ 핀의 끝 부분은 다치지 않도록 둥글게 만든다.

해 침봉은 나뭇가지나 꽃줄기를 수반에 고정시키는 것으로 납작한 판 위에 굵고 짧은 바늘에 촘촘히 꽂아 만든 도구이다.

## 04 다음 중 기생 또는 착생식물로만 묶어진 것은?

① 틸란드시아, 석곡, 반다, 나도풍란

② 고무나무, 쉐프렐라, 디펜바키아, 남천

③ 인동덩굴, 아이비, 필로덴드론, 옥시카르디움, 마삭줄

④ 수호초, 선인장류, 유카, 테이블야자

해 틸란드시아는 나무 등에 착생하고, 석곡, 반다, 나도풍란은 착생란이다.

## 05 화환에 대한 설명으로 옳은 것은?

① 주로 꽃을 바스켓에 꽂은 모양이다.

② 장례식, 기념식, 개업식 등에 많이 쓰인다.

③ 대부분 형태는 수평형과 수직형이다.

④ 스트라우스라고도 한다.

해 화환의 주요 형태는 부채형, 원형, 스프레이형 등이다.

## 06 화훼에 대한 정의로 가장 거리가 먼 것은?

① 화훼에는 관상을 대상으로 하는 초본식물을 포함한다.
② 화훼는 이용 목적에 따라 절화식물, 분식물, 정원식물 등으로 나눌 수 있다.
③ 화훼는 목본식물을 제외한 관상용 식물을 말한다.
④ 화훼의 분류는 식물학적 분류 및 원예학적 분류 등으로 구분한다.

해 화훼(花卉)는 관상가치가 있는 초본, 목본식물을 모두 포함한다.

## 07 학명의 표기법 중 var. 의 표기에 대한 설명으로 옳은 것은?

① variety의 약자로서 재래종을 표시한 것이다.
② 변종이란 뜻이다.
③ 재래품종이란 뜻이다.
④ 새로운 명명자를 말한다.

해 라틴어 variety의 약자로서 변종을 뜻한다. v.로도 표기한다.

## 08 선형 잎(Line foliage)으로 사용하기에 적당하지 않은 것은?

① 잎새란
② 소철
③ 산세베리아
④ 아스파라거스

해 아스파라거스는 채우기 잎(Filler foliage)으로 쓰인다.

## 09 꽃을 구성하는 여러 기관 중 성숙하여 종자로 발달하는 기관은?

① 암술머리
② 화탁
③ 자방
④ 배주

해 배주(胚珠)는 배(胚)라고도 하며, 식물의 암술 일부인 씨방(자방) 속에 들어있다. 씨방은 자라 열매가 되고 배주는 종자가 된다.

## 10 L자형 꽃꽂이를 제작할 때 골격을 형성하는 소재로서 다음 중 가장 적당한 것은?

① 스프레이 카네이션
② 델피니움
③ 달리아
④ 소국

해 L자형 꽃꽂이의 골격을 형성할 수 있는 소재로는 선형 꽃(라인 플라워)이나 선형 잎이 적당하다. 델피니움, 글라디올러스, 리아트리스, 금어초, 소철, 산세베리아, 잎새란 등이 이에 해당한다.

## 11 화훼장식에서 용도별 화훼장식물의 종류로 옳은 것은?

① 화단 장식 - 꽃꽂이, 테라리움
② 분식물 장식 - 디쉬가든, 꽃바구니
③ 절화 장식 - 화환, 꽃다발
④ 분식물 장식 - 갈란드, 비바리움

해 분식물장식으로는 디쉬가든, 테라리움, 분식토피어리, 착생식물 붙이기 등이 있고, 절화장식으로는 꽃꽂이, 꽃다발, 리스(화환), 갈란드, 꽃바구니 등이 있다.

## 12 절화 재료 검수시 각 절화의 절화 수명이 오래가는 최적상태로 맞지 <u>않는</u> 것은?

① 겹꽃의 국화는 개화된 상태나 꽃심을 비롯하여 바깥쪽 꽃잎까지 꽃이 단단하다.
② 글라디올러스는 아주 일부의 꽃만 개화되고 대부분은 꽃색을 보이는 봉오리 상태이다.
③ 라일락은 대부분 개화하여 꽃잎이 열려있는 상태이다.
④ 델피니움은 화서의 대부분이 개화 상태이다.

해 라일락은 대부분 꽃이 봉오리 상태가 최적상태이다.

## 13 다음 중 주된 관상 부위가 꽃인 식물은?

① 포인세티아  　　② 안스리움
③ 스타치스  　　④ 스파티필름

해 포인세티아, 안스리음, 스파티필름의 주된 관상 부위는 꽃잎처럼 보이나 꽃잎이 아니고 포엽(불염포)이다.

## 14 절화의 도관이 막히는 경우가 <u>아닌</u> 것은?

① 물속에서 줄기 끝을 자른 경우
② 도관에 기포가 발생한 경우
③ 박테리아 등 미생물이 발생한 경우
④ 단백질, 펙틴 등 점착물이 쌓인 경우

해 물속에서 줄기를 자르면 기포 유입을 막아 도관 폐쇄를 방지할 수 있다.

## 15 화훼의 특성에 대한 설명으로 옳은 것은?

① 국제성이 높기 때문에 문화적 차이가 크게 나타나지 않는다.
② 문화수준이 낮을수록 수요가 증가하게 된다.
③ 미적인 효과는 높지만, 치료적 효과는 볼 수 없다.
④ 미적 만족을 위해 재배되는 것으로 향기, 정서 등의 가치 기준을 중요시 한다.

해 화훼는 국제성이 높고 문화수준에 따라 수요에 차이가 많이 나는 편이며 문화수준이 높을수록 수요가 증가한다. 미적인 효과와 더불어 치료적 효과도 있다.

## 16 화훼장식물 제작시 사용되는 기법의 설명으로 옳은 것은?

① 클러스터링(Clustering)기법은 소재의 형태적 특징을 포인트로 꽂는다.
② 포컬 에리어(Focal area)는 작은 꽃, 가지 또는 옅은 색 꽃을 집단으로 꽂는다.
③ 페러럴리즘(Parallelism)기법은 두 개 이상의 선들을 수평, 수직, 사선으로 배열한다.
④ 시퀀싱(Sequencing)기법은 비슷한 소재끼리 옆으로 나란히 포개나가는 방법으로 질감을 표현한다.

해 ① 클러스터링은 자잘한 소재를 집단적으로 꽂아 전체적 특징이 두드러지게 하는 기법이다.
　② 포컬 에리어는 크고 짙은 꽃을 꽂아야 시선을 끌기에 유리하다.
　④ 시퀀싱은 크기, 색상 등에 단계적 변화를 주어 리듬감이나 깊이감을 꾀하는 기법이다.

**17** 핸드타이드 부케 제작 시 일반적으로 사용되는 테크닉으로서 줄기를 나선형으로 가지런하게 배열하여 꽃과 소재의 위치와 방향을 조절하고 시각적으로도 깔끔하게 보이도록 하는 테크닉 기법은?

① 페럴렐　　　　　② 갈란드
③ 스파이럴　　　　④ 바인딩

**해** 핸드타이드 부케의 줄기 배열 방법은 스파이럴(Spiral, 나선형)과 페럴렐(Parallel, 병렬행)의 두 가지가 있다. 나선형으로 배열하는 것은 스파이럴이다.

**18** 자연적 디자인 양식이라 볼 수 <u>없는</u> 것은?

① 보태니컬 디자인(Botanical design)
② 베지타티브 디자인(Vegetative design)
③ 뉴 컨벤션 디자인(New convention design)
④ 랜드스케이프 디자인(Landscape design)

**해** 보태니컬(식물학적) 디자인과 베지타티브(식생적) 디자인, 랜드스케이프(풍경식) 디자인은 모두 자연적 디자인이다.

**19** 다음은 무엇에 대한 설명인가?

<보기>
사각형, 원형 등의 여러 가지 상자에 하트나 리스 형태의 플로랄 폼을 넣어 꽃을 꽂은 것으로 최근 플라워샵에서 시즌상품으로 많이 판매된다.

① 플라워바스켓
② 플라워박스
③ 핸드타이드부케
④ 갈란드

**해** 플라워박스에 관한 설명이다.

**20** 절화 줄기의 고정 방법으로 적합하지 <u>않은</u> 것은?

① 플로릴 폼을 이용하여 특정한 형대를 만들어낸다.
② 줄기를 얽거나 격자(Grid)를 만들어 고정한다.
③ 디자인 한 후 무거운 침봉을 이용하여 눌러준다.
④ 워터튜브나 유리관을 이용하여 필요한 곳에 배열한다.

**해** 절화 줄기 고정 방법으로는 플로랄 폼 이용, 줄기를 얽거나 격자 만들기, 철망 이용, 침봉 이용, 워터튜브 등의 이용, 라피아 등으로 묶기 등이 있다.

**21** 자생지가 온대산인 식물의 화분갈이 시기로 가장 적절한 때는?

① 낙엽이 지는 가을철
② 생장이 완료되어 휴면이 시작되기 전
③ 겨울철 휴면기간
④ 휴면이 끝나고 생장 직전

**해** 온대산 분식물의 화분갈이 시기는 겨울의 휴면이 끝나고 생장이 시작되기 직전인 봄철(3~4월)이 좋다.

**22** 동양식 꽃꽂이에서 작품의 크기를 결정하는 주지(主枝)는?

① 1주지　　　　　② 2주지
③ 3주지　　　　　④ 4주지

**해** 작품의 크기를 결정하는 주지는 1주지이다.

**23** 양지성 식물을 음지에서 재배했을 때 나타나는 현상은?

① 잎이 작아진다.
② 줄기 길이가 짧아진다.
③ 단위 면적당 잎의 수가 적어진다.
④ 꽃의 색상이 짙어진다.

해 양지식물을 음지에서 키우면 잎이 커지고 엽록소가 늘어나며 마디와 마디 사이(절간)가 길어지고 단위 면적당 잎의 수가 줄어들며 꽃의 향기와 색상은 옅어진다.

**24** 글씨리본에 많이 사용되는 공단 리본에 대한 설명으로 틀린 것은?

① 골지라고도 부른다.
② 부드럽고 광택이 있다.
③ 고급스럽고 화려한 느낌을 준다.
④ 오염이 되기 쉽다.

해 골지는 가는골이 있는 리본이다.

**25** 절화의 생리를 이용한 수명연장 방법 설명 중 옳은 것은?

① 노화를 막기 위하여 상온저장한다.
② 시드는 것을 막기 위하여 70% 이하의 상대습도를 유지한다.
③ 저장양분의 소모를 최소화하기 위하여 암흑상태로 저장한다.
④ 실내인공조명 하에서 관리한다.

해 온대산 절화는 1~5℃, 열대원산 절화는 8~15℃ 정도의 저온에 저장하고, 상대습도는 80~85% 정도로 유지해 주어야 노화를 지연시킬 수 있다. 절화도 광합성을 위해 조명이 필요하다.

**26** 관수 요령에 대한 설명으로 틀린 것은?

① 관수 전에는 손으로 배양토를 만져 본다.
② 겨울철에는 오전 중에 관수하는 것이 좋다.
③ 대부분 식물에서는 배양토 위에 관수한다.
④ 물을 조금씩 여러 번에 나누어 자주 준다.

해 관수는 겉흙이 말랐을 때 주며 보통 봄, 가을에는 1~2일 1회 오전 9~10시경, 여름에는 하루에 아침, 저녁으로 2회, 겨울에는 식물과 재배환경에 따라 다르지만, 일주일에 1회 정도 오전 10~11시 경 따뜻한 날에 준다. 물을 줄 때는 한꺼번에 충분히 주어야 한다.

**27** 꽃잎이나 넓은 잎을 바느질하듯 철사를 꿰어 주는 방법은?

① 루핑기법　　　　　② 소잉기법
③ 트위스팅기법　　　④ 헤어핀기법

해 소잉기법은 꽃잎이나 넓은 잎을 바느질하듯 철사를 꿰어주는 방법이다.

**28** 웨딩 부케의 제작 순서로 가장 적합한 것은?

① 신부에 대한 정보 파악 → 선호도와 디자인 파악 → 전문가로서의 의견 제시 → 디자인 결정 → 제작 → 상품전달
② 신부에 대한 정보 파악 → 전문가로서의 의견 제시 → 선호도와 디자인 파악 → 제작 → 상품전달
③ 디자인 결정 → 신부에 대한 정보 파악 → 전문가로서의 의견 제시 → 선호도와 디자인 파악 → 제작 → 상품전달
④ 전문가로서의 의견 제시 → 선호도와 디자인 파악 → 신부에 대한 정보 파악 → 디자인결정 → 제작 → 상품전달

해 디자인 결정에 있어 신부 체형과 선호도를 파악하는 것이 우선이며, 그 다음으로 디자이너는 전문가로서의 자신의 의견을 제시하는 것이 바람직하다.

## 29  에틸렌 피해 증상이 <u>아닌</u> 것은?

① 꽃잎의 청색화
② 꽃잎 탈리
③ 꽃잎 말림
④ 꽃잎의 잿빛 곰팡이병

해  잿빛곰팡이는 에틸렌에 의해서 생기는 것은 아니고, 주로 통풍이 불량하거나 고온 다습한 환경에서 발생한다. 유통 과정에서도 감염 될수 있으므로 주의를 요한다.

## 30  암흑 상태에 계속 보관하면 잎의 황화가 가장 빨리 촉진되는 것은?

① 카네이션　　　② 거베라
③ 장미　　　　　④ 국화

해  절화를 어둠 속에서 보관할 경우 단일식물인 국화가 장일식물이나 중성식물보다 잎이 빨리 누렇게 되는 성질이 있다.

## 31  관리에 편리한 분화류 모아심기의 요령으로 옳은 것은?

① 연약한 식물만 골라 심는다.
② 여러 가지 다양한 식물을 골고루 심는다.
③ 생육 정도가 빠른 것만 골라 심는다.
④ 환경 조건이 비슷한 것을 골라 심는다.

해  여러 종류의 분화를 모아 심을 때는 환경조건이 비슷한 것을 심어야 관리하기가 편리하다.

## 32  형-선적(Formal-liner) 구성에 대한 설명으로 <u>틀린</u> 것은?

① 소재가 가진 형과 신을 뚜렷한 선과 각도로 대비시켜 표현하는 것을 말한다.
② 작품 소재의 종류와 양을 최소화하여 최대의 효과를 얻을 수 있는 형태이다.
③ 매스(Mass)가 되는 꽃을 길게 사용하면 작품의 선을 더욱 강조하게 되어 형태를 더 뚜렷하게 나타낼 수 있다.
④ 수직선, 수평선, 사선, 곡선을 모두 이용하여 소재의 형태를 작품의 잘 활용한다.

해  선과 형태가 각각 뚜렷하게 서로 대비를 이룰 수 있으려면 매스 소재의 길이를 짧게 하는 것이 효과적이다.

## 33  핸드타이드 부케(Hand tied bouquet)에 대한 설명으로 <u>틀린</u> 것은?

① 다양한 꽃과 소재의 줄기가 모이는 점을 중심으로 나선형으로 가지런하게 배열하여 묶어준다.
② 줄기를 잘라 세웠을 때 반듯하게 설 수 있도록 하여 증정받은 후 바로 용기에 꽂을 수 있도록 한다.
③ 꽃의 줄기를 잘라 철사로 대체하여 줄기를 마음대로 구부릴 수 있게 한 뒤 배열하여 묶어준다.
④ 핸드타이드 부케 제작 시 줄기를 모으는 방법은 두 가지가 있다.

해  핸드타이드 부케는 자연 줄기를 그대로 살리는 내추럴 스템 방식으로 제작된다. 철사로 대체하지 않는다.

## 34 품질관리를 위한 수확 후 처리방법에 대한 설명으로 <u>틀린</u> 것은?

① 모든 절화는 끓는 물에 수초간 기부를 담그는 열탕처리가 수명연장에 가장 효과적이다.
② 절화는 온도가 높으면 호흡량이 많아지므로 가능한 저온에 보관한다.
③ 절화에 STS처리는 은(Ag)이온이 에틸렌 작용을 억제하기 때문에 효과가 있다.
④ 미생물을 증식하여 절화의 도관을 막으면 수분 흡수가 억제되므로 미생물의 증식을 억제시킨다.

**해** 모든 절화에 열탕처리가 효과적인 것은 아니다. 열탕처리는 숙근안개초, 국화, 스토크, 금어초, 캄파눌라, 부바르디아 등에 효과적이다.

## 35 우리나라 분식물 장식의 역사로 <u>틀린</u> 것은?

① 문인, 문객들의 문집에 수록된 시에서 그 흔적을 찾아 볼수 있다.
② 고려 말기 자수병풍에서 분식물을 찾아볼 수 있다.
③ 한국의 전통적인 분식물은 매화나무나 소나무 등 자생 목본식물이 주종을 이룬다.
④ 홍만선의 산림경제에는 노성을 비롯한 만년송 등에 대한 내용을 수록하고, 어울리는 수형, 분토에 이끼를 생겨나게 하는 요령 등이 소개되어 있다.

**해** 분토에 이끼를 생겨나게 하는 요령 등은 박세당의 색경증집에 나와 있다.

## 36 빨강색 카네이션과 몬스테라 잎으로 어버이날 테이블 장식을 하려고 할 때 어떤 종류의 꽃을 더하는 것이 가장 효과적이겠는가?

① 형태(Form) 꽃
② 덩어리(Mass) 꽃
③ 선형(Line) 꽃
④ 채우기(Filler) 꽃

**해** 채우기꽃을 사용하여 빈 공간을 메워주는 것이 가장 효과적이다.

## 37 바인딩에 대한 설명으로 옳은 것은?

① 기능적인 목적보다는 특수한 요소를 강조할 때 사용한다.
② 밀짚이나 옥수수 다발 등과 같은 다량의 소재를 함께 묶는 기법이다.
③ 장식적인 목적과 동시에 수직적 표현을 하기 위한 것이다.
④ 세 줄기 이상의 많은 줄기를 함께 묶고, 끈으로 소재가 지탱되게 하는 기법이다.

**해** 바인딩은 기능적인 결합을 목적으로 묶는 것이고 밴딩은 특수 요소를 강조하기 위해 장식적으로 묶는 것이다.

## 38 꽃바구니 절엽 기초작업에 관한 설명으로 <u>틀린</u> 것은?

① 플로랄 폼을 가릴 수 있다.
② 디자인 형태를 잘 만들기 위해서이다.
③ 꽃바구니의 안 쪽부터 꽂는다.
④ 절엽의 길이는 대체로 같게 해 준다.

**해** 꽃바구니의 바깥 부분부터 꽂아준다.

**39** 다음 중 절화의 수명이 짧아지는 원인이 <u>아닌</u> 것은?

① 수분 부족
② 박테리아 번식
③ 체내 양분 소모
④ 호흡량 감소

해 호흡량이 감소하면 양분 소모가 줄어들어 오히려 수명을 연장할 수 있다.

**40** 잎의 기공이 주로 하는 일은?

① 흡수 작용
② 광합성 작용
③ 증산 작용
④ 분해 작용

해 주로 잎의 뒷면에 위치한 기공에서는 광합성이 필요한 이산화탄소를 흡수하고 산소를 배출하는 작용과 수증기를 내보내는 증산작용을 한다.

**41** 식공간 연출(Table decoration)에 적합하지 <u>않은</u> 꽃은?

① 색이 진한 꽃
② 색이 연한 꽃
③ 계절감이 있는 꽃
④ 향기가 진한 꽃

해 테이블 장식에서 화훼장식은 계절감이 느껴지는 꽃이 좋으며 향기가 진한 꽃은 음식의 풍미를 잃게 하므로 피하는 것이 좋다.

**42** 그리스어인 흐르다(Rheo)에서 유래한 말이며 유사한 요소가 반복 배열됨으로써 시각적 인상이 강화되는 미적 형식 원리는?

① 균형　　　　② 조화
③ 리듬　　　　④ 강조

해 유사한 요소가 반복 배열되면 율동감을 느낄 수 있다.

**43** 화훼장식의 디자인 원리 중 비례에 대한 설명으로 <u>틀린</u> 것은?

① 자연에서 식물의 꽃, 잎, 가지의 배열 등은 황금분할에 해당하는 것이 많다.
② 황금분할은 유클리드에 의해 알려진 이상적인 비율이다.
③ 주 그룹, 대항 그룹, 보조 그룹의 크기는 8:3:5의 비율이 적절하다.
④ 비례는 전체 구성에 대한 부분 구성의 비율을 나타낸다.

해 그루핑에서 주 그룹, 대항 그룹, 보조 그룹의 크기는 8 : 5 : 3의 비율이 적절하다.

**44** 플라워 샵의 고객관리카드에 포함될 내용으로 적합하지 <u>않은</u> 것은?

① 고객이 주로 구매하는 화훼상품의 종류
② 고객이 구매한 화훼상품이 관리되는 공간
③ 고객의 화훼상품 관리 습관
④ 고객이 알아야 할 일반적인 화훼상품 관리법

해 플라워 샵의 고객관리카드에는 일반적으로 알고있는 것은 기록할 필요가 없다.

**45** 이집트 시대(BC.2800~28) 화훼장식의 특징을 알 수 있는 단어가 <u>아닌</u> 것은?

① 반복　　　　　② 단순함
③ 명쾌함　　　　④ 우아함

해 고대 이집트의 화훼장식은 소재를 단순하게 반복적으로 사용하였지만 세련되고 명쾌한 느낌을 준다.

**46** 테이블 장식물을 제작할 때 유의할 사항이 <u>아닌</u> 것은?

① 행사의 장소 확인이 필요하다.
② 테이블의 모양과 크기를 확인한다.
③ 좌식, 입식은 고려하지 않는다.
④ 행사장의 분위기에 통일성 있는 구성이 되도록 한다.

해 좌식인지 입식인지도 파악하여 고려하여야 한다. 좌식인 경우 테이블 장식물을 높게 하면 좌석 상대방의 시야를 가리게 되어 좋지 않다.

**47** 서양의 화훼장식 역사 중 종교적 상징성이 강한 한 송이 백합이나 긴 원추형의 좌우대칭 디자인 및 삼각형, 원형 등을 형태를 주로 사용하던 시대는?

① 고대 로마　　　② 비잔틴 시대
③ 중세 시대　　　④ 르네상스 시대

해 르네상스 시대는 밝고 다양한 꽃들을 풍성하게 장식하였으며 좌우 대칭형의 긴 원추형 디자인과 타원형, 삼각형, 원형 등의 디자인이 제작되었고 마돈나 릴리라는 한송이 백합을 화기에 꽂기도 하였다. 백합은 성모를 상징하였다.

**48** 강조에 대한 설명으로 <u>틀린</u> 것은?

① 작품 전체의 통일감을 주면서 특정 부분을 강하게 표현하는 것이다.
② 다른 작품과 대비를 이룰 때 이루어진다.
③ 디자인에서 필수적인 요소이며 디자인의 크기, 모양에 상관없이 한 개만 존재한다.
④ 디자인의 일부로 남아 있어야 한다.

해 작품의 크기, 모양에 따라 강조점이 한 개 이상일 수도 있고 모든 디자인에 강조점이 꼭 있어야 하는 것도 아니다.

**49** 화훼장식 디자인 원리에 대한 설명으로 <u>틀린</u> 것은?

① 전체를 구성하는 부분 사이의 조화를 창조하기 위한 것이다.
② 디자인 원리는 절대적인 규칙과 법칙에 따라 이루어진다.
③ 디자인의 원리는 기준으로서의 가치를 지닌다.
④ 디자인 원리들은 독립적으로 나타나는 것이 아니고 상호 보완적인 관계를 갖고 형식적이나 감각적 요소의 영향에 의해 총체적으로 나타난다.

해 디자인 원리는 절대성을 가진 것은 아니다. 한 작품 내에서 여러 디자인 원리가 상호 보완적으로 작용한다.

**50** 화훼장식의 역할에 대한 설명으로 가장 거리가 <u>먼</u> 것은?

① 아름다운 실내 공간을 만들어준다.
② 꽃과 식물이 있는 공간은 휴식공간으로 제공된다.
③ 식물은 산소를 흡수하고 이산화탄소를 방출함으로써 공기를 정화해 준다.
④ 화훼장식은 사람들을 불러 모으는 역할을 한다.

해 식물은 이산화탄소를 흡수하고 산소를 방출하여 공기를 정화한다.

**51** 압화 제작에 관한 설명으로 **틀린** 것은?

① 누름건조 시 적색 꽃은 짙게 변색되므로 주의한다.
② 압화본드에 의해 압화가 변색될 수 있으므로 주의한다.
③ 압화시 식물이 부서지지 않도록 일정 기간 수분을 공급한다.
④ 팬지와 같은 납작한 꽃이 압화 제작에 좋다.

해 수분이 제거되어야 건조되어 부패하거나 곰팡이가 생기지 않는다.

**52** 다음 중 일반적인 음식테이블에 사용될 수평형 센터피스의 수평의 길이와 높이의 비율로 가장 적당한 것은?

① 4 : 1
② 2 : 3
③ 1 : 2
④ 3 : 4

해 앞 사람의 시야를 가리지 않고 안정감을 주는 4 : 1 정도의 비율로 제작하는 것이 가장 적당하다.

**53** 생화와 비교할 때 인조화의 특징이 **아닌** 것은?

① 장식 시 물이 필요 없고 수명이 장기간 유지된다.
② 보관과 운반, 관리가 편리하여 다양하게 이용된다.
③ 색상과 꽃의 크기, 모양을 자유자재로 이용 가능하다.
④ 색채가 아름답고 신선감과 생동감이 있다.

해 인조화는 신선감과 생동감은 부족하다.

**54** 화훼장식의 기능과 관련된 내용으로 가장 거리가 **먼 것은?**

① 공간을 장식하는 기능이 있다.
② 화훼장식물은 보는 사람의 마음을 즐겁게 하는 심리적 기능이 있다.
③ 복잡한 현대 생활에 지친 몸과 마음을 치료하여 주는 기능이 있다.
④ 화훼장식에 필요한 소재를 구하기 위해 꽃과 가지를 자르기 때문에 자연파괴 기능이 있다.

해 화훼장식 기능으로는 장식적 기능, 심리 및 치료적 기능, 건축적 기능, 환경적 기능, 경제적 기능, 교육적 기능 등이 있다.

**55** 색채의 조화에서 배색을 하기 위한 조건으로 가장 거리가 **먼 것은?**

① 유행을 고려하지 않는 배색이 되어야 한다.
② 목적과 기능에 맞는 배색이 되어야 한다.
③ 색의 심리적인 작용을 고려해야 한다.
④ 주관적인 배색은 배제해야 한다.

해 조화로운 배색의 화훼장식이 되도록 하려면 목적이나 환경에 맞고 색의 심리적 작용 색의 이미지와 계절색, 유행색 등을 고려하여 배색하여야 한다.

**56** 다음 중 채도가 가장 높은 색은?

① 순색
② 회색
③ 백색
④ 흑색

해 채도는 색의 순수도 선명도로 순색의 채도가 가장 높다. 무채색은 채도가 없다.

## 57 화훼장식의 리본 용도로 적당하지 <u>않은</u> 것은?

① 묶는 용도
② 보우 제작용
③ 글씨를 쓰는 메시지 전달용
④ 꽃 보호용

## 58 조선 시대 분식물 장식과 관련된 문헌이 <u>아닌</u> 것은?

① 산림경제
② 동국이상국집
③ 양화소록
④ 임원십육지

해 동국이상국집은 고려 시대 이규보의 문집이다. 분재에 대해 읊은 시가 수록되어 있다.

## 59 화훼장식의 시각적 균형에 대한 설명으로 <u>틀린</u> 것은?

① 무게 중심을 기준으로 좌우의 무게가 시각적으로 동일해야 한다.
② 중심을 기준으로 좌우의 식물 소재의 종류는 반드시 동일하지 않아도 무방하다.
③ 매우 안정적이고 차분한 분위기를 표현한다.
④ 좌우의 무게가 실제로 같아야 한다.

해 좌우의 물리적 무게가 같아야 하는 것은 아니다. 색채, 질감, 형태가 같은 디자인 요소의 적절한 배열로 인해 시각적으로 느껴지는 무게가 같으면 된다.

## 60 색상과 그 효과가 바르게 나열된 것은?

① 빨강 : 주목성이 높고 시인성(Color visibility)도 우월하다.
② 주황 : 주목성은 노랑에 비하여 낮으나 생리적 영향은 중성으로 안전색이다.
③ 파랑 : 생리적으로 중성이며 고귀, 우아, 평안, 신비 등을 연상할 수 있다.
④ 보라 : 생리적으로 혈압을 낮추고 냉담, 평정, 소극, 진실 등을 연상할 수 있다.

해 주목성이 높은 순서는 빨강, 주황, 노랑이고, 빨강은 시인성도 높다. ③, ④의 파랑과 보라는 서로 설명이 바뀌어 있다.

| 정답 | | | | |
|---|---|---|---|---|
| 01 ④ | 02 ② | 03 ④ | 04 ① | 05 ② |
| 06 ③ | 07 ② | 08 ④ | 09 ④ | 10 ② |
| 11 ③ | 12 ③ | 13 ③ | 14 ① | 15 ④ |
| 16 ③ | 17 ③ | 18 ③ | 19 ② | 20 ③ |
| 21 ④ | 22 ① | 23 ④ | 24 ① | 25 ④ |
| 26 ④ | 27 ② | 28 ① | 29 ④ | 30 ④ |
| 31 ④ | 32 ③ | 33 ③ | 34 ① | 35 ④ |
| 36 ④ | 37 ④ | 38 ③ | 39 ④ | 40 ③ |
| 41 ④ | 42 ③ | 43 ③ | 44 ④ | 45 ④ |
| 46 ③ | 47 ④ | 48 ③ | 49 ② | 50 ③ |
| 51 ③ | 52 ① | 53 ④ | 54 ④ | 55 ① |
| 56 ① | 57 ④ | 58 ② | 59 ④ | 60 ① |

새로운 출제기준반영 CBT 문제풀이

# 4회 CBT 적중예상문제

| 화훼장식 기능사 CBT 자격시험 | 수험번호 | | 제한시간 60분 |
|---|---|---|---|

## 01 다음 중 화훼상품관리 방법으로 맞지 않는 것은?

① 건조화 상품은 습기를 방지하기 위해 햇빛이 잘 드는 곳에 노출하여 보관하는 것이 좋다.
② 절화상품의 상태를 최상으로 유지하기 위해서는 절화에 대한 기초지식을 갖추고 구매고객에게도 전달하는 것이 좋다.
③ 분식물 상품은 식물의 생리적 특성을 파악하여 물, 온도, 햇빛, 통풍 등의 환경을 잘 조절해야 한다.
④ 화훼상품을 대여할 때는 상품에 맞는 환경과 관리 방법, 임대기간, 하자 시 처리문제 등을 적시한 약정서를 작성한다.

해 건조화상품은 습기, 햇빛을 피하여 환기가 잘되고 건조하며 직사광선이 없는 곳에 보관하는 것이 좋다.

## 02 화훼장식에 사용되는 철사에 관한 설명으로 틀린 것은?

① 화훼장식 디자인에 사용하는 철사는 무게와 지름의 크기에 따라 다양한 규격을 가지고 있다.
② 화훼장식용 철사는 표준 규격의 수치가 높을수록 철사의 굵기는 굵어진다.
③ 너무 굵은 철사를 사용하면 재료를 손상시키고 너무 가는 철사를 사용하면 지지 역할을 제대로 못 하게 된다.
④ 재료를 받쳐서 제자리에 지탱시킬 수 있는 범위 내에서 가장 가는 철사를 사용하는 것이 좋다.

해 표준규격의 수치가 높을수록 철사의 굵기는 가늘어진다.

## 03 화훼장식에서 건조용 소재의 설명으로 틀린 것은?

① 국내에서 가장 많이 이용된 건조 소재는 다래덩굴이다.
② 건조화는 꽃에만 국한되지 않고 꽃, 잎, 줄기, 뿌리, 나무껍질, 버섯, 이끼 등이 이용되고 있다.
③ 수분이 적고 꽃잎과 줄기가 딱딱하여 건조 후 변형이 잘되지 않는 절화를 채집한다.
④ 홍화, 밀, 양귀비는 열매를 건조 소재로 이용한다.

해 홍화는 꽃을 건조 소재로 이용한다.

## 04 다음 절화의 형태분류 중 필러 플라워(filler flower)에 속하지 않는 것은?

① 카스피아
② 안개초
③ 공작초
④ 안스리움

해 안스리움은 폼 플라워(모양 꽃)이다.

## 05 뿌리의 형태와 기능에 관한 설명으로 틀린 것은?

① 뿌리는 수염뿌리와 덩이뿌리로 나눌 수 있다.
② 뿌리에서 흡수된 양분과 수분은 목부를 통해 줄기와 잎으로 운반된다.
③ 체관은 양분을 잎에서 뿌리로 수송한다.
④ 괴경은 뿌리가 비대하여 양분 저장기관으로 변태한 것이다.

해 괴경(덩이줄기)은 땅속줄기가 비대하여 양분저장기관으로 변태한 것이다. ④는 괴근에 대한 설명이다.

## 06 종자를 파종한 그 해에 꽃을 피우며 열매를 맺고 고사하는 생활사를 가진 식물이 <u>아닌</u> 것은?

① 루드베키아　　　　② 팬지
③ 맨드라미　　　　　④ 데이지

**해** 맨드라미(춘파), 팬지, 데이지(추파)는 1년초이나 루드베키아는 다년생 식물이다.

## 07 다음 중 아스파라거스(Asparagus)속이 <u>아닌</u> 식물의 종(種)명은?

① myriocladus　　　② sprengeri
③ meyerii　　　　　④ comosum

**해** Chlorophytum comosum(접란)

## 08 상품 가격 책정법 중 표준비 가격책정법에 대한 설명은?

① 가격을 결정하는 가장 손쉬운 방법으로 각 품목의 도매가를 기준으로 책정한다.
② 경영비, 상품의 원가, 순이익의 합이 판매액 100%와 같은 수치이다.
③ 일반적인 절화상품은 원가의 3~5배 수준에서 이윤을 책정한다.
④ 순이익을 가격 책정의 한 요소로 포함시키는 가격책정법이다.

**해** 표준비 가격책정법은 운영비, 노동비, 이윤을 고려하여 각 품목의 도매가를 기준으로 융통성 있게 가격을 책정하는 방법이다.

## 09 다음 중 화훼의 특징을 잘못 설명한 것은?

① 높은 재배기술이 필요한 작물이다.
② 국제성이 상당히 높은 작물이다.
③ 대표적인 분산작물이다.
④ 종과 품종이 많고 다양하다.

**해** 화훼는 토지, 노동 자본의 집약작물이다.

## 10 화훼의 이용형태 중에서 생산 화훼에 관한 설명으로 틀린 것은?

① 생산화훼는 영리를 목적으로 절화, 절엽, 절지, 분화, 종묘, 화단묘, 구근을 생산하고 공급하는 것이다.
② 절엽은 꽃장식에 있어서 배경식물로 이용하기 위해 잎을 자른 것을 말한다.
③ 한국에서는 분화 종묘, 구근 등의 생산 비율이 높지만 유럽과 미국에서는 절화의 생산 비율이 높은 편이다.
④ 분화는 식물체를 용기에 심어서 판매하는 형태로 식물을 기르는 것을 말한다.

**해** 한국에서는 절화 생산 비율이 높고 유럽이나 미국에서는 분화, 종묘, 구근 등의 생산 비율이 높다.

## 11 절화상품 용기에 대한 설명으로 <u>틀린</u> 것은?

① 유리용기는 값이 싸고 들기에 편하다.
② 플라스틱은 값이 싸고 깨지지 않는 것이 장점이다.
③ 바스켓은 들기에 편하고 운반이 쉽다.
④ 도자기는 고급스러운 느낌을 준다.

**해** 절화상품용기 중 플라스틱은 값이 싸고 깨지지 않는 것이 장점이고, 바스켓은 들기 편하고 운반하기 쉽고 도자기는 고급스러운 느낌을 준다.

## *12* 다음 중 관엽 식물에 대한 설명으로 <u>틀린</u> 것은?

① 잎이 넓거나 크고 독특한 무늬가 있어 주로 잎을 보고 감상하는 식물이다.

② 대부분 열대지방이 원산으로 추위에 약하다.

③ 그늘에서 잘 자라고 연중 푸른 잎을 감상할 수 있다.

④ 공기가 건조해도 잘 자라며 시기적으로 휴면이 있는 장점이 있다.

해 관엽식물은 건조한 환경보다는 대부분 고온다습한 환경을 좋아하므로 자주 엽상관수를 해 주는 것이 좋다.

## *13* 생화인 절화 줄기의 고정방법이 <u>아닌</u> 것은?

① 격자(Grid)  ② 침봉
③ 글루프토  ④ 철망

해 글로포트는 글로스틱을 녹이는 기구이다.

## *14* 화훼상품 제작을 위한 작업지시서에 관한 내용 중 적절하지 <u>않는</u> 것은?

① 제작 방법, 재료의 종류, 상품 크기, 색상 등 제작에 필요한 사항이 기재된다.

② 제작된 상품의 배송이나 거래 등 제작과 관련 없는 업무는 기재하지 않는 것이 원칙이다.

③ 디자인의 형태 및 제작상의 유의사항을 명확하고 자세하게 기재한다.

④ 필요에 따라 상품 도면, 상세도, 시제품 사진 등을 첨부할 수 있다.

해 배송이나 거래 등 제작과정과는 직접 관련은 없더라도 제작 상품과 관련된 다른 업무사항도 기재할 수 있다.

## *15* 꽃바구니에 대한 설명을 맞지 <u>않는</u> 것은?

① 물이 새지 않도록 비닐 작업을 철저히 한다.

② 꽃을 꽂을 때 꽃이 필 수 있는 공간을 염두에 둔다.

③ 꽃바구니 손잡이가 보이지 않도록 풍성하게 꽂는다.

④ 원형, 수평형, 병렬형 등의 형태로 디자인한다.

해 손잡이 부근으로 꽃이 올라오지 않도록 하여야 잡고 운반하기 좋다.

## *16* 절화의 물올림 방법으로 적절하지 <u>않은</u> 것은?

① 물속에서 재절단하며 재절단 시 가위보다 예리한 칼을 사용한다.

② 같은 종 또는 같은 품종 단위로 동일한 용기에 넣고 물올림 시킨다.

③ 유액이 나오는 줄기는 재절단 후 끓는 물에 수 초간 담근다.

④ 수분 흡수를 좋게 하기 위해서 줄기 끝을 수평으로 절단한다.

해 수분의 흡수 면적을 넓히기 위해 줄기를 사선으로 자른다.

## *17* 압화의 재료로 사용하기 <u>어려운</u> 꽃은?

① 주름이 많은 꽃

② 색이 선명한 꽃

③ 꽃잎의 수분함량이 적은 꽃

④ 구조가 간단하고 꽃잎이 작은 꽃

해 주름이 많은 꽃은 압화 소재로서 부적당하다.

**18** 얇게 비치는 반투명 소재로 가볍고 매우 섬세한 리본으로 부케에 사용하면 고급스러운 것은?

① 벨벳      ② 오간디
③ 피코트      ④ 자가드

해 오간디는 얇게 비치는 반투명 소재로 가볍고 매우 섬세한 리본으로 부케에 사용하면 고급스럽다.

**19** 식물의 생장 형태 혹은 앞으로 생장하게 될 형태를 사실적으로 표현하는 조형 형태로 옳은 것은?

① 식생적 구성      ② 장식적 구성
③ 형 - 선적 구성      ④ 도형적 구성

해 식물이 생장하는 모습을 사실적으로 표현하는 조형형태는 식생적 구성이다.

**20** 에틸렌 발생의 요인으로 거리가 <u>먼 것</u>은?

① 시든 절화
② 익어가는 과일
③ 질병에 감염된 분식물
④ 저온

해 식물체 내의 에틸렌은 고온에서 발생하기 쉽다.

**21** 웨딩 부케를 제작할 때 가장 중요하게 고려해야 할 사항은?

① 신부화이므로 화려하게 제작하는 것이 원칙이다.
② 가볍고 들기 쉽게 만들어야 한다.
③ 멋스럽고 크게 만드는 것이 좋다.
④ 신부의 체형보다도 예식장 전체 분위기에 맞게 하는 것이 좋다.

해 웨딩 부케는 들기 쉽고 가벼워야 하며 신부의 체격과 체형을 우선 고려하여 제작한다.

**22** 절화의 줄기 끝을 비스듬히 자르는 이유는?

① 물 흡수 면적을 최대한 넓히기 위해서
② 기포 발생을 줄이기 위해서
③ 도관이 막히는 것을 예방하기 위해서
④ 세균 증식을 막기 위해서

해 비스듬히 자르면 물을 흡수하는 면적이 넓어진다.

**23** 수직적인 디자인의 주소재로 가장 어울리는 것은?

① 스킨답서스      ② 개나리
③ 말채      ④ 스마일락스

해 말채는 줄기가 곧은 나무로 수직성 소재이다.

**24** 고전적 형태의 하나로 양 끝이 서로 이어지려는 듯이 곡선과 공간의 균형이 아름다우며 동적인 느낌을 주는 디자인은?

① 나선형      ② 초승달형
③ 수직형      ④ 둥근형

해 초승달(크레센트)형을 묘사한 것이다.

## 25 실내정원을 구성할 때 사용되는 인공토양에 관한 설명으로 옳은 것은?

① 펄라이트(Perlite)는 화강암 속의 흑운모를 1,100℃ 정도의 고온에서 수증기를 가하여 팽창시킨 것이다.
② 버미큘라이트(Vermiculite)는 황토와 톱밥을 섞어서 둥글게 뭉쳐 고온 처리한 것이다.
③ 하이드로볼(Hydro ball)은 진주암을 870℃정도의 고온으로 가열하여 팽창시켜 만든 백색의 가벼운 입자로 만든 것으로 무균상태이다.
④ 피트모스(Peatmoss)는 습지의 수태가 퇴적하여 만들어진 것으로 유기질 용토이다.

해 ① 버미큘라이트에 대한 설명이다. ② 하이드로볼에 대한 설명이다. ③ 펄라이트에 대한 설명이다.

## 26 시큐어링(Securing)기법을 바르게 설명한 것은?

① 사용한 철사가 약하거나 짧을 때 더욱 단단하게 보강하기 위해 사용하는 방법
② 꽃의 약한 줄기를 보강해 주거나 줄기를 구부릴 때 그 줄기를 보강하기 위해 사용하는 방법
③ 와이어 줄기를 한 개로 하는 방법으로 굵은 와이어의 끝을 갈고리 모양으로 구부려서 줄기에 따라 감아 내린 방법
④ 씨방이나 꽃받침 부분의 줄기에 철사를 직각이 되게 찔러 넣고 두 가닥이 되게 구부리는 방법

해 시큐어링 기법은 약한 줄기를 보강하거나 줄기나 잘 구부러지도록 줄기에 철사를 덧대어 감아주는 기법이다.

## 27 절화장식에 속하는 것은?

① 콜라주(Collage)
② 테라리움(Terrarium)
③ 디쉬가든(Dish garden)
④ 비바리움(Vivarium)

해 테라리움, 디쉬가든, 비바리움은 분식물 장식이다. 콜라주는 평면에 입체적인 생화, 장식용 건조 소재 등을 반평면적으로 배치하여 표현하는 장식물이다.

## 28 화훼류의 개화 조절 방법에 속하지 않는 것은?

① 춘화 처리(Vernalization)
② 생장조절제 처리
③ 전조 또는 차광
④ 멀칭(Mulching)

해 멀칭은 농작물이 자라고 있는 땅에 작물을 보호하고 지표면의 침식 방지나 잡초의 번식을 억제하기 위해 짚을 깔거나 비닐 따위로 덮는 것을 말한다.

## 29 분식물의 용기에 대한 설명으로 틀린 것은?

① 용기는 배수구가 있는 것이 관수·관리하기 용이하다.
② 일반적으로 키가 큰 식물은 낮고 넓은 용기가 적절하다.
③ 배수구가 있는 용기는 물받침이 충분하지 않으면 바닥에 물이 넘칠 수 있어 주의한다.
④ 배수구가 없는 용기는 관찰용 파이프를 묻어 용기 바닥의 물을 관찰해 준다.

해 키가 큰 식물은 깊은 용기에 심는 것이 좋다.

## 30 하나로 묶어서 결합시키는 기법이 <u>아닌</u> 것은?

① 바인딩(Binding)
② 래핑(Wrapping)
③ 그루핑(Grouping)
④ 밴딩(Banding)

**해** 그루핑은 비슷한 종류, 색 질감, 형태의 소재들을 분량을 나누어 그룹으로 배치하는 디자인 기법으로 묶는 기법이 아니다.

## 31 화훼상품 배송에 필요한 지식과 가장 관련이 <u>적은</u> 것은?

① 배송 시스템에 관한 지식
② 화훼상품 유통 취급 기준
③ 화훼상품 소비자 욕구
④ 소비자보호법 관련 조항

**해** 화훼상품 소비자 욕구는 배송과 관련이 없다.

## 32 분식물 장식에 대한 설명으로 <u>틀린</u> 것은?

① 테라리움(Terrarium)은 밀폐된 용기 속에 식물을 심고 연못을 만들어 거북이나 물고기를 넣어 키우는 것이다.
② 디쉬가든(Dish garden)은 용기에 키가 작고 생육속도가 느린 식물을 심는 분식물 장식이다.
③ 걸이분(Hanging basket)은 바구니를 비롯한 가벼운 용기에 식물을 심어 매달아 키우는 형태이다.
④ 수경재배(Hydro culture)는 토양 대신 식물을 지지할 수 있는 배지와 물을 넣어 재배하는 것을 말한다.

**해** 테라리움은 밀폐 혹은 반밀폐된 투명 용기에 흙을 넣고 습한 환경에 강한 식물을 심어 키우는 것이다.

## 33 장미를 신속하게 말리고 자연스러운 색상을 더욱 잘 보존시켜 주기 위해 사용하는 건조법은?

① 자연 건조
② 실리카겔 건조
③ 열풍 건조
④ 탄화 건조

**해** 실리카겔 건조는 매몰 건조법으로 건조 후 수축, 변색 및 형태 변화가 적다. 열풍 건조는 60~80℃의 열풍 건조기로 신속히 말리는 방법으로 소재에 따라 색상 변화에 차이가 심하다. 붉은 장미의 경우 50℃ 이상의 온도에서 건조하면 검은색으로 변한다.

## 34 다음 중 항굴지성이 가장 잘 나타나는 절화는?

① 스프레이 국화
② 거베라
③ 글라디올러스
④ 장미

**해** 글라디올러스, 금어초 등은 눕혀 놓으면 초장 끝이 하늘을 향해 굽는 현상이 나타난다(항굴지성).

## 35 식물 소재의 손질 방법으로 <u>틀린</u> 것은?

① 구입한 절화소재에서 시들거나 손상된 부위의 꽃잎과 잎은 제거하고 잎이 너무 무성하면 솎아준다.
② 절화 줄기나 나뭇가지 아랫부분의 잎은 깨끗하게 제거한다.
③ 비슷한 길이의 서로 평행으로 자란 나뭇가지는 모양이 좋으므로 가지를 자르지 않고 잘 살리는 것이 좋다.
④ 대칭으로 자란 잔가지는 번갈아 쳐내어 공간을 살리는 것이 좋다.

**해** 비슷한 길이로 서로 평행인 가지들은 화훼장식에 사용하기에는 좋은 모양이 아니므로 한 가지는 잘라주는 것이 좋다.

## 36 동양식 꽃꽂이를 위한 화기의 크기가 너비 40cm×높이 5cm일 때 제1주지의 표준 길이로 가장 적절한 것은?

① 약 30~40cm  ② 약 45~65cm
③ 약 70~90cm  ④ 약 95~105cm

해 동양 꽃꽂이에서 제1주지는 화기의 너비와 높이를 합친 길이의 1.5~2배가 적절하다.

## 37 절화의 관리에 대한 설명으로 틀린 것은?

① 줄기가 절단될 때 공기가 도관 속으로 들어가 도관을 막아 줄기를 통한 물의 정상적인 이동이 방해되는 꽃은 물속 절단이 좋다.
② 박테리아와 곰팡이와 같은 미생물이 줄기 기부에 침입하여 번식하면서 도관이 막혀 시드는 경우도 있으므로 물통을 깨끗하게 유지한다.
③ 장미 잎은 기부로부터 가능한 많은 엽수를 남기는 것이 저장양분을 많이 보유할 수 있으므로 수명 연장에 효과적이다.
④ 가위보다는 날카로운 칼로 줄기를 자르면 줄기의 상처를 줄여 도관을 막는 미생물의 증식을 줄일 수 있다.

해 잎이 물속에 잠기면 미생물이 발생하여 도관을 막을 수 있으므로 기부 쪽의 잎은 제거하여 주어야 한다.

## 38 볏단, 밀짚다발, 옥수수대 등을 이용하여 같은 재료 또는 비슷한 재료를 단단히 묶는 기법은?

① 조닝(Zoning)
② 시퀀싱(Sequencing)
③ 번들링(Bundling)
④ 테라싱(Terracing)

해 볏짚 등을 다량으로 다발로 묶는 것은 번들링이다.

## 39 화분 중 모양이 아름답고 견고하며 직사광선을 받아도 온도의 변화가 적어 뿌리의 생육에는 좋으나 통기성이 나빠 관수를 자주 하면 습해를 받을 우려가 있는 것은?

① 자기화분  ② 플라스틱화분
③ 마블화분  ④ 옹기화분

해 관상 가치를 높이고자 사용하는 자기 화분에 대한 설명이다.

## 40 원형의 빽빽한 디자인 중앙에 긴 소재들을 꽂아 불꽃처럼 표현하는 전통적 디자인은?

① 캐스케이드  ② 비더마이어
③ 피닉스  ④ 트라이앵글러

해 캐스케이드는 폭포형이며 트라이앵글러는 삼각형이다.

## 41 절화보존용액의 효과로 거리가 먼 것은?

① 절화의 관상기간을 연장시킨다.
② 절화의 물올림을 원활하게 해준다.
③ 조기 채화된 봉오리의 개화를 돕는다.
④ 절화의 색상과 향기를 증진시킨다.

해 절화보존액은 절화의 수명을 연장시켜 주고 착색증진 효과는 있지만 향기까지 증진시킬 수 있는 것은 아니다.

## 42 검은색과 노란색을 사용하는 교통표지판은 색채의 어떠한 특성을 이용한 것인가?

① 색채의 연상
② 색채의 이미지
③ 색채의 명시성
④ 색채의 심리

해 색채의 명시성(시인성)이란 어떤 색이 그 배경 및 주위와의 관계에서 선명하게 보이는 정도를 말한다.

**43** 화훼장식의 주재료인 생화는 지속시간이 짧은 단점을 가지고 있다. 이 단점을 보완할 수 있는 것은?

① 콜라주        ② 종이
③ 건조화        ④ 염색화

**해** 생화를 건조시킨 건조화는 반영구적으로 보존할 수 있는 장점이 있다.

**44** 다음 중 비대칭적인 균형을 가장 효과적으로 나타낼 수 있는 디자인은?

① 라운드        ② 초승달형
③ 원추형        ④ 다이아몬드형

**해** 초승달형이나 호가스라인은 비대칭적 균형을 나타내기에 적합하며 라운드형, 원추형, 다이아몬드형은 대칭적인 디자인들이다.

**45** 현대의 꽃꽂이에 대한 설명으로 옳은 것은?

① 일제 강점기의 잔재로 전통 꽃꽂이가 계승되지 못했던 시절이 있었다.
② 세계화의 추세로 전통적인 꽃꽂이가 완전히 없어졌다.
③ 서양식 디자인의 도입으로 소재는 다양해졌으나 형태적인 다양성을 이루지 못하고 있다.
④ 오늘날의 화훼장식은 실용적인 의미보다는 화도(花道)로서의 의미가 더 크다.

**해** 전통적인 동양 꽃꽂이는 한때 단절되기도 하였으나 지금은 계승·발전되고 있다. 서양식 디자인의 도입으로 소재뿐 아니라 디자인 형태도 다양해졌다. 오늘날의 화훼장식은 화도로서의 의미보다는 실용적 의미가 더 크다.

**46** 화훼장식 소재와 표면구조의 특성으로 옳게 짝지어진 것은?

① 안스리움 - 나무와 같은
② 팬지 - 금속과 같은
③ 클레마티스 열매 - 솜털 같은
④ 아킬레아 - 실크와 같은

**해** ① **안스리움** : 금속 같은 광택이 나고 딱딱한 질감
② **팬지** : 실크와 같이 부드러운 질감
③ **아킬레아** : 거친 질감

**47** 고객의 상품관리법에 관한 질의에 대한 대비나 대처방법으로 적절하지 <u>못한</u> 것은?

① 화훼상품의 특성에 따른 관리 메뉴얼을 만들어 매장 내 비치한다.
② 화훼상품 관리법을 충분히 숙지하여 즉각 답변할 수 있도록 한다.
③ 고객이 궁금해하는 것을 잘 파악하고 성심껏 답변하고 신뢰를 준다.
④ 잘 모르는 것에 대해서는 일반적인 관리요령으로 대신한다.

**해** 잘 모르는 것에 대해서는 솔직하게 잘 모르겠다고 하고 알아보고 알려주겠다고 하는 것이 좋다.

**48** 화훼장식 정의와 가장 거리가 <u>먼</u> 것은?

① 식물을 주 소재로 시간, 장소, 목적에 적합한 아름다운 조형물을 설치하는 것이다.
② 화훼장식의 넓은 의미는 화훼장식물을 유지 및 관리하는 영역도 포함된다.
③ 식물에 인간의 창의력이 첨가된 조형예술이다.
④ 화훼장식은 식물 생명의 유한성이 배제된 조형예술이다.

**해** 화훼장식은 식물 생명의 유한성과 시간의 흐름에 따른 식물의 변화과정을 고려하여 조형·관리한다.

**49** 유럽의 절화장식에서 꽃의 자연건조나 누름건조, 꽃그림 그리기, 조개, 왁스, 깃털, 구슬 등으로 조화를 만드는 기술이 교육되었던 시기로 옳은 것은?

① 르네상스 시대　　② 빅토리아 시대
③ 바로크 시대　　④ 영국 조지 시대

해 빅토리아 시대는 꽃 문화의 육성기로 절화장식 외에도 건조화나 조화의 제작, 조화제작교육 등이 이루어졌다.

**50** 황금비율을 가장 바르게 나열한 것은?

① 8:4:1　　② 8:5:1
③ 8:5:3　　④ 8:6:3

해 황금비율은 3 : 5 : 8···이다.

**51** 다음과 같은 고려사항이 요구되는 화훼장식의 조형 형태는?

<보기>
• 세 개의 서로 다른 크기의 그룹(주, 역, 부)으로 구성되는 비대칭적 질서가 일반적이다.
• 자연에서 보듯 생장점(출발점)이 종종 화기 안에서 한 점 또는 그 이상 있는 듯이 보인다.
• 꽃의 가치효과와 운동성, 색상, 용기선택 등을 고려해야 한다.

① 식생적(Vegetative) 구성
② 장식적(Decorative) 구성
③ 형 - 선적(Formal - linear) 구성
④ 병행적(Parallel) 구성

해 식생적 구성에 대한 설명이다. 식생적 구성은 1950년 대에 독일을 중심으로 일어난 유러피언 스타일로 자연에서의 식생 형태를 중시한다.

**52** 매장 형태에 따른 상품 진열에 대해 잘못 설명한 것은?

① 폐쇄형 매장은 독립된 공간으로 자유로운 디스플레이가 가능하다.
② 개방형 매장은 화원 전체가 진열장이라고 할 수 있다.
③ 섬형은 화원에서 적용하기 좋은 가장 세련되고 바람직한 진열 방식이다.
④ 반개방형은 커튼 등으로 화원의 일부분을 가린 형태이다.

해 섬형은 진열한 것을 사방에서 볼 수 있도록 한 형태로 아케이드나 지하 광장 등에서 볼 수 있다. 가장 세련되고 바람직한 진열방식은 계절별, 행사별로 주제를 정해 창가에 진열하는 테마형 창가 진열이다.

**53** 다음 색생환에서 유사색상배색을 나타낸 것은?

① 
② 
③ 
④ 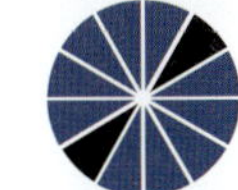

해 ①은 동일색상 배색, ③은 보색 배색, ④는 인접보색 배색을 나타낸 것이다.

## 54 디자인에 대한 설명으로 옳은 것은?

① 빨간색 장미와 주황색 극락조화를 오렌지색 화기에 디자인하면 분열 보색 조화를 꾀할 수 있다.
② 디자인 주류를 이루는 색에 대립되는 색을 사용하여 강렬한 느낌을 줄 수 있는데, 이때 대립되는 색의 분량이 주조색 만큼 되어야 그 효과를 볼 수 있다.
③ 식물을 이용한 질감의 변화는 빛과 그림자를 혼합하면서 디자인에 변화와 깊이를 부여한다.
④ 비슷한 질감의 소재를 적절히 혼합하여 조화를 얻을 수 있고 다양한 질감, 상반되는 질감을 배열하여 통일감을 얻을 수 있다.

**해** ① 분열 보색 조화가 아니라 유사색 조화를 꾀하는 방법이다.
② 대립되는 색의 분량은 주조색보다 훨씬 적어야 한다.
④ 다양한 질감, 상반되는 질감의 배열은 통일감이 아니라 대비감을 줄 수 있다.

## 55 다음 설명은 화훼장식의 기능 중 어느 부분에 속하는가?

<보기>
공기 중의 오염 물질을 흡수하여 공기를 정화시키며 구분을 방출하여 습도를 조절해 주고 전자파 차단과 방음 효과가 있다.

① 치료적 기능
② 심리적 기능
③ 환경적 기능
④ 건축적 기능

**해** 공기 정화와 습도 조절, 전자파 차단 등은 환경적 기능이다.

## 56 리듬을 만드는 방법에 해당하지 않는 것은?

① 색의 규칙적인 반복 사용
② 같은 형태의 꽃을 반복 사용
③ 색의 연계(Transition)
④ 이질적인 색을 동일 양으로 사용

**해** 리듬을 만드는 방법으로는 색, 형태, 질감, 선의 반복이나 점진적인 변이(Gradation) 등이 있다.

## 57 액체 글리세린 건조법에 대한 설명으로 틀린 것은?

① 건조된 재료의 저장에 폴리에틸렌 필름을 사용한다.
② 수분이 글리세린으로 교환되어 좋은 질감과 유연함을 갖는다.
③ 수분흡수 능력이 있는 계절에 이용 가능하다.
④ 글리세린의 농도와 처리시간에 따라서 색깔에 차이가 있다.

**해** 액체 글리세린 건조법은 글리세린을 물로 희석한 용액에 절엽이나 절지, 절화 등을 담그거나 흡수시킨 후 건조시키는 것으로 저장 시에는 밀폐 상자에 넣거나 실리카겔 등의 방습제를 같이 넣어 보관하는 것이 좋다.

## 58 조선 시대의 화훼장식과 관련이 없는 것은?

① 산림경제의 양화편
② 성소부부고의 병화인
③ 수덕사 대웅전의 수화도
④ 오주연문장전산고의 당화병화변증설

**해** 수덕사 대웅전의 수화도는 고려 시대 벽화 작품이다.

## 59 건조화에 대한 설명으로 **틀린** 것은?

① 전시방법, 장소, 위치에 덜 구애받는다.

② 쉽게 부패되는 소재는 방부제 처리를 해준다.

③ 꽃이 만개하였을 때 건조하는 것이 효과적이다.

④ 보관시에는 햇빛을 적게 받는 곳에 둔다.

해 꽃이 만개한 경우 건조과정에서 꽃잎이 떨어질 수 있으므로 약간 덜 핀 상태에서 채화하는 것이 좋다.

## 60 고객 관리를 위한 내용 중 좋은 방법이라고 볼 수 <u>없는</u> 것은?

① 상담일지, 주문서에 기록된 내용을 바탕으로 고객카드를 작성한다.

② 고객카드 기입은 가급적 상담자나 책임 플로리스트가 직접 한다.

③ 고객카드를 활용하여 고객의 각종 기념일에 이벤트를 제공한다.

④ 구매금액이나 횟수에 따라 단계별 리스트를 만들어 활용한다.

해 고객카드 기입은 고객이 직접 하도록 요청하는 것이 좋다.

| 정답 | | | | |
|---|---|---|---|---|
| 01 ① | 02 ② | 03 ④ | 04 ④ | 05 ④ |
| 06 ① | 07 ④ | 08 ① | 09 ③ | 10 ③ |
| 11 ① | 12 ④ | 13 ③ | 14 ② | 15 ③ |
| 16 ④ | 17 ① | 18 ② | 19 ① | 20 ④ |
| 21 ② | 22 ① | 23 ③ | 24 ② | 25 ④ |
| 26 ② | 27 ① | 28 ④ | 29 ② | 30 ③ |
| 31 ③ | 32 ① | 33 ② | 34 ③ | 35 ③ |
| 36 ③ | 37 ③ | 38 ③ | 39 ① | 40 ③ |
| 41 ④ | 42 ③ | 43 ③ | 44 ② | 45 ① |
| 46 ③ | 47 ④ | 48 ④ | 49 ② | 50 ③ |
| 51 ① | 52 ③ | 53 ② | 54 ③ | 55 ③ |
| 56 ④ | 57 ① | 58 ③ | 59 ③ | 60 ② |

새로운 출제기준반영 CBT 문제풀이

# 5회 CBT 적중예상문제

| 화훼장식 기능사 CBT 자격시험 | 수험번호 | 제한시간 60분 |
| --- | --- | --- |

## 01
덩어리 꽃(Massflower)으로 작품의 중심에 꽂는 데 많이 이용하는 꽃은?

① 안스리움　　　　　② 안개초
③ 수국　　　　　　　④ 프리지어

해 수국은 자잘한 꽃이 덩어리를 이루어 매스 플라워로 분류되며 양감 표현에 많이 쓰인다.

## 02
다음 중 낮 시간이 밤 시간의 길이보다 짧을 때 꽃이 피는 단일성 식물이 <u>아닌</u> 것은?

① 포인세티아　　　　② 페튜니아
③ 코스모스　　　　　④ 칼랑코에

해 페튜니아는 장일성 식물이다. 단일성 식물에는 포인세티아, 코스모스, 칼랑코에, 국화, 나팔꽃, 프리뮬러 등이 있다.

## 03
다음 중 일반적으로 열매가 자주색으로 나타나는 식물은?

① 피라칸타　　　　　② 백량금
③ 남천　　　　　　　④ 좀작살나무

해 피라칸타, 백량금, 남천은 붉은색 열매가 달린다.

## 04
투명 포장재로서 목재 펄프의 섬유를 가성소다 등으로 화학처리 한 것으로 인쇄가 용이하고 착색이 자유로우며 포장작업이 용이하고 먼지가 잘 묻지 않는 장점이 있으나 방습 효과가 적고 건조시 파손되기 쉬운 것은?

① 크라프트지　　　　② 골판지
③ 셀로판지　　　　　④ 부직포

해 내용물 보호성이 뛰어난 셀로판지에 대한 설명이다.

## 05
절화를 자를 때 사용하며 줄기의 물리적 손상이 적으며 수분흡수가 유리한 장점이 있는 도구는?

① 플로리스트 나이프
② 꽃가위
③ 와이어 가위
④ 핑킹가위

해 가장 예리하게 절단하여 줄기 손상을 최소화할 수 있는 도구는 칼이다.

## 06  화훼상품 포장방법으로 <u>틀린</u> 것은?

① 우천 시에는 비에 젖지 않도록 포장용 방수비닐 포장을 한다.
② 혹한기에는 냉해를 입지 않도록 보온과 방풍이 가능한 이중 포장을 한다.
③ 혹서기에는 셀로판지로 포장하거나 박스 포장의 경우 환기구를 내어준다.
④ 내한성이 좋은 드라세나류, 필로덴드론 등은 혹한기에도 특별한 포장없이 운반 가능하다.

해  드라세나류, 필로덴드론은 내한성이 약하여 10~15℃에서 월동한다. 혹한기 운반시 방한, 방풍 포장이 필요하다.


## 07  화훼장식 디자인에서는 외관적인 특성이나 영향력 등에 따라 식물을 분류하는데, 꽃의 형태별 분류로 <u>잘못</u> 연결된 것은?

① Line flower - 글라디올러스, 금어초, 델피니움
② Mass flower – 장미, 수국, 국화
③ Form flower - 극락조화, 리아트리스, 프리지아
④ Filler flower - 스타치스, 카스피아, 안개꽃

해  리아트리스는 라인 플라워, 프리지아는 필러 플라워에 속한다.


## 08  다음 중 여러해살이 식물인 것은?

① 나팔꽃
② 맨드라미
③ 국화
④ 과꽃

해  국화는 다년생 식물, 나팔꽃, 맨드라미, 과꽃은 춘파 1년초이다.


## 09  생산화훼의 용도별 분류와 그에 사용되는 식물의 연결로 옳지 <u>않은</u> 것은?

① 절화 - 스마일락스, 글라디올러스
② 절엽 - 동백, 몬스테라
③ 절지 - 조팝나무, 개나리
④ 분화 - 포인세티아, 아잘레아

해  스마일락스는 절엽으로 이용된다.


## 10  다육식물로만 나열된 것은?

① 꽃잔디, 원추리, 국화
② 크로톤, 드라세나, 옥잠화
③ 바위솔, 알로에, 용설란
④ 관음죽, 종려, 벤자민

해  다육식물은 줄기와 잎이 다육화되어 다량의 수분을 함유하고 있어 건조한 곳에서 생육할 수 있는 식물로 용설란, 돌나물, 바위솔, 칼랑코에, 알로에, 꽃기린, 꿩의비름 등이 있다.


## 11  꽃 냉장고 사용법에 대한 설명으로 맞지 <u>않는</u> 것은?

① 냉장고 안 온도는 봄가을은 9~11도, 겨울에는 6~8도가 적당하다.
② 꽃은 70~80%정도 개화된 후 꽃 냉장고에 보관하는 것이 좋다.
③ 냉장고 안 습도는 85~90% 정도가 적당하다.
④ 많은 양의 꽃을 밀착시켜 보관하는 것은 좋지 않다.

해  꽃 냉장고 내 습도는 60~80%가 적당하다.

**12** 다음의 자생화류 중에서 걸이화분 (Hanging basket)용으로 적합한 것은?

① 도라지　　　　　② 죽절초
③ 산호수　　　　　④ 범부채

**해** 걸이분으로 적합한 식물은 아래로 늘어지는 식물이다. 아이비, 싱고니움, 스킨답서스, 산호수, 러브체인 등이 많이 이용된다.

**13** 절화보존제의 주성분이 <u>아닌</u> 것은?

① 살균제　　　　　② 살충제
③ 당류　　　　　　④ 생장조절제

**해** 절화보존제에는 살균제, 당류, 에틸렌작용 억제제 (AOA,STS 등), 생장조절제, 산도조절제(구연산, 황산 알루미늄 등), 습윤제(Tweeen80) 등이 들어있다. 살충제는 관계가 없다.

**14** 축하용으로 사용되는 화훼장식이 <u>아닌</u> 것은?

① 부토니어　　　　② 코사지
③ 부케　　　　　　④ 디스플레이

**해** 디스플레이는 작품이나 물체를 전시 공간에 구성, 배치하여 돋보이게 하는 것으로 상업적인 용도로 많이 이용된다.

**15** 다음 중 붉은 줄기를 소재로 이용하는 식물로 가장 적당한 것은?

① 미국미역취　　　② 흰말채나무
③ 글라디올러스　　④ 스토크

**해** 흰말채나무는 줄기가 붉은색이다

**16** 장식적으로 잘라낸 정원수로부터 유래한 것으로 장대 위에 구형으로 디자인한 장식은?

① 돔형　　　　　　② 토피어리형
③ 원추형　　　　　④ 밀 드 플레

**해** 토피어리는 정원수를 다듬는 것에서 유래하였다.

**17** 다음 중 두 개 이상의 소재 줄기를 묶어서 줄기끼리 기계적으로 고정하는 기법은?

① 밴딩　　　　　　② 클러스터링
③ 래핑　　　　　　④ 바인딩

**해** 밴딩은 장식적으로, 바인딩은 기능적으로 묶는 것이다.

**18** 토양 수분의 과잉 장해 현상과 관련된 내용으로 가장 거리가 <u>먼 것</u>은?

① 세포의 비대생장이 억제된다.
② 뿌리의 활력이 떨어진다.
③ 식물이 도장한다.
④ 토양 내 미생물의 활동이 억제된다.

**해** 토양 수분이 과잉되면 공기가 부족하여 뿌리의 활력이 떨어지고 토양 내 미생물의 활동이 약화된다. 식물이 도장(키만 웃자라는 것) 하기도 한다.

**19** 분화식물의 신선도를 유지하기 위한 조치이다. 맞지 <u>않는</u> 것은?

① 잎의 먼지나 이물질을 수시로 닦아준다.
② 관수를 자주 해준다.
③ 분갈이한 경우 잎을 솎아 준다.
④ 잎 표면의 광택을 위해 우유로 닦아준다.

**해** 관수는 식물의 종류나 계절에 따라 적절한 횟수가 있다.

## 20 절화의 수명과 품질에 대한 설명으로 가장 적당한 것은?

① 절화의 수명에 가장 근본적인 영향을 미치는 것은 수분이다.
② 절화를 저장하는 장소의 상대습도는 품질과 수명에 영향을 주지 않는다.
③ 절화의 품질과 수명은 수확의 전처리와는 상관 없다.
④ 절화를 저장할 때 절화 주위의 온도는 영향을 주지 않고 식물체 내의 온도만 관여한다.

해 절화의 수명에 가장 큰 영향을 주는 것은 도관을 통해 흡수하는 수분이다. 이 외에 온도와 공중습도, 에틸렌, 영양 등도 절화 수명에 영향을 준다.

## 21 절화장식의 기본적인 절화줄기의 고정에 사용하는 방법이 아닌 것은?

① 용기안에 철망을 말아 넣어 철망의 구멍 사이로 꽃과 나뭇가지를 고정하는 방법
② 소형 개별 워터튜브나 유리시험관을 이용하여 필요한 곳에 고정하는 방법
③ 절화줄기에 방수테이프를 붙여서 용기에 고정하는 방법
④ 용기 내에 돌, 구슬, 자갈 등을 넣어 줄기를 그 사이에 넣고 고정하는 방법

해 방수 테이프는 플로랄 폼을 화기에 고정시키기 위해 사용한다.

## 22 결혼식의 꽃장식에 대한 설명이 잘못된 것은?

① 제난의 테이블이나 주례단상은 낮고 긴 꽃꽂이 형태로 장식하는 경우가 많다 .
② 꽃길은 하객석 의자 옆에 꽃다발을 달거나 세워주는 경우가 많다.
③ 신부의 꽃다발은 신부의 키를 고려하여 적당한 크기로 만드는 것이 중요하다.
④ 부토니어는 주례와 양가 부모님만 가슴에 꽂는 꽃이다.

해 부토니어는 원래 신랑의 가슴을 장식하는 꽃이며, 신랑 외에도 주례, 링보이, 신랑 쪽 들러리 등 남성에게 달아주는 것이다.

## 23 절화보존제로서의 당의 특성이 아닌 것은?

① 기공의 기능을 높여 주어서 수분 수지를 개선해 준다.
② 화색을 선명하게 유지시켜 준다.
③ 꽃잎의 세포 팽압을 떨어뜨린다.
⑤ 엽록소의 분해를 억제시킨다.

해 당은 세포 팽압을 높이거나 유지시킨다.

## 24 절화와 절엽을 길게 엮은 장식물로 길고 유연성이 있어 어깨에 걸치거나 기둥의 둘레, 벽이나 천장에 드리우는 장식에 이용되는 것은?

① 갈란드　　　　　　② 리스
③ 콜라주　　　　　　④ 레이스

해 갈란드는 꽃이나 잎을 길게 엮어 장식하는 것이다.

## 25 테라싱(Terracing) 기법에 대한 설명으로 옳은 것은?

① 동일한 소재들을 크기에 따라 앞, 뒤, 수평이 되게 일정한 간격으로 계단처럼 배치한다.
② 특수한 요소를 강조하거나 주의를 끌 필요가 있을 때 사용하는 기법이다.
③ 동일한 단위로 알아볼 수 있도록 모아 시각적인 효과를 거두도록 하는 기법이다.
④ 보석박기, 작은 알돌들을 가능한 빽빽하게 모으는 것처럼 소재를 구성하는 것이다.

**해** 테라싱은 면적인 소재를 일정한 간격으로 계단처럼 배치하는 것으로 입체적인 베이싱을 위해 많이 사용된다.

## 26 꽃꽂이 형태 중 비대칭 삼각형의 특징이 <u>아닌</u> 것은?

① 대칭 삼각형보다 정숙하고 안정감이 있어 보인다.
② 중심은 좌우 대칭축에서 벗어나 있다.
③ 균등하지 않으며 자율적인 배열을 이룬다.
④ 밝고 활동적이며 긴장감을 유발시켜 자유스러운 이미지가 강하다.

**해** 비대칭 삼각형은 대칭 삼각형에 비해 자유로운 이미지를 가진다.

## 27 절화 물 올리기의 일반적인 방법으로 옳지 <u>않은</u> 것은?

① 수분차단현상을 방지하기 위해 물속에서 가위로 줄기 끝을 자른다.
② 손상된 잎이나 물에 잠기는 잎을 제거한다.
③ 절화보존제를 첨가한 물에 절화를 담가둔다.
④ 한 용기에 다양한 소재를 빽빽 하게 넣어 서로 기대게하여 줄기가 휘어지지 않도록 한다.

**해** 너무 많은 절화를 한꺼번에 꽂으면 통풍이 안 되어 에틸렌이 빠져나가지 못하므로 쉽게 위조가 일어난다.

## 28 다음은 디자인(조형) 원리 중 무엇을 설명한 것인가?

<보기>
하나의 디자인이 가진 여러 요소속에서 어떤 조화나 일치감이 존재하고 있음을 의미하며 서로가 유사한 것이다. 선적인 요소, 형태, 색상 등의 반복 속에서 비롯되고 있다.

① 강조　　　　　　② 균형
③ 통일　　　　　　④ 비례

**해** 통일은 작품 전체 혹은 작품 내의 요소 간에 연관성이 있는 것을 말한다.

## 29 개더링(Gathering) 기법으로 한 송이 장미꽃에 다른 장미의 꽃잎을 붙여 큰 송이의 장미꽃처럼 만드는 것은?

① 빅토리안 로즈(Victorian rose)
② 더치스 튤립(Dutchess tulip)
③ 유칼리 로즈(Eucalyotus rose)
④ 릴리멜리아(Lilymellia)

**해** 개더링 기법으로 만든 커다란 송이의 장미는 빅토리안 로즈이다. 더치스 튤립은 튤립으로 릴리멜리아는 백합으로 만드는 개더링 기법의 커다란 꽃이다.

## 30 원예용 토양에 대한 설명으로 옳지 <u>않은</u> 것은?

① 통기성, 배수성, 흡수성이 좋아야 한다.
② 질석은 진주암을 고온에서 가열하여 만든 특수 토양이다.
③ 토양 3상인 기상, 액상, 고상은 각각 25%, 25%, 50%가 이상적인 비율이다.
④ 배양토는 식물이 요구하는 수분, 통풍, 비료의 양에 따라 혼합비율 및 원료가 달라진다.

**해** 진주암을 고온에서 가열하여 만든 것은 펄라이트이다.

**31** 절화를 이용한 장식물 중 다양한 행사에서 가슴에 다는 용도로 이용되는 것은?

① 꽃바구니　　② 핸드타이드 부케
③ 화환　　　　④ 코사지

**32** 절화 재료 검수 시 수명과 관련하여 최적 상태로 보기 어려운 것은?

① 나리는 아주 일부의 꽃만 개화되고 대부분은 꽃 색을 보이는 봉오리 상태
② 튤립은 꽃잎이 완전 개화된 상태
③ 꽃양귀비는 개화하기 시작하는 봉오리 상태
④ 알스트로메리아는 소수만 개화되고 봉오리는 꽃 색이 발현된 상태

해 튤립은 꽃 색이 보이는 봉오리 상태로 잎이 싱싱하고 단단한 것이 최적 상태이다.

**33** 꽃다발을 나선형으로 묶는 방법이 아닌 것은?

① 구조물을 이용한 핸드타이드
② 자연적 소재를 이용한 핸드타이드
③ 나뭇가지를 이용한 핸드타이드
④ 평형적인 조형 형태를 만들 때

해 평형적인 조형 형태는 줄기를 병렬형으로 배열한다.

**34** 건조화에 대한 설명으로 틀린 것은?

① 건조에 적합한 장소는 공기의 유입과 순환이 자유로운 곳이다.
② 자연건조법은 건조방법 중에서 가장 특별한 기술과 재료를 요구하는 방법이다.
③ 건조소재는 가벼운 중량감으로 반영구적으로 사용할 수 있는 장점을 가지고 있다.
④ 식물의 장식을 위한 건조에는 관상가치가 높은 꽃과 잎, 줄기, 열매에 이르는 모든 부위가 가능하다.

해 자연건조는 특별한 기술이 없이 줄에 거꾸로 매달거나 그물에 넣어 건조시키는 등의 방법으로 가정에서도 쉽게 시도할 수 있다.

**35** 분식물의 식물재료 검수와 분류방법에 대한 내용으로 적당하지 않은 것은?

① 재료구매 목록에 의해 체크하며 검수한다.
② 병충해 흔적, 영양 및 생장상태 등을 확인한다.
③ 검수된 재료를 종류, 크기, 기능별로 분류한다.
④ 분화 상품용 재료는 절화, 절엽, 절지류로 분류한다.

해 분화식물은 관엽식물, 초화류, 선인장, 다육식물, 동서양란, 분재 등으로 분류한다.

**36** 에틸렌에 대한 설명으로 옳지 않은 것은?

① 식물 호르몬의 일종이다.
② 식물의 생장을 촉진시킨다.
③ 잎 등의 기관 탈리를 촉진시킨다.
④ 꽃의 개화를 촉진시킨다.

해 에틸렌은 식물의 노화 호르몬으로 잎 등의 탈리를 촉진 시킨다. 꽃의 개화를 촉진시키기도 한다.

## 37 다음 중 절화 장미의 꽃 목굽음이 잘 생기는 조건으로 가장 관계가 <u>없는</u> 것은?

① 너무 조기(어린 봉오리)에 수확했을 때
② 꽃목의 경화가 덜 된 시기에 수확했을 때
③ 늦게(개화된 것) 수확했을 때
④ 수분균형이 불량할 때

해 장미를 너무 조기에 꽃목이 덜 경화된 상태에서 수확하거나 수분 흡수와 증산의 불균형으로 수분 불균형이 일어나면 경곡현상이 일어날 수 있다.

## 38 다음 중 시퀀싱(Sequencing)기법을 적용한 것은?

① 장미 잎을 따서 줄에 꿰어 라인을 만들었다.
② 칼라의 줄기를 가볍게 휘어 유연한 곡선을 만들어 꽂았다.
③ 여러 가지 색깔의 소국을 짧게 꽂아 언덕 모양을 만들었다.
④ 튤립을 핀 꽃은 아래로 꽂고 덜 핀 것을 차례로 위쪽으로 꽂았다.

해 시퀀싱은 소재의 크기나 색상 등에 점차적인 변화를 주는 것으로 ④번이 이에 해당되며, ①번은 스트링잉 기법, ②번은 마사징 기법, ③번은 필로잉 기법을 적용한 것이다.

## 39 센터루프가 없이 고리를 교차시켜 나비 모양으로 만든 보우는?

① 프렌치보우
② 버터플라이보우
③ 로즈보우
④ 웨이브보우

해 센터루프가 없이 고리를 교차시켜 나비 모양으로 만든 보우는 버터플라이보우이다.

## 40 웨딩부케 제작시 다양한 철사처리 방법에 관한 설명으로 옳지 <u>않은</u> 것은?

① 꿰뚫는 방법(피어스기법) : 장미, 카네이션 등과 같이 꽃송이가 크고, 씨방이 발달된 꽃에 많이 사용된다.
② 줄기 속에 삽입하는 방법(인서션기법) : 거베라, 칼라 등과 같이 줄기가 약하거나 속이 비어 있는 꽃의 중심에 삽입하는 방법이다.
③ 안전하게 보강하는 방법(시큐어링기법) : 줄기가 가늘거나 구부러진 줄기를 바로 펴고 싶을 때 줄기에 나선형으로 감아 내리는 방법이다.
④ U자형으로 꽂는 방법(헤어핀기법) : 철사를 꽃줄기에 평행으로 꽃중심을 향하여 꽂아 올린 다음 1cm가량 구부려 줄기의 끝까지 오도록 잡아당긴다.

해 ④번의 설명은 후킹법이다. 헤어핀법은 잎사귀 등에 U자형으로 꽂아 주는 방법이다.

## 41 화훼 디자인 중 특정 부분에 시선을 두도록 꽃이나 가지를 이용하여 안에 있는 소재를 감싸주는 기법은?

① 프레이밍
② 테라싱
③ 커버링
④ 파베

해 프레이밍은 주로 외곽에 라인 소재를 이용하여 틀을 만들어 주는 것이다.

## 42 크기의 비율에 대한 원리로 <u>틀린</u> 것은?

① 과소비율은 화기와 식물의 비율이 1:1 미만이다.
② 정상비율은 1:1~1:6 이다.
③ 과대비율은 1:3 이상이다.
④ 황금비율은 3:5:8:13…의 연속적인 분할이다.

해 과대비율은 화기와 식물 부분의 비율이 1 : 6 을 초과하는 경우이다.

## 43 물올림을 촉진하기 위한 조치 중 잘못 된 것은?

① 국화의 줄기 끝을 수초간 그을려 주었다.
② 카네이션을 물속에서 잘랐다.
③ 튤립과 수선화를 같은 통속에 넣었다.
④ 미지근한 물에 절화를 담가 물올림 하였다.

해 수선화는 독성이 있어 튤립과 같이 넣으면 튤립이 해를 입을 수 있다.

## 44 건조화를 만들기 전에 글리세린을 처리하는 주된 이유는?

① 건조된 후 좋은 향이 나도록 하기 위해서
② 건조소재의 부서짐을 방지하고 유연성을 증가시켜 보관되도록 하기 위해서
③ 건조가 잘되도록 하기 위해서
④ 건조 시 색이 변하는 것을 방지하기 위해서

해 글리세린 처리는 유연성을 증가시킨다.

## 45 꽃 예술 작업 시 깊이감(Depth, 심도)을 주는 방법으로 옳은 것은?

① 줄기의 각도에 따라서 깊이감을 줄 때 똑같은 길이로 꽂는다.
② 꽃 색의 명도에 따라서 어두운 꽃은 위 또는 바깥쪽으로 꽂는다.
③ 꽃 색의 채도에 따라서 밝은 색 꽃은 아래 또는 안쪽으로 꽂는다.
④ 꽃의 크기에 따라서 큰 꽃은 아래 또는 안쪽으로 꽂는다.

해 ① 다른 길이로 꽂아 주어야 깊이감이 생긴다. ② 어두운 꽃은 아래나 안쪽으로 꽂는다. ③ 밝은색 꽃은 위 또는 바깥쪽으로 꽂는다.

## 46 다음 중 화훼장식에 대한 설명으로 틀린 것은?

① 화훼장식은 모양, 색채, 실감 등의 시각적 요소가 주를 나타내는 조형예술이다.
② 화훼장식은 식물만을 이용하여 제작, 설치, 관리, 유지하는 종합적 조형예술이다.
③ 화훼장식은 때와 장소, 목적에 따라 조형원리에 맞게 장식되어야 한다.
④ 화훼장식물은 인간의 창의력과 표현능력을 이용한 미적 감각을 볼 수 있다.

해 화훼장식은 식물 외에도 다양한 자연물이나 인공물을 함께 이용할 수 있다.

## 47 근조용 헌화장식은 조형예술로서 화훼장식의 구체적인 효과 중 어디에 해당하는가?

① 의료적 효과
② 교육적 효과
③ 심리적 효과
④ 의사전달 효과

해 '근조(삼가 조의를 표합니다)' 라는 의사 전달용으로 이용된 화훼장식이다.

## 48 일반적인 압화의 설명으로 적당하지 않은 것은?

① 꽃, 잎, 줄기 등을 흡수지 사이에 넣고 눌러 평면적으로 건조시킨다.
② 건조시킬 때에 40도로 온도를 높여주면 어느 정도 변색을 막을 수 있다.
③ 액자와 같은 평면장식에 이용한다.
④ 꽃잎이 두텁거나 선인장과 같은 다육성 식물이 압화용으로 적당하다.

해 두껍고 수분이 많은 것은 압화 작업이 어렵다.

**49** 색채가 주는 감각적 효과로 옳지 <u>않은</u> 것은?

① 백색보다는 흑색이 무겁게 느껴진다.
② 명도가 높은 색은 가볍고 진출되어 보인다.
③ 색채의 강약은 색상에 의해 주로 생긴다.
④ 저명도 색은 고명도 색보다 후퇴되어 보인다.

해 색채의 강약은 주로 명도나 채도에 의해 나타나는 효과이다. 명도가 높은 색보다 낮은 색이 강하게 보이며, 고채도의 색이 저채도 색보다 강하게 느껴진다.

**50** 물을 흡수할 수 있는 것과 흡수하지 못하는 것이 있고 식물에게 수분을 공급해 주는 역할과 고정시켜주는 역할을 하는 것은?

① 플로랄 폼　　　　② 침봉
② 플라스틱망　　　　④ 라피아

해 플로랄 폼에는 습식과 건식이 있으며 식물에 수분을 공급하고 식물을 고정시키는 역할을 한다.

**51** 방향성 식물을 주로 이용하는 화훼장식물은?

① 콜라주　　　　② 포푸리
③ 테라리움　　　　④ 토피어리

해 포푸리는 용기 속에 향이 좋은 식물, 잎, 과일껍질, 향료 등과 향기가 오랫동안 나도록 백단유 등의 정류를 함께 넣어 숙성시켜 향기가 자연발산 되도록 한 것이다.

**52** 다음 중 디자인의 요소가 <u>아닌</u> 것은?

① 선　　　　② 질감
③ 조화　　　　④ 형태

해 조화는 디자인의 원리에 해당한다.

**53** 배송자가 화훼상품 배송 직후 할 일은?

① 상품인수서에 고객 인수 확인
② 주문서에 따른 납품서 작성
③ 배송계획서 작성
④ 고객만족도 조사

해 배송자가 화훼상품 배송 직후 상품인수서에 고객 인수 확인 받아야 한다.

**54** 화훼식물의 수분부족현상이 <u>아닌</u> 것은?

① 기공이 닫힌다.
② 뿌리털이 감소한다.
③ 영양결핍이 생긴다.
④ 잎이 시들고 심하면 말라 죽는다.

해 수분이 부족하면 기공이 닫혀 수분 증발을 막는다. 또 광합성이 제대로 이루어지지 못하므로 영양결핍현상이 올 수 있고 심하면 고사한다. 식물은 물이 부족하면 뿌리털을 길고 넓게 뻗어 조금이라도 더 물을 흡수하려고 하므로 뿌리털은 증가할 수 있다.

**55** 전시, 진열 등과 같이 펼쳐 보이는 소통의 수단으로 작품이나 물체를 전시 공간에 잘 구성하고 배치하여 돋보이게 하는 기술을 가리키는 용어로 적합한 것은?

① 디스플레이
② 배식 디자인
③ 꽃 포장 디자인
④ 형상 디자인

해 디스플레이는 고객의 시선을 유인할 수 있도록 전시 공간에 잘 구성하고 배치하여 돋보이게 한 것이다.

**56** 공통요소가 연속적으로 되풀이되는 율동의 변화에 속하지 <u>않는</u> 것은?

① 점이      ② 반복

③ 계조      ④ 대칭

해 점이, 반복, 계조 등은 모두 율동감을 주는 방법이다. 대칭은 율동감을 주지 않으며 비대칭 균형이 이루어질 때 율동감이 느껴진다.

**57** 디자인의 원리를 설명한 것으로 가장 옳은 것은?

① 균형은 소재 간의 상대적 크기이다.

② 리듬은 움직임이 연속적으로 되풀이되는 것이다.

③ 구성은 특정 부분을 강하게 표현한다.

④ 비율은 공간과 질감의 상호관계이다.

해 소재 간의 상대적 크기는 비율, 특정 부분을 강하게 표현하는 것은 강조이다.

**58** 진주암을 1,000도씨 정도의 고온에서 가열한 무균 인조 토양으로 공극량이 많은 토양은?

① 피트모스      ② 질석

③ 펄라이트      ④ 훈탄

해 펄라이트는 진주암을 분쇄하여 고온·발포처리하여 제조한 백색의 다공질 인공토양이다. 양분과 수분 보유력은 거의 없다.

**59** 디자인에 있어 소재의 색은 매우 중요한 부분이다. 색에 대한 설명으로 옳은 것은?

① 색은 색상, 명도, 채도의 세 가지 성질이다.

② 순색에 흰색을 혼합하여 나온 색을 톤(Tone)이라 한다.

③ 주황, 빨강, 노랑 등 난색은 실제 위치보다 멀리 있는 것처럼 보여 후퇴색이라 한다.

④ 색은 채도에 따라 무겁거나 가볍게 느껴진다.

해 ① 순색에 흰색은 더한 것은 틴트(tint)이다. ③ 난색은 진출색이다. ④ 색의 무게감은 채도보다는 명도의 영향을 많이 받는다.

**60** 다음 분화식물 관리 방법 중 적절하지 <u>못한</u> 것은?

① 테라리움은 직사광선이 닿는 곳은 피한다.

② 밀폐식 테라리움은 물을 줄 필요가 없다.

③ 숯부작의 숯에는 수시로 물을 뿌려 준다.

④ 분식 토피어리는 물을 주지 않아도 된다.

해 분식 토피어리는 살아있는 식물이므로 물을 주어야 한다. 겉이 마르고 무게가 가벼워진 때는 물을 준다.

| 정답 | | | | |
|---|---|---|---|---|
| 01 ③ | 02 ② | 03 ④ | 04 ③ | 05 ① |
| 06 ④ | 07 ③ | 08 ③ | 09 ① | 10 ③ |
| 11 ③ | 12 ③ | 13 ② | 14 ④ | 15 ② |
| 16 ② | 17 ④ | 18 ① | 19 ② | 20 ① |
| 21 ③ | 22 ④ | 23 ③ | 24 ① | 25 ① |
| 26 ① | 27 ④ | 28 ② | 29 ① | 30 ② |
| 31 ④ | 32 ② | 33 ④ | 34 ① | 35 ④ |
| 36 ② | 37 ③ | 38 ④ | 39 ① | 40 ④ |
| 41 ① | 42 ③ | 43 ③ | 44 ② | 45 ④ |
| 46 ② | 47 ④ | 48 ④ | 49 ③ | 50 ① |
| 51 ② | 52 ③ | 53 ① | 54 ② | 55 ① |
| 56 ④ | 57 ② | 58 ③ | 59 ① | 60 ④ |

Part.3

# 화훼장식 기능사 실기

# Chapter1

## 화훼장식 기능사 실기시험 유의사항

## 시험시행 전

| | |
|---|---|
| **기본사항** | • 시험 시작시간 30분 전까지 입실을 완료해야 하며 수험자를 제외한 그 어떤 사람도 입실할 수 없다.<br>• **신분증 지참**<br>✓ 신분증(주민등록증, 운전면허증 등 국가에서 인정하는 규정 신분증)은 반드시 지참해야 한다.<br>✓ 규정 신분증 미지참 시 시험응시 절대 불가 및 퇴실 조치<br>• 중·고등학생의 경우 학생증(사진, 생년월일, 성명, 학교장 직인이 모두 포함된 학생증)을 지참한다.<br>✓ 단, 대학교 학생증은 인정 불가<br>• 시험 전 통신기기(휴대폰, PDA, 디지털카메라 등)의 전원을 꺼서 시험 전에 감독위원에게 제출해야 하며 전자통신기기(스마트워치, 블루투스 이어폰 등)를 제출하지 않고 적발될 시 부정행위로 처리되며 3년간 국가기술자격시험 응시 불가<br>• **비번호(등번호)** : 시험장에 입실한 후 공정성 및 부정행위 방지를 위해 수험자마다 임의의 번호표가 주어진다. |
| **재료의 준비** | • 시험 전 공개된 "지참공구목록"을 기준하여 공지된 재료에 한하여 사용할 수 있다.<br>• 지참한 소재는 통상적으로 시장에서 판매되는 손질을 하지 않은 상태로 지참한다.<br>• 재료는 공지된 양(1단, 20본 등)에 한하여 사용할 수 있으며 임의적으로 공지된 양 이상 사용할 경우 부정행위로 간주 될 수 있다.<br>• 준비된 소재는 수험자에게 제시된 과제별로 배분하여 시험 진행에 문제 없도록 준비한다.<br>• 지참한 생화재료는 물통에 꽂아 미리 물올림하여 보관한다. |
| **시설 및 준비** | • 시험 장소의 지정된 작업장(교실)에 수험자의 작업대 옆에 물통과 생화재료를 배치한다.<br>• 시험 직전 각 수험자는 작업용 앞치마를 착용하고 "지참공구목록"을 확인한다.<br>• 별도로 준비해 간 생수나 물올림 해 둔 물통의 물은 꽃다발과 한국형 꽃꽂이 과제를 종료하고 수분공급용으로 사용할 수 있도록 한다. |

# 시험시행 중

| | |
|---|---|
| **기본사항** | • 수험자 인적사항 및 계산식을 포함한 답안작성은 흑색 필기구만 사용해야 하며 그 외 연필류, 빨간색, 청색 등 필기구로 작성한 답항은 0점 처리된다.<br>• 시험시작 전 문제지 및 지급재료의 이상여부를 반드시 확인하고 이상이 있을 시에는 감독 위원에게 보고 후 조치를 받은 다음 수험에 임한다.<br>• 시험문제와 관련된 질문사항은 시험시작 전에 하고 시험 진행 중에는 절대 질문할 수 없다.<br>　✓ 질문은 손을 들어 감독위원에게만 하되 제시 된 시험 내용 이외의 사항에 대한 질문을 할 수 없다.<br>• 테이블 위에는 작업에 필요한 재료나 공구만 놓을 수 있다.<br>　✓ 단, 줄자를 붙이는 행위, 수치표시, 도면 초안 등은 할 수 없다.<br>• 문제지 사용재료와 지급재료 이외에 재료 사용은 일제히 금하며 사용 시 불이익이 있을 수 있다.<br>• 감독위원이 지참재료의 종류 및 수량을 확인하고 사전에 손질된 재료나 작품을 지참하였는지 검수하므로 협조해야 한다.<br>• 지급재료 및 지참재료는 1과제 시행 15분 전에 과제별로 모두 표기된 양을 배분 및 손질한다.<br>• 시험재료의 손질범위는 꽃잎, 잎 또는 가시 등을 제거하는 것으로, 가시제거기의 사용은 가능하나 가위나 칼을 사용하여 재료를 절단하는 행위는 허용되지 않는다.<br>• 수험자는 과제에 따라 주어진 시간 내에 제시된 과제별로 작품을 제작한다.<br>• 완성된 작품은 지정된 장소에 이동시키고 과제 종료 후 모든 수험자가 동시에 다음 과제를 연속해서 시행한다.<br>• 과제는 지정된 책상 또는 전시테이블에 주의하여 올려 놓는다.<br>• 작품 제작과정에서 소재를 다루는 태도 및 도구 사용의 적합도 등이 감독위원에 의해 채점된다. |
| **실격사항** | • 지급 및 지참재료 이외에 다른 소재를 임의 사용하여 표지·표식에 의한 부정행위로 간주될 경우<br>　✓ 단, 지참재료를 구할 수 없어 수험자가 임의로 대체 재료를 지참한 경우 감점처리 됨<br>• 사전에 손질된 재료나 작품을 지참 또는 교체하여 부정행위로 간주될 경우<br>　✓ 모든 재료는 시중에 판매되는 손질을 하지 않은 상태로 지참하여야 함<br>• **미완성** : 각 과제별로 제한시간 내에 작품을 제출하지 않거나 미완성으로 제출한 경우 |
| **시험 중 금지 사항** | • 다른 수험자에게 소재 또는 지참한 부재료를 주거나 바꾸어 주는 행위<br>• 수험자의 이석 행위 및 다른 사람과의 대화 행위<br>• 시험 종료 전 수검장소 이탈 행위 |

# 시험진행표

⏱ **전체 시험시간 : 1시간 50분**(전체 시간 작품수에 따라 시험 당일 수험자에게 제시되는 총 시간)

| 시간 | 시간별과정 |
| --- | --- |
| ~11:00 | 수험자 입실 완료 |
| 11:00~12:00 | 신분확인 및 수험자 교육 |
| 12:00~12:10 | 감독입실 |
| 12:10~12:30 | 재료손질(1-2-3과제 모두) |
| 12:30~12:40 | 1과제 문제지 배부 |
| 12:40~13:30(50분) | 1과제 시험 |
| 13:30 | 1과제 제출 |
| 13:35~13:40 | 2과제 문제지 배부 |
| 13:40~14:10(30분) | 2과제 시험 |
| 14:10 | 2과제 제출 |
| 14:15~14:20 | 3과제 문제지 배부 |
| 14:20~14:50(30분) | 3과제 시험 |
| 14:50~ | 정리 및 퇴실 |

✓ 시험 진행 시간은 시험장 상황과 공단의 방침에 따라 달라질 수 있다.

## ✏ 지급 재료와 지참 재료

| 지급재료 | 시험장에서 제공되는 "지참공구목록"에 표기되어 있지 않은 재료(플로랄 폼, 마끈, 티핀 등) |
| --- | --- |
| 지참재료 | "WWW.Q-NET.OR.KR" 에서 제시된 "지참공구목록"에 의하여 수험자가 반드시 지참하여야 되는 재료 |

# 시험시행 후

- 과제물에는 반드시 파손에 유의하여 비번호를 표시하고 신선도를 유지할 수 있도록 처리한 후 제출한다.
- 주변 정리도 채점에 반영되므로 작업테이블 주변을 깨끗이 정리하여야 하며 정리가 끝나면 본부요원의 안내에 따라 퇴실한다.
- 작품 제작 후 남은 생화 등의 소재는 수험자가 가져가며 채점이 완료된 작품은 희망자에 한해 해체된 것을 가져 갈 수 있고 남은 것은 절단하여 폐기물로 분류해서 처리한다.

# Chapter2
## 과제별 요구사항 및 재료목록

### ✏️ 공통 지참 재료 및 도구

| 번호 | 재료명 | 수량(단위) | 규격 및 비고 |
|---|---|---|---|
| 1 | 가시제거기 | 1개 | - |
| 2 | 플라스틱 물통 | 3개 | 10L |
| 3 | 필기구 | 1개 | 흑색 |
| 4 | FD나이프 | 1개 | 꽃장식용 |
| 5 | 플로랄 폼용 나이프 | 1개 | - |
| 6 | 수공가위·전정가위·절화용가위 | 각 1개씩 | 꽃장식용, 1개 이상, 종류 및 개수 무관 |
| 7 | 철사 절단 및 휨 용 도구<br>니퍼, 롱노우즈, 플라이어(펜치) | 각 1개씩 | 꽃장식용, 1개 이상, 종류 및 개수 무관 |
| 8 | 줄자 | 1개 | 1m이상 |
| 9 | 앞치마 | 1개 | 일반용 |
| 10 | 분무기 | 1개 | - |
| 11 | 수건 | 1장 | - |

## 제1과제 : 꽃다발과 코사지 (⏱ 시험시간 : 50분)

### 1. 꽃다발 제작조건

① 작품의 형태는 감독위원이 선정한 번호(과제명, 비고)에 맞게 제작하시오.

② 반드시 구조물을 제작하여 작품을 완성하시오.

③ 운반가능하게 제작하시오.

④ 수분공급이 가능하도록 하시오.

⑤ 작품 제작을 위해 준비된 생화는 종류별로 모두 사용하되 사용량은 전체 소재의 70%이상으로
하시오.

### 2. 코사지 제작조건

① 지급 재료를 활용하여 코사지(가슴부착용)를 제작하시오.

② 코사지의 형태는 자유롭게 제작하시오(단, 절화 3송이를 사용하시오).

③ 구조물은 제작하지 않고 와이어링 기법만을 사용하여 제작하시오.

④ 탈부착이 가능하도록 하시오.

⑤ 지참재료 중 리본을 활용하여 보우를 자유롭게 제작하시오.

⑥ 절화의 수명은 6시간 이상 유지되도록 하시오.

### 3. 출제범위목록

| 번호 | 과제명(꽃다발) | 비고 |
|---|---|---|
| 1 | 반구형 | 지름 35cm 이상 |
| 2 | 원추형 | 전체높이 60cm 이상 |

## 4. 제1과제 지참소재

| 번호 | 재료명 | 수량(단위) | 대체소재 |
|---|---|---|---|
| 1 | 장미 | 10본 | • 스탠다드 카네이션 |
| 2 | 리시안셔스 | 10본 | • 스프레이 카네이션<br>• 스프레이 장미 |
| 3 | 나리 | 5본 | • 거베라(화폭 8cm이상, 10본)<br>• 다알리아(화폭 8cm이상, 5본)<br>• 해바라기(5본)<br>• 스탠다드 국화(10본)<br>• 스탠다드 카네이션(10본) |
| 4 | 루스커스 | 20본 | • 유칼립투스<br>• 레몬잎<br>• 네프롤레피스 |
| 5 | 말채 | 14본 | • 곱슬버들(14본)<br>• 느티나무(8본)<br>• 화살나무(8본)<br>• 납작대나무(25본, 너비 0.5cm, 길이 150cm 내외) |
| 6 | 누드철사 | 1묶음 | #24, #26 시중 판매용 |
| 7 | 지철사 | 1묶음 | #27 시중 판매용(그린색) |
| 8 | 플로랄 테이프 | 1개 | 그린색(너비는 자유) |
| 9 | 오간디 리본 | 1개 | 1cm(내외)×100cm 코사지용(아이보리 계열) |

✔ 본 : 하나의 줄기를 뜻함

## 제2과제 : 꽃꽂이 ( 🕑 시험시간 : 30분)

## 1. 꽃꽂이 제작조건

① 작품의 형태는 감독위원이 선정한 번호(과제명, 비고)에 맞게 제작하시오.

② 작품의 크기는 화기의 비율을 고려하여 제작하시오.

③ 작품 제작을 위해 준비된 생화는 종류별로 모두 사용하되, 사용량은 전체 소재의 70%이상을 사용

하시오.

## 2. 출제유형범위 목록

| 번호 | 과제명(꽃꽂이) | 비고 |
|---|---|---|
| 1 | 대칭삼각형 | 일방형 |
| 2 | 수평형 | 사방형 |
| 3 | 부채형 | 일방형 |
| 4 | 수직형 | 일방형 |
| 5 | L형 | 일방형 |
| 6 | 반구형 | 사방형 |
| 7 | 역T형 | 일방형 |

## 3. 제2과제 지참소재

| 번호 | 재료명 | 수량(단위) | 대체소재 | |
|---|---|---|---|---|
| 1 | 장미 | 10본 | • 스탠다드 카네이션 | |
| 2 | 리시안셔스 | 10본 | • 스프레이 카네이션 | • 스프레이 장미 |
| 3 | 거베라(화폭8cm이상) | 10본 | • 다알리아(화폭 8cm 이상, 5본)<br>• 스탠다드 국화(10본) | • 해바라기(5본)<br>• 나리(5본) |
| 4 | 유칼립투스 | 10본 | • 루스커스(20본)<br>• 금사철나무(10본)<br>• 청사철나무(10본) | • 네프롤레피스(20본)<br>• 은사철나무(10본)<br>• 탑사철나무(10본) |
| 5 | 스프레이국화 | 10본 | • 스프레이 카네이션(10본)<br>• 공작초(10본)<br>• 솔리다스터(20본) | • 알스트로메리아(10본)<br>• 과꽃(10본)<br>• 기린초(20본) |
| 6 | 편백 | 3본 | • 측백<br>• 금사철나무 | • 은사철나무<br>• 청사철나무 |

## 제3과제 : 한국형 꽃꽂이 (⏱ 시험시간 : 30분)

## 1. 꽃꽂이 제작조건

① 작품의 형태는 감독위원이 선정한 번호(과제명, 비고)에 맞게 제작하시오.

② 작품의 크기는 화기의 비율을 고려하여 제작하시오.

③ 작품 제작을 위해 준비된 생화는 종류별로 모두 사용하되, 사용량은 전체 소재의 70%이상을 사용하시오.

## 2. 출제유형범위 목록

| 번호 | 과제명(한국형 꽃꽂이) | 비고 |
|---|---|---|
| 1 | 직립형(바로 세우는 형) | 기본형 |
| 2 | 경사형(기울이는 형) | 기본형 |

## 3. 제3과제 지참소재

| 번호 | 재료명 | 수량(단위) | 대체소재 | |
|---|---|---|---|---|
| 1 | 영산홍 | 3본 | • 돈나무(3본)<br>• 탑사철나무(5본)<br>• 은사철나무(5본)<br>• 청사철나무(5본)<br>• 조팝나무(5본)<br>• 정금나무(3본)<br>• 진달래(5본) | • 동백나무(3본)<br>• 금사철나무(5본)<br>• 미국 자리공(3본)<br>• 설유화(5본)<br>• 남천나무(3본)<br>• 연달래(5본)<br>• 황칠나무(5본) |
| 2 | 장미 | 10본 | • 스탠다드 국화(10본)<br>• 나리(5본) | • 스탠다드 카네이션(10본) |
| 3 | 스프레이 국화 | 5본 | • 스프레이 장미<br>• 리시안셔스 | • 스프레이 카네이션 |
| 4 | 팔손이 | 5본 | • 몬스테라<br>• 루모라 고사리 | • 필로덴드론 제나두(신종셀렘) |

## 🌿 화훼기능사 실기 시험의 전체 재료목록 정리 🌿

| 구분 | 번호 | 재료명 | 수량(단위) | 규격 및 대체소재 |
|---|---|---|---|---|
| 공통지참재료 | 1 | 가시제거기 | 1개 | - |
| | 2 | 플라스틱물통 | 2개 | 10L |
| | 3 | 필기구 | 1개 | 흑색 |
| | 4 | FD나이프 | 1개 | 꽃장식용 |
| | 5 | 플로랄 폼용 나이프 | 1개 | - |
| | 6 | 수공가위·전정가위·절화용가위 | 각 1개씩 | 꽃장식용, 1개이상, 종류 및 개수 무관 |
| | 7 | 철사 절단 및 휨 용 도구<br>- 니퍼, 롱노우즈, 플라이어(펜치) | 각1개씩 | 꽃장식용, 1개이상, 종류 및 개수 무관 |
| | 8 | 줄자 | 1개 | 1m이상 |
| | 9 | 앞치마 | 1개 | 일반용 |
| | 10 | 분무기 | 1개 | - |
| | 11 | 수건 | 1장 | - |
| 제1과제지참재료 | 12 | 장미 | 10본 | 스탠다드 카네이션 |
| | 13 | 리시안셔스 | 10본 | • 스프레이 카네이션　• 스프레이 장미 |
| | 14 | 나리 | 5본 | • 거베라(화폭8cm이상, 10본)<br>• 다알리아(화폭8cm이상 ,5본)<br>• 해바라기(5본)　• 스탠다드 국화(10본)<br>• 스탠다드 카네이션(10본) |
| | 15 | 루스커스 | 20본 | • 유칼립투스　• 레몬잎<br>• 네프롤레피스 |
| | 16 | 말채 | 14본 | • 곱슬버들(14본)　• 화살나무(8본)<br>• 느티나무(8본)<br>• 납작대나무(25본, 너비0.5cm, 길이 150cm내외) |
| | 17 | 누드철사 | 1묶음 | #24, #26 각1묶음 |
| | 18 | 지철사 | 1묶음 | • #27　• 시중판매용(그린색) |
| | 19 | 플로랄 테이프 | 1개 | • 그린색　• 너비는 무관 |
| | 20 | 오간디 리본 | 1롤 | • 1cm(내외) x 100cm<br>• 코사지용(아이보리 계열) |

| 구분 | 번호 | 재료명 | 수량(단위) | 규격 및 대체소재 |
|---|---|---|---|---|
| 제2과제지참재료 | 21 | 장미 | 10본 | · 스탠다드 카네이션 |
| | 22 | 리시안셔스 | 10본 | · 스프레이 카네이션　· 스프레이 장미 |
| | 23 | 거베라(화폭 8cm이상) | 10본 | · 다알리아(화폭 8cm이상)<br>· 해바라기(5본) · 스탠다드 국화(10본)<br>· 나리(5본) |
| | 24 | 유칼립투스 | 10본 | · 루스커스(20본)　· 네프롤레피스(20본)<br>· 금사철나무(10본)　· 은사철나무(10본)<br>· 칭사철니무(10본)　· 탑사철나무(10본) |
| | 25 | 스프레이국화 | 10본 | · 스프레이 카네이션(10본)<br>· 알스트로메리아(10본) · 공작초(10본)<br>· 과꽃(10본) · 솔리다스터(20본)<br>· 기린초(20본) |
| | 26 | 편백 | 3본 | · 측백　　　　　　· 금사철나무<br>· 은사철나무　　　· 청사철나무 |
| 제3과제지참재료 | 27 | 영산홍 | 3본 | · 돈나무(3본)　　　· 탑사철나무(5본)<br>· 은사철나무(5본)　· 정금나무(3본)<br>· 미국 자리공(3본)　· 동백나무(3본)<br>· 설유화(5본)　　　· 남천나무(3본)<br>· 진달래(5본)　　　· 황칠나무(5본)<br>· 금사철나무(5본)　· 조팝나무(5본)<br>· 청사철나무(5본)　· 연달래(5본) |
| | 28 | 장미 | 10본 | · 스탠다드 국화(10본)<br>· 스탠다드 카네이션(10본)<br>· 나리(5본) |
| | 29 | 스프레이 국화 | 5본 | · 스프레이 장미　　· 스프레이 카네이션<br>· 리시안셔스 |
| | 30 | 팔손이 | 5본 | · 몬스테라<br>· 필로덴드론 제나두(신종셀렘)<br>· 루모라고사리 |

✓ 국가기술자격 실기시험 지급재료는 시험종류 후(기권, 결시자포함) 수험자에게 지급하지 않습니다.

# 1과제 :
# 구조물 꽃다발과 코사지 제작

# 1과제

## 구조물 꽃다발과 코사지 제작



| | |
|---|---|
| 기능·기술적인 면 | • 바인딩 포인트는 단단하게 묶여 있는가?<br>• 바인딩 포인트 아랫부분은 이물질 없이 깨끗하게 정리되어 있는가?<br>• 모든 줄기는 나선형을 이루고 있는가?<br>• 작품은 견고하게 완성되었는가?<br>• 줄기의 끝은 모두 45도 이상의 사선으로 잘려 있는가? |
| 디자인 | • 지정된 형태에 맞게 제작되어 있는가?<br>• 전체의 형태와 시각적, 물리적 균형이 잘 맞는가?<br>• 준비된 재료를 충분히 활용했는가?<br>• 꽃다발의 전체 비율은 적당하게 제작되었는가?<br>• 전체 디자인이나 소재의 사용이 독창적인가?<br>• 색의 조화와 대비, 비율은 적절한가? |
| 깊이감·운동성 | • 꽃다발 전체의 형태, 부피감과 선이나 형태의 대비가 잘 이루어지는가?<br>• 꽃들의 운동성과 가치를 고려하여 배치되어 있는가? |
| 작품의 마무리 작업 | • 수분공급 처리는 잘 되어 있는가?<br>• 마무리 작업이 깨끗한가? |

# 꽃다발
## (Bouquet)

## 1. 일반적으로 이용되는 꽃다발

### (1) 번치 부케(Bunch bouquet)

화훼생산자들이 꽃을 시장에 출하하기 위해 단순히 꽃 머리를 일렬로 정리하듯 만든 것으로 한 종류의 소재로 일정한 묶음의 크기에 최소한의 포장으로 만들기가 간단하며 장식 기술이 필요하지 않고 모양도 단순하다.

### (2) 캐쥬얼 부케(Casual bouquet)

번치 부케에 몇 종류의 꽃이 더 포함되고 잎도 첨가한 꽃다발이다. 한 쪽 팔로 안은 듯이 든다고 하여 암부케(Arm bouquet) 라고도 한다.

### (3) 프리젠테이션 부케(Presentation bouquet)

목적에 따라서 구매자의 특별 요구사항을 감안한 후 제작한다. 선물을 포함하여 제작가능하며 용도에 따라 수명유지의 제작이 자유롭다.

### (4) 핸드타이드 부케(Handtied bouquet)

꽃을 모아 줄기 부분을 끈으로 묶어 다발로 만드는 형태로, 받았을 때 받은 사람이 그대로 용기에 꽂아도 꽃다발의 형태가 흐트러질 염려가 없으며 플로리스트의 작품성이 그대로 살아 있는 채로 감상할 수 있다는 장점이 있어 가장 인기가 많은 부케이다.

## 2. 제작방법에 따른 분류

### (1) 자연줄기를 이용한 꽃다발(Natural stem bouquet)

① 생화와 소재의 자연 줄기를 살려 줄기를 드러나게 하는 제작방법이다.

② 손쉽게 증정용 혹은 장식용으로 제작 가능하고 유리병에 꽂아 형태의 흐트러짐 없이 물을 갈아주기 편리하다.

③ 선이 아름다운 줄기의 감상용으로도 적당하다.

ㄱ. 나선형 줄기 배열의 꽃다발(Spiral hand-tied bouquet)

- 줄기는 한 방향으로 나선의 배열을 갖는다.
- 묶음 점(Binding point) 은 하나이며 단단히 고정하여 꽃 형태의 흐트러짐이 없어야 한다.
- 묶는 점 아래에는 잎 소재나 불순물이 없어야 물에 담가 두었을 때 빨리 부패하지 않는다.
- 줄기의 끝은 사선으로 자르고 하단부는 수평이 이루어져 물 흡수가 잘 되도록 한다.

ㄴ. 병행 줄기 배열의 꽃다발(Parallel hand-tied bouquet)

- 줄기는 수직이 되도록 직선으로 구성한다.
- 묶음 점은 1개 이상일 경우도 있다.
- 묶음 점은 소재의 색상, 간격, 굵기 등을 디자인 할 수 있다.
- 디자인 원칙의 규칙적, 불규칙적 리듬을 적용한다.

## (2) 철사를 이용한 꽃다발(Wired bouquet)

① 철사를 이용해 인공 줄기를 만들어 주어 다양한 디자인의 아름답고 섬세한 꽃다발을 제작할 수 있다.

② 가벼워서 신부가 장시간 들기에 좋다.

③ 여러 가지 다양한 철사 처리방법을 미리 숙지하여야 한다.

④ 인공줄기로 인한 수분 부족으로 신선도를 유지하는 지속시간이 짧아 꽃 선택에 주의해야 한다.

⑤ 제작시간이 오래 걸린다.

⑥ 철사로 제작된 손잡이를 리본 등으로 감싸주고 철사가 드러나 불편하지 않도록 잘 마무리한다.

## (3) 부케 홀더를 이용한 꽃다발(Holder bouquet)

① 플로랄 폼이 홀더에 고정되어 있어 다양한 형태의 디자인이 가능하다.

② 물을 계속 지원할 수 있어 꽃의 수명이 길고 신선하며 다양한 꽃 선택이 가능하다.

③ 줄기가 빠질 우려가 있으므로 단단히 꽂고 경우에 따라서는 생화 접착제를 활용한다.

④ 생화 접착제 사용 시 줄기 끝에 접착제가 닿지 않도록 한다.

## 3. 꽃다발 제작 방법

① 사용 용도에 따른 디자인을 선택하여 형태와 색상, 질감을 고려하여 준비한다.

② 모든 소재는 충분한 물올림을 한다.

③ 바인딩 포인트 하단 부분의 소재 줄기에 잎이나 가시가 없도록 깨끗이 정돈한 후 다듬어 소재별로 구분하여 놓는다.

④ 꽃다발의 줄기 제작 방법(나선형, 평행형)에 따라 제작한다.

## 4. 꽃다발 제작 시 주의사항

① 모든 작업이 손에서 제작되어 완성되기 때문에 제작을 시작한 것을 중단하고 다시 제작하기 어려우므로 작업의 편이성을 위해 제작 전에 모든 소재를 다듬어 종류별로 구분하여 물올림 해 놓는다.

② 소재 선택 시 주의사항은 소재의 줄기가 긴 소재를 선택하여야 하고 같은 종류의 소재 중에서 꽃 표정이 좋고 줄기가 가는 것을 선택하여야 한다.

③ 나선형으로 제작 시 처음 시작한 사선의 나선형 방향을 그대로 유지해야 한다. 줄기가 겹쳐지면 바인딩 포인트가 굵어져 손 안에 잡을 수가 없으며 통일성 있는 줄기의 디자인이 없어지게 되고 균형감이 흩어지기 때문이다.

④ 바인딩 포인트의 위치는 소재가 추가되더라도 내려가면 안 된다. 처음 시작한 바인딩 포인트가 마무리 바인딩 포인트가 되어 묶어주어야 하는 것이다. 바인딩 포인트 위치가 내려가게 되면 흔들림이 발생하기 때문이다.

⑤ 연약한 소재나 각도를 많이 요하는 디자인일 경우 충분한 필러 플라워의 준비가 요령이다. 이때 필러 플라워의 기능적, 장식적 효과를 볼 수 있다. 필러 플라워가 보조 역할을 할 경우 형태를 벗어나지 않도록 해야 한다.

⑥ 바인딩 포인트의 묶는 소재는 부드럽고 유연하고 단단한 거친 끈이나 라피아 종류를 선택하여 묶을 때 풀어지거나 흘러내리지 않도록 한다. 또한 투명한 유리용기에 꽃다발을 꽂아 둘 경우 묶는 소재의 색이 물에 빠져나와 용기 속의 물이 지저분해지지 않도록 주의해야 한다.

⑦ 화기가 깊을 경우에는 줄기의 길이가 달라도 상관없으나, 화기가 얕을 경우에는 줄기는 같은 길이로 잘라야 한다.

⑧ 마무리 할 때 줄기는 사선으로 자른다.

⑨ 꽃다발은 손에서 제작되므로 손의 체온이 소재에 전달되어 소재들의 노화를 촉진할 수 있으므로 빠른 시간 내에 제작해야 한다.

⑩ 증정 시 줄기 기부의 물기를 없앤 후 세심한 마무리 작업이 필요하다.

# 제 1과제 지참재료

| 재료명 | 수량(단위) | 규격 및 대체소재 | | |
|---|---|---|---|---|
| 장미 | 10본 | 스탠다드 카네이션 | | |
| 리시안셔스 | 10본 | 스프레이 카네이션 | 스프레이 장미 | |
| 나리 | 5본 | 거베라<br>(화폭8cm 이상, 10본) | 다알리아<br>(화폭8cm이상 ,5본) | 해바라기(5본) |
| | | 스탠다드 국화(10본) | 스탠다드 카네이션<br>(10본) | |
| 루스커스 | 20본 | 유칼립투스 | 네프롤레피스 | 레몬잎 |
| 말채 | 14본 | 곱슬버들(14본) | 화살나무(8본) | 느티나무(8본) |

| 재료명 | 수량(단위) | 규격 및 대체소재 |
|---|---|---|
| | 14본 | 납작대나무(25본, 너비0.5cm, 길이 150cm내외) 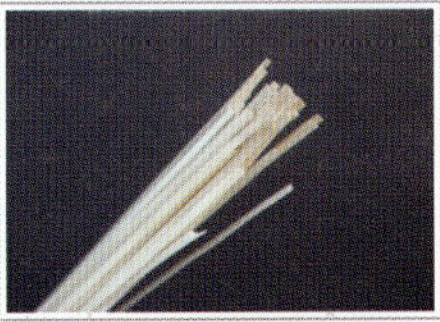 |
| **누드철사** | 1묶음 | #24, #26 각1묶음 |
| **지철사** | 1묶음 | • #27<br>• 시중판매용(그린색) |
| **플로랄 테이프** | 1개 | • 그린색<br>• 너비는 무관 |
| **오간디 리본** | 1롤 | • 1cm(내외) × 100cm<br>• 코사지용(아이보리 계열) |

## 장미컨디셔닝의 예

가시제거기를 이용하여 줄기의 잎사귀와 가시를 밑으로 내리면서 제거한다. 줄기를 깨끗하게 정리하는 것은 핸드타이드의 기본작업이다.

## 스파이럴을 이용한 핸드타이드의 제작

**1** 나선형으로 줄기를 같은 방향으로 돌아가도록 하는 방법으로 꽃얼굴들을 확인하면서 나선형으로 줄기를 하나씩 붙여간다. 개인에 따라 시계방향이나 혹은 시계반대방향으로 줄기끝을 돌리면서 라운드를 만들어 간다.

**2** 줄기를 하나씩 더해간다고 생각하고 손은 편하게 동그라미를 만들어 쥔다. 엄지와 검지를 살짝 뗏다 붙였다를 하면서 꽃을 첨가해준다.

**3** 사방으로 라운드가 되도록 꽃을 넣어준다.

**4** 교차되는 줄기가 있으면 힘있게 묶을 때 꺾이거나 부러질 수 있으므로 스파이럴을 잘 지킨다.

## 바인딩 포인트에서 묶기

**1** 한쪽 줄을 올리고 엄지로 누른 다음 엄지밑으로 내린 줄을 엄지를 감싸고 **바인딩 포인트**를 한바퀴 돌려 힘차게 당긴다.

**2** 두 세바퀴 돌려서 앞으로 오면 엄지를 빼고 줄을 넣는다. 그때 윗줄을 바로 당기면 줄이 느슨해지 므로 아랫줄을 엄지로 잘 누른 다음에 윗줄을 당긴다.

**3** **바인딩 포인트**에서 단단히 묶어서 줄기들이 흔들거리지 않도록 하고 마끈을 끌리지 않도록 간결 하고 깨끗하게 묶어서 정리한다.

4 교차되는 줄기들이 있는지, 스파이럴이 되었는지 확인하고 줄기 끝을 사선으로 잘라 마무리한다.

## 테이프로 고정하기

1 줄기가 얇거나 약한소재들은 끈으로 세게 잡아당기거나 묶을 경우 꽃다발의 바인딩포인트에서 꽃들이 꺾일 수 있으므로 끈보다는 테이프로 고정하기도 한다.

# 프리샘과 함께

이제부터 우리가 만드는 꽃다발은 구조물을 제작하여 만드는 꽃다발이다. 구조물 핸드타이드에서 꼭 알고 가야하는 것은 '코사지와 한 셋트로 꼭 모두 완성해야 한다는 것'이다. 또한 상업적인 스타일의 핸드타이드가 아니기 때문에 미적인 요소만을 강조할 수 없고 구조물의 특성과 형태를 이해하는 것이 먼저이다. 아름답고 풍성한 꽃다발을 제작함으로써 플로리스트가 가져야 할 테크닉에 더 가까워져 보자!!

## 1. 구조물 제작하기

✓ **구조물 제작 시 주의사항** : 구조물은 튼튼하고 견고하게 제작하고 꽃을 배치하는데 방해가 되지 않도록 한다.

### 재료준비

줄자, 지철사, 방울니퍼, 롱노우즈 등 각종 와이어 절단 및 휨 도구

**tip!**

✓ 시험장에는 미리 지철사를 잘라가져가면 안 돼요!!

### 1) 말채로 구조물 짜기

말채는 쭉쭉뻗은 수직의 선을 나타내 줄 수 있고 곧은 라인을 만들어 줄 수 있기 때문에 많이 사용된다. 그러나 곧은 부분이 잘 부러질 수 있으니 살살 만져가면서 마사지하여 구부려준다.

### 원형 구조물 1

**1** 원형 구조물의 조건은 지름이 35cm이상이다. 더 크게 제작할 수 있지만 기준보다 작아지면 바로 티가 나기 때문에 조건을 맞춰 꼭 35cm이상으로 제작하는게 좋다.

**2** 원형을 만들고 안 쪽에 우물정자로 2대씩 대어준다. 구조물이 겹쳐지는 부분은 꼭 와이어로 단단히 묶어준다. 손잡이를 만들경우 가운데부분을 열 십자로 해서 중심에 손잡이를 대어주기도 한다.

**3** 지름밖으로 나가는 줄기는 대각선 처리하지 않고 일자로 잘라서 깔끔하게 정리해준다. 너무 바짝 자르면 지철사를 제대로 고정하지 못했을 경우 빠지게되므로 유의한다.

 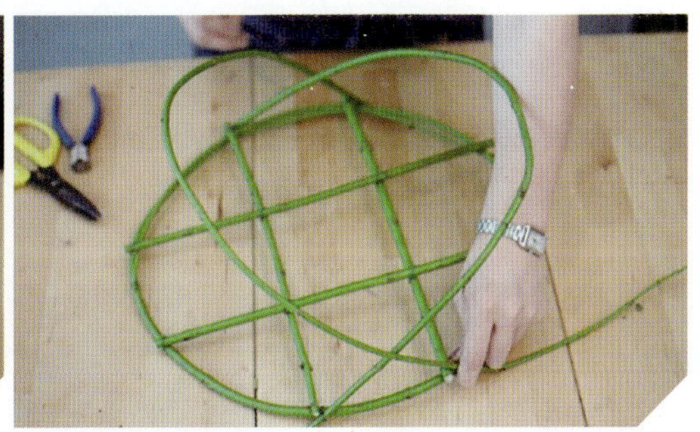

**4** 윗쪽에도 둥글게 원형이 되도록 부드러운 라인의 꾸밈선을 덧댄다. 기본적으로 2-3개 정도 대어 주고 시간이 여유가 있을 경우 조금 더 덧대어 준다.

**5** 완성

# 원형 구조물 2

손잡이가 있는 구조물이기 때문에 밑판을 십자로 연결하여 만들어주고, 손잡이를 수직으로 걸어 묶을 수 있는 선을 하나 더 만들어줘야 한다. 꾸밈선은 동일하거나 혹은 더 단순하게 하여 시간을 줄이도록 한다.

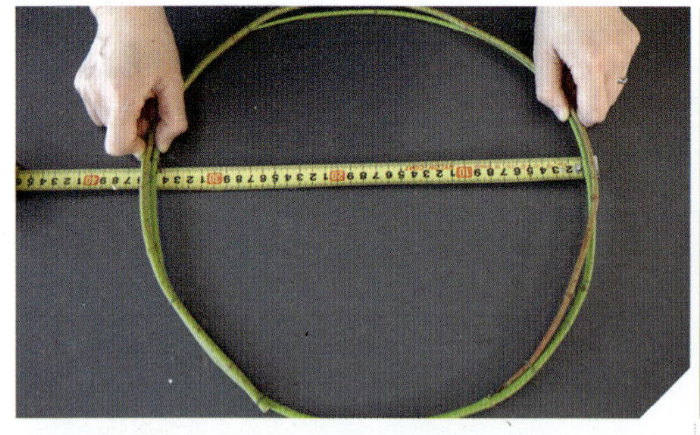

1 너비를 35센티에 맞춰 라운드를 만들어준다.

2 밑판을 십자로 묶어주고 꾸밈선을 댄다.

3 꾸밈선은 3~4정도를 대어준다.

4 손잡이를 수직으로 올려서 묶어준다. (위에서 본 모습)

5 손잡이를 잡은 모습 (옆모습)

> **tip**
>
> 손잡이가 휘어지지 않도록 단단한 나무를 선택해야 한다. 손잡이가 이미 각도가 누워버리면 스파이럴을 해도 중심이 틀어져버리게 된다.

## 2) 곱슬버들로 구조물 짜기

곱슬버들은 구부러지고 자연스러운 라인들이 있어서 완성 후에는 만족감이 높은 소재이지만, 실제로 작업시에는 구부러진 선들로만 만들 경우 제대로 원추 모양을 내기 힘들 수도 있다.

## 원추형 구조물 3

**1** 원추형의 조건은 총길이가 60cm라는 것이다. 그 길이에 맞는 비율로 작은 지름을 만들어야 하는데 보통 20cm으로 제작한다.

**2** 밑받침 지름을 동그랗게 만들고 십자(十)형태로 바닥을 채운다.

**3** 튀어나오는 구조물은 일자로 정리해 준다.

**4** 원추모양이 되도록 길쭉하게 뻗은 가지를 양쪽에 묶어주고 위에서 한번 고정한다.

**5** 반대로 2가지를 더 묶어주어 원추의 끝에서 함께 묶어 고정한다. 자연줄기가 자연스럽게 남아있으면 더 멋스럽게 연출할 수 있다.

**6** 원추를 따라 부드럽게 올라가는 선을 연출해 준다. 짧은 가지로 여러 개 덧대어도 좋지만 꾸밈선은 연결되어 올라가는 것이 보기에 더 좋다.

**7** 밑판에 손잡이를 걸어서 자연스럽게 구조물에 연결되어 지도록 한다. 이때 손잡이의 각도가 너무 눕지 않도록 한다.

# 코사지
## (Corsage)

코사지란 여인의 허리를 중심으로 상반신이나 의복에 직접 또는 간접적으로 장식하는 작은 꽃다발을 의미한다. 현대에 와서는 그 활용 범위가 넓어져 머리장식을 비롯하여 목, 어깨, 가슴, 허리 등의 신체 부위를 장식함은 물론 각종 장신구의 부가장식 및 증정용 선물에도 사용되는 꽃 모음 형태가 되었다. 남·여를 가리지 않고 사용하고 있으나, 다만 결혼식에서 신랑이 사용하는 것은 코사지라 하지 않고 부토니어(Boutonniere)라고 부르며 버튼홀 플라워(Buttonhole Flower)라고도 불린다.

# 용도별 코사지 명칭

| | |
|---|---|
| **헤어 코사지**<br>(Hair Corsage) | 머리를 장식하는 데 사용하는 코사지, 헤어두(Hair Do), 또는 헤어오너먼트(Hair ornament)라 불림. 형태에 따라 크라운(Crown), 코로네트(coronet), 헤어드레스(Hair Dress), 콰퓨어(Coiffure), 티아라(Tiara) 등이 있음 |
| **숄더 코사지**<br>(Shoulder Corsage) | 어깨에 장식하는 코사지, 에폴레트(Epaulet), 쇼울더노트(Shoulder Knot)라 부름 |
| **웨이스트 코사지**<br>(Waist Corsage) | 허리 부분을 장식하는 코사지 |
| **바스트 코사지**<br>(Bust Corsage) | 가슴 부분을 장식하는 코사지. 일반적인 코사지 장식 |
| **백사이드 코사지**<br>(Backside Corsage) | 등 부위를 장식하는 코사지. V자형, U자형 장식 |
| **리슬릿 코사지**<br>(Wristlet Corsage) | 팔이나 손목에 장식하는 코사지. 브레슬릿(Bracelet)이라도고 함 |
| **앵클릿 코사지**<br>(Anklet Corsage) | 발목이나 발목 뒤를 장식하는 코사지 |
| **러펠 코사지**<br>(Lapel Corsage) | 정장 상의의 접은 옷섶을 장식하는 코사지 |

# 구성상의 코사지 명칭

| | |
|---|---|
| **포지 코사지**<br>(Posy Corsage) | 자연 줄기를 살린 작은 꽃다발 모양의 코사지 |
| **노즈게이 코사지**<br>(Nosegay Corsage) | 자잘한 향기 나는 꽃을 여러 종류 모아서 원형으로 구성한 코사지 |
| **터지머지 코사지**<br>(Tuzzy Muzzy Corsage) | 빛깔이나 종류가 다른 자잘한 꽃을 종류별로 동심원으로 구성한 코사지 |
| **롤드로즈 코사지**<br>(Rolled Rose Corsage) | 장미 꽃잎을 하나하나 말아서 봉오리 모양으로 구성한 코사지 |
| **글래드 피 코사지**<br>(Glad Pea Corsage) | 글라디올러스의 꽃잎을 스위트피 모양으로 구성한 코사지 |
| **로즈 인 카네이션 코사지**<br>(Rose in Carnation Corsage) | 카네이션 꽃 안에 장미를 넣어 구성한 코사지, 비슷한 종류로 로즈인칼라(Rose in cara)코사지도 있다. |
| **개더링 코사지**<br>(Gathering Corsage) | 부케와 마찬가지로 한 송이의 꽃, 혹은 봉우리에 같은 꽃잎을 한 잎씩 연속으로 겹쳐 대어 큰 하나의 꽃으로 구성한 코사지, 빅토리안 로즈 코사지, 글래드로즈 코사지, 유칼리로즈 코사지, 그린로즈 코사지, 더치스 튤립 코사지, 릴리멜리아 코사지 등 |

# 1. 와이어링 테크닉사용하기

코사지를 만들 경우 꽃이나 잎이 가지고 있는 원래의 자연 줄기만으로 용도에 맞추어 구성하기가 힘들
경우가 있다. 이때 자연 줄기를 대신하여 철사로 인공줄기를 만들어 주면 다양한 형태로 디자인할 수
있어 제작을 용이하게 한다. 부케나 코사지는 들거나 몸에 부착해야 하므로 꽃의 무게가 가벼워야 좋
다. 철사를 잘 이용하면 꽃의 무게를 경감해주고 줄기를 보강해주며 활용방법에 따라 수명을 연장시키
기도 한다. 따라서 꽃의 형태에 따라 바른 철사 방법을 활용하도록 한다.

| | |
|---|---|
| **피어싱**<br>(Piercing) | 꽃받침이나 씨방 줄기 등에 와이어를 직각이 되게 관통하고 관통된 양쪽 철사를 아래로 구부린다. 철사의 무게와 굵기를 걱정한다면 한쪽 철사를 짧게 자름<br>➡ 장미, 카네이션, 다알리아 등 |
| **크로싱**<br>(Crossing) | 피어싱한 철사와 수직이 되게 십자로 한 번 더 철사를 활용하는 방법. 줄기가 굵거나 커서 피어싱으로는 무게를 지탱하기 힘든 꽃에 활용<br>➡ 백합, 장미, 카네이션 등 |
| **후킹**<br>(Hooking) | 와이어의 한 쪽을 갈고리 모양으로 구부려 꽃의 위부터 꽃받침 쪽으로 꽂아서 내림<br>➡ 거베라, 국화, 라넌큘러스, 스카비오사 |
| **인서션**<br>(Insertion) | 철사를 줄기의 속 아래에서 위쪽으로 수직으로 꽂아주는 방법. 줄기를 보강하거나 구부릴 필요가 있을 때 활용<br>➡ 거베라, 라넌큘러스, 수선화, 칼라, 스위트피 |
| **헤어핀**<br>(Hairpin) | 주로 잎류에 활용 됨. 철사를 잎의 주맥과 직각으로 한 땀을 뜨고 헤어핀 모양을 U자형으로 구부려주는 방법<br>➡ 백합 등의 멜리아, 동백, 루모라,아이비, 스킨답서스잎 등 |
| **트위스팅**<br>(Twisting) | 꽃이나 잎, 줄기 등을 철사로 감아 내리는 가장 기본적인 방법. 직접 철사를 관통하거나 줄기 혹은 잎에 꽂아 줄 수 없을 때 활용 |
| **루핑**<br>(Looping) | 철사를 동그란, 혹은 기다란 고리모양으로 만들어 위쪽으로부터 꽂아내려 인공줄기를 만듦. 고리 모양에 솜을 넣어 물기를 지원해 주면 꽃의 수명이 오래감<br>➡ 덴드로비움, 수선화, 스테파노티스, 카틀레야, 프리지어, 히아신스 |
| **시큐어링**<br>(Securing) | 줄기가 약하거나 곡선을 내기위해 구부려주어야 할 때 나선형으로 줄기를 감아 내리는 방법<br>➡ 프리지아, 금어초, 은방울꽃, 유칼립투스, 장미 등 |
| **클러치**<br>(Clutch) | 난 종류에 많이 사용. 난 얼굴을 하나하나 와이어링 할 때 사용 |
| **소잉**<br>(Sewing) | 여러 개의 꽃잎이나 잎을 겹쳐서 철사로 바느질하듯 활용하는 방법. 군자란, 나리, 용담, 도자리 등의 꽃을 한군데 절개하여 바느질하듯 활용. 글라디올러스, 백합, 크로톤 등 긴 잎의 기부에서 위로 꿰매 올라감 |

## 2. 테이핑하기

부케나 코사지를 제작할 때 철사로 처리된 인공 줄기를 테이프로 감아 철사를 가려주고 거친 부분을
보호해 주는 방법이다. 플로랄 테이프는 미세한 주름지에 왁스를 입힌 것으로 약간의 끈적임과 함께
미세한 접착력이 있으며, 앞 뒤 구분이 없으며 늘려서 사용한다.

## 3. 코사지 제작 시 유의사항

① 생화 소재는 충분히 물 올림이 된 후 사용한다.

② 수분이 공급되지 않는 상태에서 적정시간 형태가 잘 유지되는 소재를 선택을 한다.

③ 옷에 부착하기에 중량감이 크지 않은 것을 선택한다.

④ 옷이 상하지 않도록 철사 및 부자재의 처리에 주의한다.

⑤ 바인딩 포인트가 내려가지 않도록 무게중심을 잘 조절한다.

⑥ 코사지를 부착하는 부위에 따른 시각적 구성을 염두해둔다.

⑦ 부착하는 옷 소재에 따른 부착방법을 고려한다.

> **tip**
>
> • 1과제에 준비하는 꽃으로 코사지를 만들어야 하기 때문에 1과제 소재 선택이 중요하다.
> • 큰 사이즈의 꽃과 작은 소재들을 적절히 활용하여 제작하되 절화 3송이가 들어가도록 한다.

### 1) 코사지 제작 특징

절화 3송이를 이용한 자유형의 코사지를 제작한다.

### 2) 요구사항

① 가슴 부착용 코사지

② 자유형(단, 절화3송이를 사용)

③ 구조물은 제작하지 않고 와이어링 기법만을 사용한다.

④ 탈부착이 가능하도록 제작한다.

⑤ 지참재료 중 리본을 활용하여 보우를 자유롭게 제작한다.

⑥ 절화의 수명은 6시간 이상 유지되도록 제작한다.

## 3) 와이어 테크닉을 이용한 코사지 제작 방법

### ✎ 1과제 공통재료 중 코사지 제작을 위한 재료들

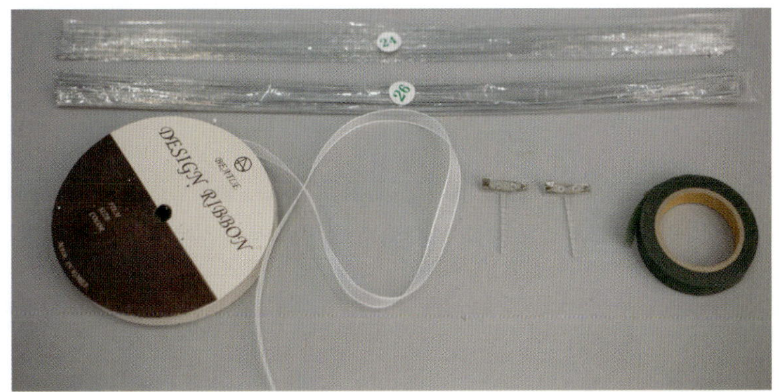

#24, #26번 와이어, 플로랄테이프, 리본(코사지 핀은 현장에서 제공함)

미니장미, 장미, 루스커스를 짧은 길이로 자르되 줄기끝은 사선 처리한다
(코사지는 1과제 준비 재료에 따라 달라질 수 있다).

줄기에 맞는 와이어테크닉을 사용한다.

**1** 각 재료를 은색 철사가 보이지 않도록 플로랄 테이프로 감아서 내려온다.

**2** 각 재료를 테이핑하여 한 번에 모아 높낮이를 조절하여 줄기끝을 모아 한 번에 테이핑 한다.

**3** 제공한 코사지 핀을 뒤쪽에 놓고 테이프로 함께 감는다.
준비한 리본을 감아주는데 윗쪽에 리본 한쪽을 놓고 한쪽은 감아서 내려갔다가 다시 올라온다.

3 제공한 코사지 핀을 뒤쪽에 놓고 테이프로 함께 감는다.
준비한 리본을 감아주는데, 윗쪽에 리본 한쪽을 놓고 한쪽은 감아서 내려갔다가 다시 올라온다.

4 완성

**tip!!**

✓ 리본을 감아서 내려갔다가 꼼꼼히 감아서 올라와서 윗쪽에 남겨놓은 한쪽 리본으로 묶어준다.

✓ 바인딩 포인트를 처음에 설정한 위치에서 아래로 내려가지 않도록 주의 한다. 바인딩 포인트의 위치가 달라지면 구성된 모양도 흐트러지고 무게중심도 맞지 않게 된다.

✓ 다양한 리본형태를 디자인해주면 좋다.

## 다양한 코사지 사진들

# 원형 꽃다발
## (Round style Handtied)

| 제작 시<br>유의사항<br>및 특징 | • 둥근 구조물과 꽃들이 어울어지도록 하고 전체가 원형을 이루도록 한다.<br>• 반구형태의 구조물 핸드타이드는 조건이 지름이 35센티가 넘다 보니 의외로 구조물안에 꽃을 넣기를 어려워하는 꽃다발이다 .<br>• 구조물의 형태는 자유롭게 디자인하여 기능적 혹은 장식적으로 구성하여 제작한다.<br>• 구조물 안에서 다양한 꽃들을 조화롭게 배치하되 꽃들로 구조물을 다 덮어서는 안 된다.<br>• 구조물은 단단하고 잘 고정된 상태여야 한다.<br>• 바인딩 포인트는 꽃다발 구조물 아래에 위치하여 구조물에 의해 줄기가 꺾이지 않도록 주의한다. |
| --- | --- |
| 요구사항 | • **작품형태** : 원형 구조물제작<br>• **작품크기** : 35cm이상<br>• **줄기 제작기법** : 나선형(spiral)<br>• 지철사 사용. 준비된 생화는 종류별로 모두 사용하고 사용량은 전체 소재 70%이상 |

# 라운드 스타일 핸드타이드 1



레몬잎, 장미, 미니장미, 거베라, 말채

**1** 구조물을 만들어 준비한다.

**2** 레몬잎을 우물정자의 4부분에 넣어 잡는다.

**3** 힘이 되어지도록 장미와 거베라를 넣어 단단히 잡는다.

**4** 윗쪽과 옆을 자연스럽게 꽃을 채운다.

**5** 윗부분도 채운다.

⑥ 빈 곳이 있는지 살펴보고 필러를 넣어준다.

⑦ 구조물을 사방으로 돌려 꽃들이 골고루 들어가있도록 배치한 후 줄기를 사선으로 잘라 세워둔다.

⑧ 완성

# 라운드 스타일 핸드타이드 2

## 재료준비

루스커스, 장미, 카네이션, 거베라, 곱슬버들

**1** 구조물을 만들어 준비한다(손잡이가 있는 구조물유형).

**2** 루스커스를 열십자 가운데 손잡이 부분에 넣어 단단히 잡는다.

**3** 자연스럽게 원형의 반쪽 혹은 한 부분, 한 부분을 채워 가면서 같은 꽃으로만 채워지지 않도록 한다.

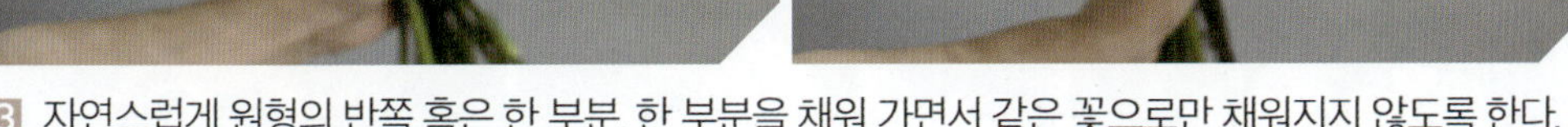

**4** 전체적으로 꽃들이 골고루 배치되도록 한다.

위에서 본 모습

5 줄기를 모두 사선으로 잘라 세워 본다.

6 수반 위에 세워서 수평이 되도록 한다. 모든 줄기들이 물에 닿도록하고 사선처리 한다. 끈이 끌리지 않도록 단단히 잘 묶어서 짧게 한다.

7 완성

소재 바꿔서 만들어 본 반구형 핸드타이드

**tip!!**

✓ 다양한 소재를 이용하여 반구형을 만들어보세요~! 내가 잘 다룰줄 아는 소재가 어떤것인지 혹은 모양을 더 잘 표현할 수 있을것 같은 소재를 선택하는것도 중요합니다.

# 라운드 스타일 핸드타이드 3



장미, 거베라, 리시안, 루스커스, 말채

**1** 리시안셔스를 사용할 경우 대가 얇아서 많이 꺾이고 끊어지기도 해서 많이 어려워하는데 그럴 경우 단단한 줄기를 가진 꽃들이나 소재들 사이에 들어가게 하여 줄기를 보호하도록 한다.

**2** 줄기는 꼭 사선으로 처리하고 수반에 수평이 되도록 세워 놓는다.

**3** 완성

# 원추형 꽃다발
## (Cone style handtied)

| | |
|---|---|
| **제작 시 유의사항 및 특징** | • 원형 꽃다발을 중심으로 높이가 강조된 디자인의 꽃다발이다. 원지름과 높이의 비율이 1 : 3비율 혹은 1 : 4 의 비율로 제작하여 수직 상승하는 분위기를 내어 준다.<br>• 원추형의 구조물로 제작하고 그 구조물을 과하게 벗어나지 않도록 한다.<br>• 기능적인 목적으로 프레임을 제작한다.<br>• 바인딩 포인트를 단단하게 묶는 것은 가장 중요한 체크포인트이다.<br>• 높이와 폭의 균형에 주의하며 제작한다.<br>• 가지를 자를 때는 전지가위를 사용하는 것이 좋다. |
| **요구사항** | • **작품형태** : 원추형 구조물제작<br>• **작품크기** : 전체 길이가 60cm이상<br>• **줄기 제작기법** : 나선형(spiral)<br>• 지철사 사용. 준비된 생화는 종류별로 모두 사용하고 사용량은 전체 소재 70%이상 |

# 원추형 꽃다발 1

## 재료준비

장미, 미니장미, 카네이션, 레몬잎, 곱슬버들

**1** 손잡이와 함께 가장 높이 올라갈 꽃과 소재를 처음 배치한다.

**2** 밑으로 내려오면서 꽃의 얼굴이 아래로 내려오고 넓어진다. 이때 밑이 너무 뚱뚱해지지 않도록 한다.

**3** 아랫쪽으로 올수록 바인딩 포인트와 가까워지니 얇은 줄기들이 구부러지거나 뿌러지지 않도록 레몬잎으로 받쳐주면서 퍼지지 않게 한다. 밑 줄기를 사선으로 잘라 곧게 올라가는 모습을 강조하여 세워놓는다.

**4** 완성

**tip!!**

✓ 준비재료 중 장미, 카네이션, 미니장미, 레몬잎, 곱슬버들로 제작했다. 소재를 하나만 바꿔도 느낌이 달라진다.

# 원추형 꽃다발 2



말채, 장미, 거베라, 리시안셔스, 루스커스

곱슬버들과 말채로 구조물을 만들었을 때의 차이는 위의 사진처럼 말채는 좀더 쭉쭉 뻗어있는 형태를 잘 만들어내기도 한다. 곱슬버들은 그에 비해 구부러져 있지만 자연스러운 라인과 모양을 구성할 수 있다는 장점이 있다.

소재바꿔서 만들어본 반구형 핸드타이드

# 서양형 꽃꽂이

# 2과제

## 서양형 꽃꽂이

꽃꽂이는 여러 가지 꽃과 가지류 및 잎 소재를 적절히 배합하여 적합한 용기와 도구를 이용해 아름답게 배열하는 행위를 말한다. 기하학적 형태 위주의 도식적인 형태가 주를 이루며 꽃이 중심 소재가 되어 화려함을 추구하고 실용적이며 선물 혹은 이벤트 등 상업적인 목적으로 활용하기에 적당하다. 주된 고정물은 플로랄 폼이며 그 밖에 다양한 화기를 이용하여 폼을 고정시켜 활용하기도 한다.

## ✏️ 채점 포인트 알고 준비하자!!!

| | |
|---|---|
| 기능·기술적인 면 | • 줄기의 절단면은 모두 45도 이상으로 잘려져 있는가?<br>• 플로랄 폼은 잘 가려져 있는가?<br>• 사용된 재료는 단단하게 고정되어 있는가?<br>• 줄기의 출발점은 주어진 주제에 적합하게 일관성을 가지고 있는가?<br>• 주어진 주제에 적합하게 줄기의 출발점이 '방사'를 이루고 있는가?<br>• 재료의 다듬기나 배치 정도는 잘 되어 있는가?<br>• 요구사항과 소재의 사용량은 잘 준수 되었는가? |
| 디자인적인 면 | • 문제에서 요구된 형태는 알맞게 구성되어 있는가?<br>• 배열, 질감, 리듬, 대비는 적절하게 구성되었는가?<br>• 화기와 작품의 비율은 적합한가?<br>• 색의 구성은 전체적으로 적절한가?<br>• 기존에 볼 수 없었던 디자인이거나 소재의 사용이 독창적인가? |
| 마무리 작업 | • 주변정리는 깨끗하게 마무리되어 있는가? |

# 서양형 꽃꽂이 개요

## 1. 서양 꽃꽂이의 특징

① 기하학적 형태 위주의 도식적인 형태가 주를 이룬다.

② 꽃이 중심 소재가 되어 화려함을 추구한다.

③ 실용적이며 선물 혹은 이벤트 등 상업적인 목적으로 활용하기에 적당하다.

④ 주된 고정물은 플로랄 폼이며 그 밖에 유리관, 파라핀 등으로 대체하여 사용되기도 한다.

## 2. 서양 꽃꽂이의 기본 화형

### (1) 직선적인 형태

① **수직형**(Vertical style)

ㄱ. 넓이 보다 수직을 강조한 형태

ㄴ. 현대적인 공간, 좁은 공간, 천정이 높은 공간에 적절함

② **대칭삼각형**(Symmetrical-Triangula style) : 수직축을 중심으로 좌우가 대칭인 형태의 삼각형

③ **비대칭삼각형**(Asymmetrical-Triangula style) : 수직축을 중심으로 좌우가 비대칭이며 세 변의 길이가

다른 삼각형

④ **L형**(L style)

ㄱ. 영문 L자 모양의 비대칭 형태

ㄴ. 자칫 삼각형이 되기 쉬우므로 초점 부근의 볼륨을 많이 주지 말것

⑤ **역 T형**(Inverted T style)

ㄱ. 영문 T자를 거꾸로 놓은 형태

ㄴ. 수직과 수평이 동시에 공존하는 디자인으로 초점 부근의 볼륨을 많이 주지 말고 예리하게 표현한다.

### (2) 곡선적인 형태

① **수평형**(Horizontal style) : 높이보다는 너비가 강조된 형태로 평화롭고 부드러운 미감을 갖고 있으며

낮은 장식으로 테이블 장식에 많이 쓰임

② **초승달형**(Crescent style) : 뉴문(New moon)스타일 이라고도 하며 대표적인 비대칭 곡선 디자인이다.

③ **S커브형**(S curve style)

ㄱ. 호가스(hogarth)라고도 하며 곡선, 비대칭 디자인으로 바로크 시대에 유행한 디자인

ㄴ. 18C 화가인 윌리암 호가스의 이름을 따서 명명된 디자인

④ **부채형**(Fan style) : 방사로 뻗은 선과 부채모양의 완만한 곡선의 미와 풍성한 형태가 돋보이는 디자인

⑤ **원형**(Round style) : 원형 디자인으로 초점을 중심으로 각 길이가 같게 디자인하며 방사상의 모양이 잘 이루어지도록 각별히 주의함


## (3) 입체적인 형태

① **반구형**(Dome style) : 구를 반으로 자른 듯 표현되는 형태로 작은 화형에서 큰 화형으로 용기를 다양하게 활용되며 바구니 장식으로도 많이 활용됨

② **원추형**(Cone style)

ㄱ. 원추모양의 원뿔형태

ㄴ. 꽃과 과일 등의 열매소재와 함께 활용되기도 하며 크리스마스 장식으로도 좋음

ㄷ. 무거운 과일 등을 활용할 때는 플로랄 폼도 원추모양으로 깎아서 높게 활용하는 것이 좋음

③ **스프레이타입**(spray type)

ㄱ. 꽃다발을 화기나 바구니에 얹은 것 같은 스타일

ㄴ. 초점을 중심으로 한 쪽에는 꽃의 윗부분을 한쪽에는 꽃의 줄기를 꽂아 하나로 연결되어 있는 것처럼 구성

ㄷ. 리본으로 생장점의 윗부분을 마무리하여 리본으로 꽃을 한 다발 묶어놓은 것처럼 만든 작품

④ **토피어리**(Topiary)

ㄱ. 동물 혹은 어떠한 형상 등으로 전지한 것에서 유래한 디자인으로 주로 구형제작을 많이 하고 나뭇가지류로 줄기처럼 지지하여 화기에 장식함

ㄴ. 리본 등 액세서리를 활용하기도 함

# 3. 꽃바구니

## (1) 꽃바구니의 특성

바구니에 플로랄 폼을 고정한 뒤 꽃을 꽂는 화훼장식으로 우리나라에서 가장 많이 판매되고 있는 상품중의 하나이다. 꽃바구니는 이동성이 용이하여 각종 행사 선물용으로 많이 이용되지만 일반 화기에 비해 물관리가 어려워 방수처리를 잘 해주어야 한다.

## (2) 꽃바구니 제작상의 주의점

① 제작하고자 하는 형태에 따라 바구니를 준비한다.

② 바구니에 물이 세지 않도록 방수시트를 사용하여 플로랄 폼을 감싼다.

③ 바구니와 플로랄 폼을 단단히 고정한다.

④ 꽃소재는 선물 받는 사람이 받는 시점에서 가장 화려한 상태가 되도록 신선도나 핀 정도를 고려해 준비한다(피지 않은 소재는 양적으로나 화려함의 효과가 적다).

⑤ 과일이나 선물을 함께 배열할 때는 손상되거나 흩어지지 않도록 비닐을 적절히 사용한다.

⑥ 손잡이 부분을 잡기 쉽도록 하고 운반에 어려움이 없도록 제작한다.

⑦ 용도에 따라 리본 연출과 함께 메시지 픽을 꽂아 마무리한다.

⑧ 수분 손실의 방지와 이동의 편리를 위하여 opp포장을 하는 것이 좋다.

# 제 2과제 지참재료

| 재료명 | 수량(단위) | 규격 및 대체소재 | | |
|---|---|---|---|---|
| 장미 | 10본 | 스탠다드 카네이션 | | |
| 리시안셔스 | 10본 | 스프레이 카네이션 | 스프레이 장미 | |
| 거베라(화폭 8cm이상) | 10본 | 다알리아 (화폭 8cm이상) | 해바라기(5본) | 스탠다드 국화(10본) |
| | | 나리(5본) | | |
| 유칼립투스 | 10본 | 루스커스(20본) | 금사철나무(10본) | 네프롤레피스(20본) |
| | | 탑사철나무(10본) | • 은사철나무(10본) <br> • 청사철나무(5본) | |

| 재료명 | 수량(단위) | 규격 및 대체소재 | | |
|---|---|---|---|---|
| **스프레이 국화** | 10본 | 과꽃(10본) | 스프레이 카네이션 (10본) | 솔리다스터(20본) |
| | | • 기린초(20본)<br>• 공작초(10본)<br>• 알스트로메리아(10본) | | |
| **편백** | 3본 | 금사철나무 | • 측백<br>• 은사철나무<br>• 청사철나무 | |

# 부채형과 대칭 삼각형
## (Fan style & Triangular type designs)

부채형과 삼각형은 직선적인 형태과 곡선적인 형태를 하기에 다른 것 같지만 모양과 형태를 이해하면 오히려 서로 이해가 빠를 수 있는 작품이다.

## 1. 부채형

### (1) 형태적 특성

① 부채형 디자인은 비교적 소량의 꽃으로 화려하고 풍성한 느낌을 표현할 수 있다.

② 공작새의 깃털을 쭈욱 펼쳤을 때 혹은 부채를 활짝 핀 모습을 하고 있다.

③ 일방형 디자인으로 곡선적인 형태와 대칭형태를 이루도록 한다.

④ 방사형 줄기배열을 지켜 하나의 생장점으로 모이게 한다.

⑤ 크기가 커지면 골격과 양감을 나타내는 소재들이 많이 들어 가게 된다.

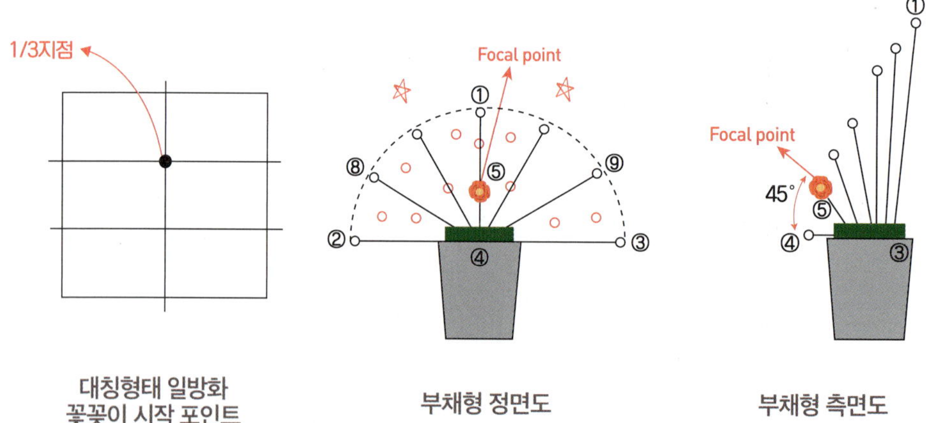

# 2. 삼각형

## (1) 형태적 특성

① 삼각형을 형상화한 구성으로 삼각의 꼭짓점이 뚜렷이 드러나고 좌우대칭의 엄격한 질서와 간결함의 표현이 두드러진 대표적인 직선형태이다.

② 방사형 줄기배열을 지켜 하나의 생장점으로 모이게 한다.

③ 대칭삼각형으로 정삼각형 혹은 이등변삼각형으로 나타내는 면 구성의 형태이다.

④ 중심축을 기준으로 좌우가 대칭일 때 무게감만이 아닌 시각적인 균형감도 대칭이어야 한다.

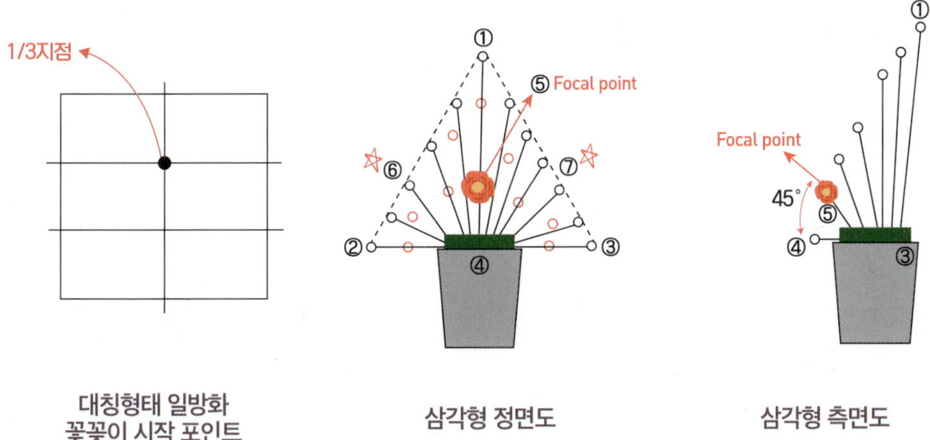


대칭형태 일방화 꽃꽂이 시작 포인트

삼각형 정면도

삼각형 측면도

## 제작 포인트

| 구분 | 정면도 | 측면도 |
| --- | --- | --- |
| 부채형 | ①번 수직선보다 ②, ③의 수평선은 약간 짧게 구성한다. (1.4 : 1 혹은 1 : 2/3) | 1번은 뒤로 5~10° 기울여 꽂는다. ⑤번 포컬은 45°로 정면을 보게 꽂는다. |
| 삼각형 | 6, 7번의 길이가 길어지지 않도록 한다(수직과 수평을 이어주는 외곽선 밖으로 나가지 않기). | |

✓ 일방화이므로 시작포인트도 폼의 뒤쪽 1/3 지점에서 시작한다.

# 부채형1



탑사철, 미니장미, 나리, 카네이션, 소국, 편백

**1** 수직으로 높이를 잡고 비율에 맞게 수평의 길이를 꽂아서 높이와 넓이, 폭을 정한다(라인 소재로 형태를 잡는 가장 빠르고 정확한 방법 중 하나). 높은 화기일 경우 화기의 높이와 넓이를 더한 길이의 1.5~2배를 높이로 잡고 수평의 넓이는 그보다 짧아지면서 내려온다. 수직의 길이가 1.4라면 수평의 길이는1이 되도록 한다(혹은 1 : 2/3 비율로).

**check!!**

✓ 2과제는 작품의 사이즈를 정하는 기준이 따로 제시되어 있지 않고 화기의 사이즈에 맞는 비율로 제작하라고만 되어 있다. 어떠한 화기가 나오더라도 '비율'이 가장 중요한데 대부분 사각형의 높은 화기를 제공한다(시험장소마다 혹은 날짜마다 다를 수 있음).

**2** 정면으로 수직선과 같은 라인에 오게 하여 폭을 정한다. 너무 길게 꽂으면 많이 돌출되어 나중에 작품자체가 뚱뚱해지고 복잡해 보인다.

**3** 탑사철로 부채살의 느낌을 더해주어 밖으로 뻗어나가되 바깥 라인이 동그란 라인이 되도록 주의하여 꽂는다.

**4** 포컬을 꽂아서 무게중심을 보여주고 시선을 끌 수 있도록 한다.

**check!!**

✓ 포컬은 매스플라워 중에서 사이즈가 크고 색이 진해서 한눈에 시선을 끌 수 있는 꽃으로 정하는 것이 좋다.

**5** 완성

**tip!!**

✓ 수직 중심축을 기준으로 좌우가 분명한 대칭을 이루도록 한다.

✓ 한 쪽 너비보다 높이를 길게 꽂아야한다.

✓ 자칫 삼각형이 될 수 있으므로 곡선적인 구성에 주의한다.

✓ 초점을 중심으로 방사상의 줄기배열이 되도록 구성한다.

# 부채형 2

## 재료준비

장미, 카네이션, 미니장미, 공작초, 루스커스, 측백

**1** 높이와 넓이, 폭을 정한다.

**2** 루스커스로 골격을 만들어 준다.
골격으로 부채살을 만들어 준다.

**check!!**

✓ 수직과 수평의 사이에 1개 혹은 2개로 라인을 만들어 줄 때 라인 소재의 끝 점들이 부채형으로 동그랗게 내려오도록 한다.

**3** 라인 소재 앞에 매스플라워를 넣어서 골격과 부피감을 동시에 만들어 준다.

**4** 좀 더 짧은 길이로 장미와 장미 사이를 카네이션으로 채워준다(카네이션은 거베라 대신 사용하였다).

5 뒤쪽 줄기가 노출되는 부분에 방사를 지켜 라인소재를 꽂아준다.

6 공작초를 루스커스와 카네이션 사이에 넣어 채워준다.
편백을 넣어 폼을 가려주고 부피감을 보조해 준다.

7 완성

**tip!!**

✓ 일방화들은 대부분 앞쪽에서는 쉐잎을 나타내주면서도 옆에서 볼 때는 뚱뚱하지 않게 높이에서 폭을 정한 포인트까지 자연스럽게 내려오도록 한다.

✓ 앞쪽에서만 꽃을 보는 것이 아니라 옆모습에서도 다양한 각도로 꽃들을 골고루 배치한다.

# 대칭삼각형 1



장미, 거베라, 미니장미, 공작초, 편백, 루스커스

**1** 삼각형은 대칭 삼각형이라고만 제시하였으므로 정삼각형, 혹은 이등변 삼각형으로 제작한다.
높이와 넓이를 정하고 높이에서 바닥 넓이를 정한 길이까지 연결하는 빗변을 생각하여 짧은 선을
가운데 넣어준다. 필요시 두개를 넣어도 무방하다.

**2** 폭을 만들어주고 루스커스 골격 앞에 장미를 꽂아 부피감을 함께 잡아준다.
45도 각도로 장미 포컬포인트를 잡아주고 루스커스 앞에 장미를 꽂아 부피감을 함께 잡아준다.

**3** 장미로 밑변을 채워주고 거베라로 장미사이에 넣어 부피감과 골격을 더해간다. 큰 세모안에 작은
세모가 있는 것처럼 생각하고 매스 플라워를 꽂아주면 편하다.

**4** 매스플라워 사이에 공작초를 넣어 라인감을 더해주고 미니장미를 넣어서 색감과 부피감을 보조해준다.

**5** 포컬 근처는 시선이 집중되는 곳이므로 앞쪽에 넣는 필러 소재는 신경써서 예쁘고 단단한 소재들로 꽂아준다. 편백을 넣어주고 마무리한다.

**check!!**

✓ 포컬 근처는 시선이 집중되는 곳이므로 앞쪽에 넣는 필러 소재는 신경써서 예쁘고 단단한 아이들을 꽂아준다.

**6** 완성

**tip!!**

✓ 삼각형의 꼭지점이 뚜렷이 드러나도록 외형을 구성하고 꼭지점의 연장선이 직선의 예리함을 갖도록 한다.

✓ 수직중심축을 기준으로 좌우가 분명한 대칭을 이루도록 한다.

✓ 단면 디자인의 주의점을 숙지하여 높이감을 주는 꽃을 뒤로 5~10° 기울여 꽂아주어 공간확보와 안정감을 주도록 한다.

# 대칭 삼각형 2

## 재료준비

카네이션, 거베라, 스프레이카네이션, 리시안셔스, 유칼립투스, 편백

**1** 유칼립투스 중 블랙잭이라는 소재를 이용. 블랙잭은 라인감이 좋고 단단하여 골격으로 많이 사용되는데 색감도 꽃들과 잘 어우러진다.

**2** 스탠다드 카네이션으로 양감을 준다. 카네이션은 수입으로 많이 들어오기 때문에 사계절 내내 사용할 수 있다(한 단에 20송이가 들어 있다).

**3** 카네이션 사이에 거베라를 두어 부피감을 채우고 그 사이를 리시안셔스로 색감을 연결해준다.

**4** 스프레이 카네이션과 블랙잭을 골고루 넣어 매스들을 연결하듯 넣어주고 편백으로 폼을 가려준 뒤 마무리 한다.

**5** 완성

# 수직형과 수평형
## (Vertical style & Horizontal style)

수직과 수평형은 높이와 넓이를 강조한 작품으로 수직은 역T와 L형과 함께 연습하고 수평은 사방화로 반구형과 함께 연습하면 좋습니다.

## 1. 수직형(Vertical style)

### (1) 형태적 특성

① 직선적인 강력함과 수직의 남성적인 미감을 갖고 있어 소량의 꽃으로 효과적인 표현을 할 수 있는 간결한 디자인이다.

② 수직형은 좁은 공간이나 위로 상승하는 운동성을 표현하기 좋고, 층구가 높은 곳에 장식하기 좋다.

③ 일방화로 제작하고 위에서 아래로 흐르듯이 혹은 위로 꽃을 타고 올라가듯이 표현할 수 있다.

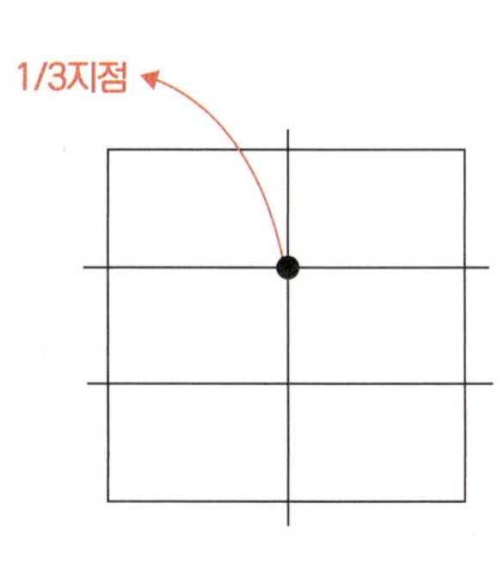

수직형 꽃꽂이 시작포인트

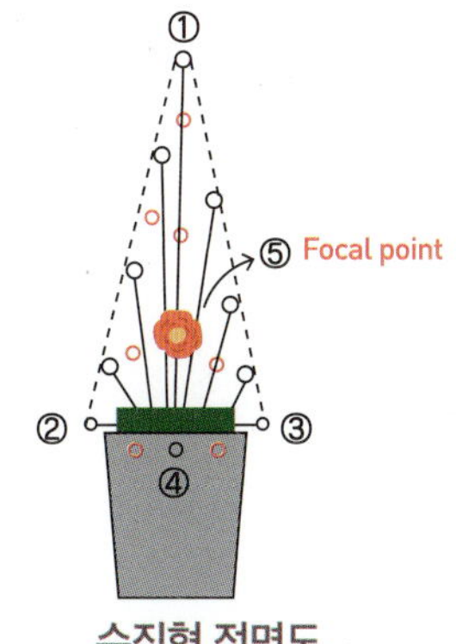

수직형 정면도

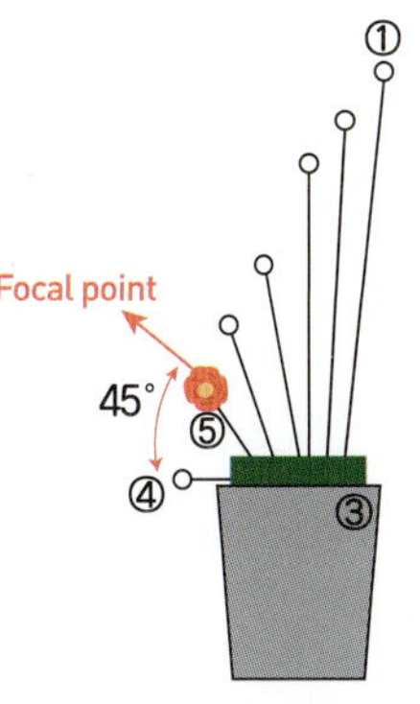

수직형 측면도

## 2. 수평형(Horizontal style)

### (1) 형태적 특성

① 수평의 너비가 강조된 디자인으로 고요함과 평화스러운 느낌을 표현하는 실용적 테이블 장식용
   도로 널리 활용된다.

② 곡선적인 형태를 사방으로 이루고 대칭형태가 되도록 방사상의 줄기배열을 이루게 한다.

③ 수평라인을 길게 높이는 낮게 표현하여 넓이 부분을 강조하는 형태가 되도록 한다.

④ 수평적인 느낌이 강조되어 안정적이고 편안한 이미지를 지닌다.

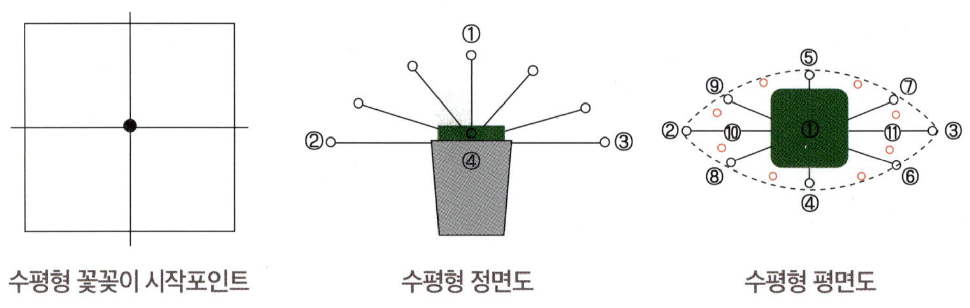

수평형 꽃꽂이 시작포인트      수평형 정면도      수평형 평면도

## 수직형과 수평형의 제작 포인트 비교

| 구문 | 정면도 | 측면도 |
| --- | --- | --- |
| 수직형 | 너비를 정한 2, 3번이 화기에 가깝도록 아주 짧게 꽂아주어서 아랫부분이 두꺼워지지 않도록 한다. | 일방화 시작포인트도 폼의 뒤쪽 1/3 지점에서 시작한다. 1번은 뒤로 5~10° 기울여 꽂는다. ⑤번 포컬은 45°로 정면을 보게 꽂는다. |
| 수평형 | 너비를 정한 2, 3번은 짧지 않게 하고 수평라인이 수직의 꽃과 자연스럽게 곡선으로 연결되도록 꽂는다. | 사방화로 제작, 수직선을 세우고 수평을 꽂아주어 골격을 만들고 부드러운 곡선으로 연결되도록 한다. |

# 수직형 1



장미, 거베라, 리시안셔스, 소국, 루스커스, 편백

**1** 높이가 강조되는 작품이므로 수직은 높게, 너비는 아주 좁게 꽂아 준다.
포컬을 꽂아주고 수직에서 내려오는 골격을 루스커스로 잡아 준다.

**2** 장미를 루스커스 사이에 꽂아서 수직으로 타고 올라가듯이 꽂아 준다.
거베라와 리시안셔스를 사이 사이에 넣어서 채워준다.

**check!!**

✓ 부피가 커지지 않도록 주의한다.

3 소국을 리시안셔스와 장미 사이에 넣어 부피감을 보조하고 채워준다.
편백을 넣어 폼을 가려준다.

4 완성

tip!!

✓ 너비를 표현하는 길이를 최소화하여 수직적인 느낌을 강조해준다.
✓ 수직 중심축을 기준으로 좌우가 색감혹은 양감으로 분명한 대칭을 이루도록 한다.

# 수직형 2



## 재료준비

루스커스, 거베라, 장미, 소국, 리시안서스, 편백

**1** 루스커스로 높이를 정하고 폭은 아주 좁게 하여 높이을 돋보이게 한다.
포컬포인트는 거베라로 정하거나 장미로 해도 좋다.

**2** 거베라와 장미를 이용하여 수직의 라인을 올리고 바닥의 폭을 좁아보이도록 꽂는다.

**3** 루스커스와 매스플라워를 이용하여 옆쪽라인도 채워준다.

4 리시안을 매스플라워들 사이에 꽂아서 채워 준다.

5 소국과 편백을 이용하여 폼을 가리고 색감이 부족한 곳에 적절히 배치한다.

# 수평 1

**재료준비**

장미, 거베라, 리시안셔스, 소국, 유칼립투스, 편백

**1** 수평을 강조하기 때문에 수평의 길이를 먼저 잡아주고, 매스플라워로 높이를 정해준다. 라인을 따라 매스를 자연스럽게 사방으로 골격을 만드는 곳에 꽂는다(4 : 1의 비율).

**2** 유칼립투스로 윗부분의 곡선을 자연스럽게 연결해준다.

**3** 바닥 부분에도 유칼립투스로 연결해주고 거베라로 곡선의 윤곽을 잡아준다. 사방화이기 때문에 포컬 포인트가 납작한 부분 쪽으로 두 개가 생긴다.

**4** 아랫쪽으로도 거베라를 넣어서 대칭을 만들어주고 장미로 수평쪽 라인에 힘이 있게 뻗어나가는 형태로 꽂아준다(대칭주의).

**check!!**

✓ 꽃을 빨리 꽂는 것도 중요하지만 사방으로 길이감이나 색감의 대칭이 잘 맞춰지도록 한다.

✓ 사방화에서 시간을 줄이는 방법 또한 대칭을 이루는 소재들을 잡아 빨리 같은 길이로 잘라서 꽂는 것이다.

**5** 리시안셔스를 넣어서 양감을 채워준다.

**6** 소국을 매스플라워 사이에 높지 않게 꽂아준다.

**check!!**

✓ 필러 플라워들은 작은 송이들이 모여 있기 때문에 한번에 많은 꽃이 붙어 있는 소재를 사용할 경우 폼을 잘 가릴 수 있기는 하지만, 너무 뭉쳐져 있으면 매스 플라워처럼 보여서 꽃들과의 간격에서 답답함을 줄 수 있다.

**7** 라인이 부족해보이는 부분에는 유칼립투스를 더 넣어주고 편백이나 소국으로 풍성함을 더 해주고 마무리 한다.

**8** 완성

**tip!!**

✓ 너비가 강조된 디자인이므로 높이를 너무 높지 않게 하며 사방 어디에서나 감상할 수 있도록 소재 배분에 주의한다.

✓ 곡선이 잘 이루어지도록 구성하며 수직 중심축을 기준으로 좌우가 분명한 대칭을 이루도록 한다.

# 수평 2



장미, 나리, 리시안셔스, 미니장미, 루스커스, 편백

**1** 수평을 강조하기 때문에 수평의 길이를 먼저 잡아주고 매스플라워로 높이를 정해준다. 라인을 따라 매스를 자연스럽게 사방으로 골격을 만드는 곳에 꽂는다.

**check!!**

✓ 라인소재로 골격을 만드는 방법도 있지만, 매스플라워로 작품의 윤곽이나 부피감을 빠르게 채우면서 골격을 형성하는 방법도 있다.

**2** 장미로 높이와 너비 사이에 곡선으로 떨어지도록 연결하는 장미를 넣어주고 루스커스로 사이를 채워 골격을 빠르게 완성해준다.

**3** 얼굴이 큰 나리로 포컬 포인트를 잡아주고 사방으로 몽우리나 조금 벌어진 꽃송이를 넣어 45도각도에 꽂아준다.

위에서 본 모양

4️⃣ 골격들 사이에 리시안셔스와 미니장미를 넣어주어 부피감을 채워주고 편백을 넣어 마무리한다.

5️⃣ 완성

**tip!!**

✓ 부피감을 채울 때 사방화이기 때문에 대칭을 이루면서 색감과 양감이 모두 대칭이 되도록 한다.
✓ 편백은 폼을 가릴때는 필러로 사용할 수도 있지만 라인감이 부족한 곳에 매스보다 조금 짧게 넣어주기도 한다.

# 역T형과 L형
## (Inverted T style & L style)
### 수직과 함께 보면 더 좋은 역T형과 L형 알아보기

T와 L의 높이를 나타내는 부분이 수직의 형태를 잘 이해하면 쉽기 때문에 수직 연습 후 T와 L을 연결
하게 연습하면 조금 더 쉽습니다.

# 1. 역T형(Inverted T style)

## (1) 형태적 특징

① 영문자의 T자를 뒤집어 구성한 형태이다.

② 수직과 수평의 교차로 이루어지며 가늘고 예리한 선의 표현이 특징이다.

③ 직선구성의 디자인으로 방사형태를 지켜 좌우대칭형으로 구성되는 일방화 디자인이다.

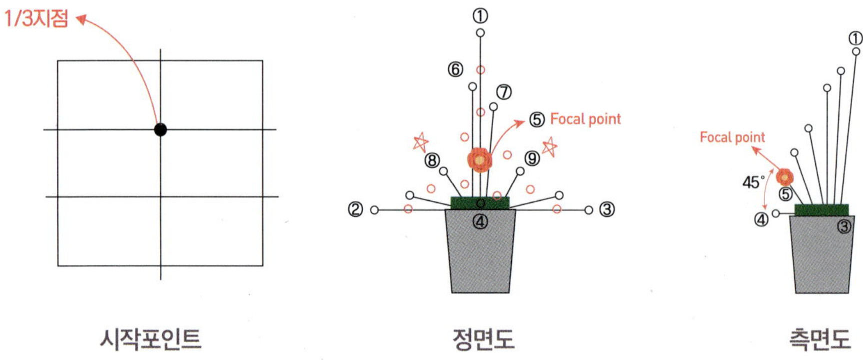


# 2. L형(L style)

## (1) 형태적 특징

① 영문자 L자를 형상화한 형태이고 비대칭의 직선적인 형태로 예리한 선의 표현이 아름답고 비교적 소량의 꽃으로 강한 인상을 표현한다.

② 수직과 수평을 자연스럽게 연결하여 보여주고 무게중심이 왼쪽으로 이동하여 좌우 비대칭인 일방화로 제작한다.

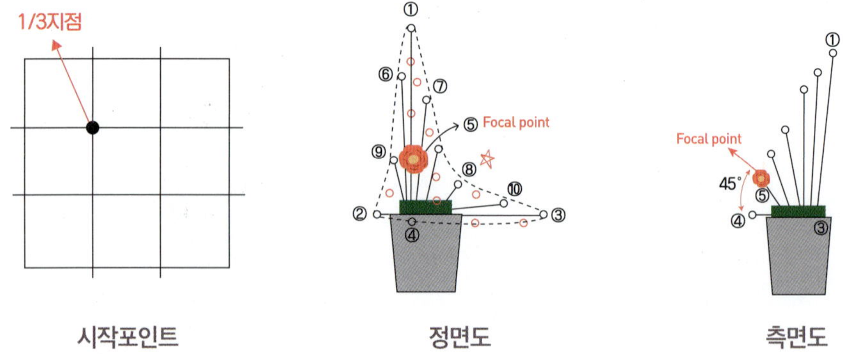

## 역T와 L형의 제작 포인트 비교

| 구분 | 정면도 | 측면도 |
| --- | --- | --- |
| 역T형 | • 8, 9번 길이는 짧게 꽂는다.<br>• 2, 3번 수평선의 길이는 수직선보다 길지 않게 한다(너무 길면 한글모음 'ㅗ' 자 같아 보인다). | • 1번은 뒤로 5~10°기울여 꽂는다.<br>• 5번 포컬 꽃은 45°로 나를 바라보듯이 꽂는다. |
| L형 | • 8번을 짧게 꽂는다.<br>• 2번은 아주 안보이는게 아니라 아주 조금 나와있어서 옆으로 살짝 연결되듯이 꽂는다. | |

## 역T형 1



장미, 거베라, 리시안셔스, 소국, 탑사철, 편백

**1** 높이, 너비, 폭을 탑사철을 이용해 꽂아준다.

**2** 거베라를 이용해 포컬포인트(45°각도)를 꽂아주고, 수직으로부터 밑변까지 내려오면서 높이를 강조하여 부피감을 잡아준다(대칭이어도 좋지만, 거베라의 단면이 클 경우 지그재그로 타고 올라가 듯이 꽂아 준다).

**3** 장미를 거베라 사이로 타고 내려오듯이 꽂아 준다. 수평선 위에도 장미로 윤곽을 잡아준다.

**4** 탑사철로 T의 포인트가 되는 부분인 수직과 수평이 만나는 부분을 잘록한 허리처럼 짧게 꽂아준다.

**5** 리시안셔스로 매스플라워들 사이를 채워준다.

**6** 왼쪽 수평선위의 거베라가 무거워 보인다면 오른쪽 장미와 바꿔서 어렌지 하는것도 좋다.
만약 언발란스하게 만들고 싶다면 이렇게 장미와 거베라를 바꾸어 본다.
필러 소재들을 이용하여 나머지 부분을 채워주고 마무리 한다.

**7** 완성

**tip!!**

✓ 수직과 수평선이 모두 강조되어야 하며 두 선이 교차하는 지점의 볼륨이 너무 강조되면 역T자형의 예리함이 없어지므로 주의한다.

✓ 초점의 뒤쪽 부분의 외형을 너무 벌어지게 하면 삼각형처럼 되어버리기 쉽다.

# 역T 2

**재료준비**

카네이션, 거베라, 리시안셔스, 소국, 루스커스, 편백

**1** 루스커스로 높이, 너비, 폭을 꽂아 준다.

**2** 거베라로 포컬을 꽂아주고, 루스커스로 수직의 형태를 잡아준다.

**3** 거베라를 포컬 윗쪽에 수직으로 올라가는 부분의 형태를 보완한다.

**4** 잘록하게 들어가는 부분을 루스커스로 꽂아서 골격을 잡아준다(색감이 있는 소재로 꽂아도 좋다).

**5** 카네이션으로 수평부분의 부피감과 수직선을 보조한다.

**6** 리시안셔스를 넣어서 메스 플라워를 연결한다.

**7** 소국과 편백을 넣어 채워준다.

**8** 완성

**tip!!**

✓ 수직선과 수평선이 모두 강조되어야 하며 두 선이 교차하는 지점의 볼륨이 너무 강조되면 역T자형의 예리함이 없어진다.

✓ 초점의 뒤쪽 부분의 외형을 너무 벌어지게 하면 삼각형처럼 되어버리기 쉽다.

# L형 1

재료준비

카네이션, 나리, 리시안셔스, 스프레이카네이션, 루스커스, 편백

**1** L자형은 수직선이 왼쪽으로 중심이 이동한다.

**2** 나리로 포컬을 꽂아주고 몽우리진 나리로 수직과 수평을 연결하는 골격으로 꽂아준다.

**3** 카네이션으로 골격의 윤곽을 더 확실하게 꽂아주고 색감을 내어준다.

**4** 리시안셔스, 스프레이카네이션, 편백을 넣어서 모양을 마무리한다.
채워주는 꽃은 이미 꽂혀져 있는 매스플라워의 사이를 채우고 색감을 연결하는 기능을 해주며, 안쪽에 짧게 꽂을 경우 플로랄 폼을 가려줄 수 있는 역할을 한다.

**5** 완성

**tip!!**

✓ 수직과 수평이 교차되는 부분에 부피감을 내지 말고 예리하게 표현한다.

✓ 수직축이 왼쪽으로 이동함에 주의하고 비대칭 형태를 잘 표현하도록 한다.

# L자형 2

## 재료준비

장미, 리시안셔스, 거베라, 소국, 유칼립투스 구니, 편백

**1** 중심이 왼쪽으로 이동하여 높이와 너비를 꽂아준다.

**2** 포컬포인트를 꽂아주고 L자의 왼쪽의 수평을 아주 짧게 장미로 꽂아준다. 앞쪽도 장미로 채워서 무게 중심을 연결해 준다.

3 거베라의 동그란 얼굴이 부담스럽다면 모두다 정면을 보지 않고 라인을 살려 조금씩 얼굴이 다른 방향을 보도록 해도 좋다. 그러나, L자형 골격에서 많이 벗어나지 않고 시선이 분산되지 않도록 한다.

4 리시안셔스로 메스 플라워들의 사이를 연결해준다. 중간에 수직과 수평의 라인을 좀더 유칼립투스로 보강해주면서 내려온다.

5 얼굴이 작은 소국과 편백으로 남은 공간을 채우고 색감을 자연스럽게 연결되어 지도록 한다.

6 완성

# 반구형
## (Dome style)

2과제에서는 7가지 작품 중 수평과 반구형만 사방화로 제작하는 조건이 있다. 반구형은 방사형태를 이루는 가장 기본적인 작품인데에 반해 의외로 어려워하는 경우들이 있는데 그것은 직선의 소재들을 이용해 직선 형태의 작품들을 연습하다 보면 오히려 곡선을 이루는 작품을 어려워하고 헷갈려 할 수 있다. 반구형과 수평형은 먼저 방사를 지키는 것이 먼저라고 생각하고 사방으로 방사를 지켜서 작품을 완성해보자.

방사 지켜서 사방으로 꽂아주고 동그랗게 그리고 곡선이 보이도록 꽂기!

반구형은 단아하지만 사선으로 내려오지 않게 반구형태로 제작하고
수평형은 수평으로 뻗어 나가는 선이 잘 표현되는 사방화로 제작한다.

# 1. 반구형(Dome style)

## (1) 형태적 특징

구를 반으로 잘라 놓은 것처럼 구성한 형태이다. 사방에서 감상하는 용도로 어떤 장소에나 잘 어울리는 실용적인 디자인이다. 화기 사이즈에 따라 다른 공간을 장식할 수 있는 기본형태이다. 전체적으로 둥근 곡선적인 형태로 디자인하고 대칭을 이루게 한다.

## 반구형과 수평형 제작 포인트 비교

| 구분 | 정면도 | 측면도 |
|---|---|---|
| 반구형 | 외곽 라인을 반구형으로 구성한다. | 위에서 보면 원형의 모습을 이룬다. |
| 수평형 | 수직에서 2, 3번 수평라인을 부드러운 곡선으로 연결한다. | 수직선을 세우고 수평 골격을 만든 뒤 수직선과 부드러운 곡선으로 연결한다. |

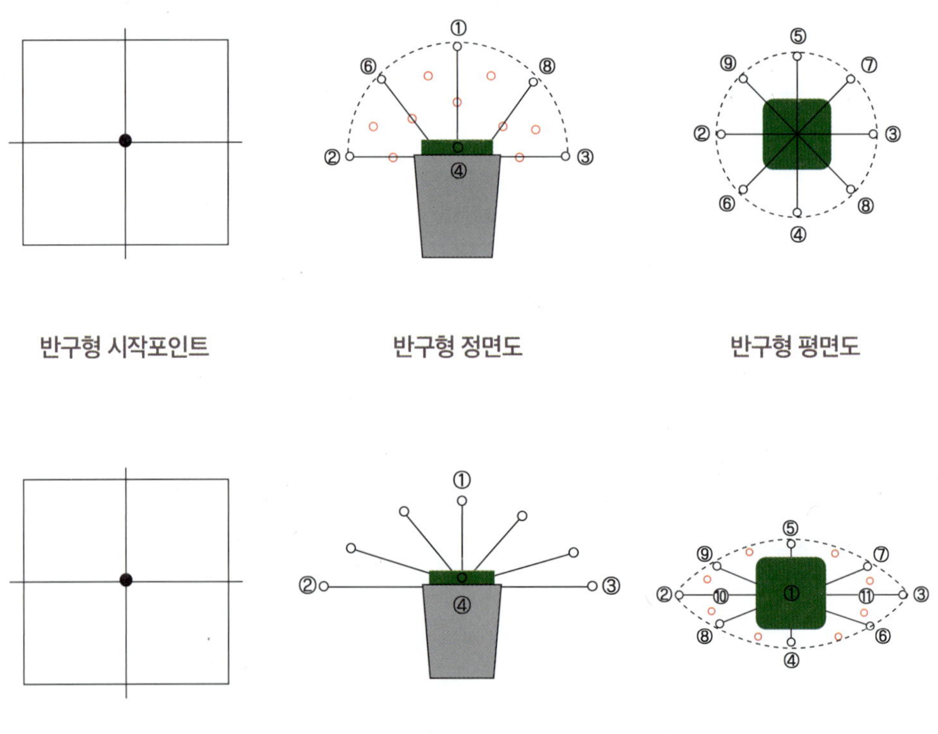

반구형 시작포인트 · 반구형 정면도 · 반구형 평면도

수평형 시작포인트 · 수평형 정면도 · 수평형 평면도

# 반구형 1

**재료준비**

장미, 거베라, 미니장미, 소국, 루스커스, 편백

**1** 장미로 높이를 정하고 수평라인에 4개의 꽃을 꽂아 사방으로 꽃을 넣기 좋게 형태를 만든다.
수직라인의 장미는 제일 곧고 얼굴이 좋은 소재를 꽂는다.
둥근형태를 갖추기 위해 45도 각도에 장미를 꽂고 사방으로 대칭을 이루도록 한다.

**2** 거베라를 장미사이에 꽂아 매스 플라워로 부피감을 만들어 윤곽을 나타낸다.
사선으로 떨어지지 않고 곡선을 만들어 줄 수 있도록 꽂아준다.
빗변에 꽂는 꽃들은 수직의 꽃보다 조금씩 짧아지면서 내려와야 곡선을 살려줄 수 있다.

③ 루스커스를 넣어서 골격을 단단히 잡아준다. 미니장미를 매스플라워사이에 넣어 풍성하게 한다.

④ 필러소재인 소국과 편백을 넣어서 자연스럽게 라인을 채워주고 폼도 가려준다.

위에서 본 모습

⑤ 완성

**tip!!**

✓ 모든 방향에서 보더라도 반구 형태와 곡선이 매끄럽게 표현되도록 구성한다.

✓ 높이감을 주는 초점의 꽃을 한쪽 너비보다 길게 구성해야 긴장감 있는 형태가 완성된다.

# 반구형 2



장미, 거베라, 미니장미, 소국, 유칼립투스 블랙잭, 편백

**1** 장미로 구형태의 모양을 빠르게 잡아주고 거베라로 윤곽을 더해준다.

**2** 블랙잭을 넣어서 방사형태로 뻗어 나가는 골격을 만들어준다. 미니장미로 색감을 더해주고 부피감
을 채워준다.
필러소재인 소국과 편백을 넣어 마무리한다.

**4** 완성

# 한국형 꽃꽂이

# 3과제

## 한국형 꽃꽂이

한국 꽃꽂이는 시대적 배경 속에 고유의 사상과 풍습에 불교적 종교의식을 바탕삼아 발전된 전통 꽃꽂이를 말한다.

한국의 꽃꽂이는 직간접적으로 우리 민족의 종교적 사상인 불교와 밀접한 관계를 맺으며 발전해 왔다. 시대적으로 삼국시대 이전의 꽃에 관한 자료는 많이 없으며 고대부터 조선시대까지 전해져 내려오던 고전 꽃꽂이와 일제 때의 근대 꽃꽂이, 그리고 광복 이후 서양문물이 전해짐과 같이 발전해 온 현대 꽃꽂이로 크게 나누어 볼 수 있다.

### ✎ 채점 포인트 알고 준비하자!!!

| | |
|---|---|
| 기능·기술적인 면 | • 침봉의 위치는 적절한가?<br>• 절지류와 초화류의 절단 각도는 적절한가?<br>• 사용된 재료는 침봉에 단단하게 고정되어 있는가?<br>• 재료의 손질 정도는 잘 되어 있는가?<br>• 침봉은 대체로 잘 가려졌는가?<br>• 요구사항과 소재의 사용량은 잘 준수되었는가? |
| 디자인적인 면 | • 문제에서 요구된 형태에 알맞게 구성되어 있는가?<br>• 공간, 배열, 질감, 리듬, 대비는 적절하게 표현 되었는가?<br>• 색의 구성은 전체적으로 적절한가?<br>• 디자인의 표현방법이 창의적이거나 소재의 사용이 독창적인가? |
| 마무리 작업 | • 수반의 물 위로 부유물 없이 깨끗한가?<br>• 주변정리는 깨끗하게 마무리되어 있는가? |

## 한국형 꽃꽂이의 개요

### 1. 한국 꽃꽂이의 기원과 역사

한국꽃꽂이는 우리나라 고유의 민족사상과 풍습에 따라 불교적 종교의식을 바탕으로 발전된 전통 꽃꽂이로부터 그 기원과 역사가 시작되었다. 한국의 꽃꽂이는 직·간접적으로 우리민족의 종교적 사상인 불교와 밀접한 관계를 맺으며 변화·발전해 왔다. 시대적으로는 삼국시대 이전의 꽃에 관한 자료는 거의 없으며 고대부터 조선시대까지 전해져 내려오던 고전 꽃꽂이와 일제 때의 근대 꽃꽂이, 그리고 광복 이후 서양 문물이 전해짐과 같이 발전해온 현대 꽃꽂이로 크게 나누어 볼 수 있다.

### (1) 고전 꽃꽂이

삼국시대(기원전 18년에서 통일신라시대까지)나 그 이후의 고대의 꽃에 관한 현존하는 자료는 유물이나 문헌 등의 자료를 통해서 살펴볼 수 있으나 몇 개의 문헌에서 발견되는 단편적인 기록과 고분벽화나 자료들은 소수에 불과하다. 삼국사기 열전 궁예조의 공화의식과 삼국유사 헌화가에 나타난 꽃에 대한 글, 고구려 쌍영총 벽화에 나타난 연꽃을 들고 있는 비천상에서 그 시대의 꽃 문화를 엿볼 수 있다. 삼국시대는 중국을 통하여 들어온 불교의 전파로 불교문화와 더불어 직·간접적으로 발전해왔다. 석굴암의 십일면관음보살상이나 안악2호분 동벽의 비천상 그림에서도 연꽃의 표현을 볼 수 있으며 석가탄신일이나 제단에 연꽃을 장식한 것을 보아도 연례행사에 꽃 장식문화가 있었음을 알 수 있다.

고려시대에는 불교문화가 더욱 발전하여 정성을 담은 꽃을 불전에 올려 공덕을 많이 쌓으려는 데서 비롯한 공양화로 한 몫을 하였으며, 고려청자와 더불어 보편화된 꽃 문화로 발전되었다. 처음에는 단순하게 꽂던 것이 불교문화가 융성해지면서 단순한 공양에서 감상의 대상으로서 꽃꽂이의 발전을 이루게 된다. 이러한 기록들은 '고려사', '고려사절요', '고려사오례'라는 자료들에 나타나며 고려 오례의식에 따라 궁중에서도 꽃을 장식하는 문화가 형성되었으며 귀족들의 연회에도 꽃 장식을 하였다. 고려시대를 거쳐 조선시대의 중세는 꽃꽂이가 더욱 발전된 시기로서 궁중의례의 꽃장식뿐만 아니라 불전공화나 일반 민가의 의례에서도 꽃꽂이가 널리 사용되었다.

조선시대의 문헌 중 가례도감의궤, 국조오례의 등에 꽃에 관한 기록들이 실려 있으며 또한 강희안의 양화소록, 허균의 성소부부고의 병화인, 홍만선의 산림경제에 있는 양화편, 이규경의 오주연문장전산고, 서유구의 임원십육지 등의 문헌에 꽃장식에 대한 자료들이 나와 있을 뿐만 아니라 조선왕조실록, 국조오례의에서도 꽃꽂이의 생활상에 관한 기록을 찾아볼 수도 있다. 조선시대는 그 형태가 절도 있고 간결하며 품위와 격을 갖춘 꽃꽂이의 형태로 발전하였는데 조선 중기 이후에는 원예와 분재를 더불어 분경에 관한 저작이 나오기도 했다.

## (2) 근대 꽃꽂이(조선시대부터 일제 강점기 기간)

일제 강점기 시대에는 시대적 배경으로 인해 궁중의 꽃 장식 문화가 점차 사라지고 서민들에게서 이루어진 종교적의식과 무제의식이나 전례의식 등을 통해 생활 속 꽃장식문화는 계속 이어져 내려왔다.

일본의 꽃 문화인 이케바나의 시발점도 불교와 함께 우리나라에서 건너간 것으로 종교적 의식과 불전공화에서 발전되었다고 전해진다. 이 시대의 화훼장식에 관한 역사적 사실들은 여러 사진자료들을 통해 확인해 볼 수 있다.

## (3) 현대 꽃꽂이

근대를 지나 현대에 갈수록 경제발전과 더불어 생활 수준이 향상됨에 따라 꽃에 대한 소비가 훨씬 증가했다. 1970년대 이후에는 서양 디자인의 도입으로 꽃꽂이의 형태가 다양해지고 생활 공간으로서의 화훼장식으로 발전되었다.

이에 따라 화훼장식 관련업에 종사하는 사람들의 수도 증가하였으며 국제화, 정보화 시대가 되면서 미국, 유럽 등지의 화훼장식이 국내로 유입되었다.

이러한 시대적 상황 속에 한국 꽃 예술은 동시대적인 문화로 자리매김함과 동시에 이를 바탕으로 현대 건축양식이나 사회적 배경에 맞는 작품 개발이 중요해졌다.

> **tip**
>
> **한국형 꽃꽂이의 이론**
> - 동양 사상인 천지인의 삼재(三才)사상에 근거를 두는 삼각구성이론이다.
> - 천지인(天地人):하늘-1주지(O), 땅-2주지(□), 사람-3주지(△)로 표시한다.

# 2. 동양 꽃꽂이의 기초와 이론

## 1) 꽃꽂이의 화형

대자연 속에 자라고 있는 식물의 형태로 자연스러운 모습이다.

### (1) 점·선·면·뭉치

① **점** : 4가지 기본요소 중 가장 근본이 되는 요소로 작은 원형이다. 구성의 주체가 되기는 어려운 요소이다.

② **선** : 점이 이동한 후 생기는 자국이다.

- 수평선 : 율동감은 없고 안정감
- 수직선 : 긴장감
- 사선 : 불안정, 날카로움

③ **면** : 선이 이동 후 생기는 현상으로 네모, 원형, 삼각형 등이 있다.

④ **뭉치** : 집합체라고도 하며 디자인에서 많은 꽃이 한데 모여진 상태이다.

### (2) 자라나는 모습에 따라

① 수직으로 자라고 있는 형태(직립형, 바로세우는 형, 입진형)

② 옆으로 기울어 자라는 형태(경사형, 기울이는형, 경진형)

③ 아래로 늘어져 자라는 형태(하수형, 흘러내리형, 드리우는형)

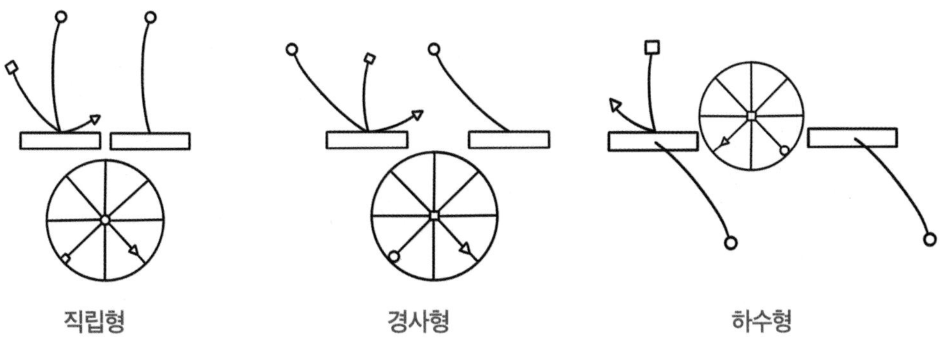



✓ ○→1주지, □→2주지, △→3주지

## 2) 주지와 종지

화형에는 세 개의 주된 선이 되는 주지와 세 개의 각 주지에 속하는 보조가지인 종지가 있다.

### (1) 주지

① 화형을 구성하는 세 개의 주된 선

② 세 개의 주지는 작품을 구성하는 데 골격을 이루는 선

③ 작품의 높이와 넓이, 부피를 나타내는 데 중심적인 역할(작품의 윤곽을 확실하게 나타냄)

④ 제1주지(○), 제2주지(□), 제3주지(△)

ㄱ.제1주지(제일 큰 주지/○)

• 세 개의 주지 가운데 전체의 중심이 되고 전체의 움직임을 결정하는 선으로 느낌이 강하다.

• 1주지의 방향에 따라 직립형, 경사형, 하수형으로 나뉨

ㄴ.제2주지(중간크기주지/□):작품의 넓이를 결정하는 역할을 하며 너그러움과 안정감을 줌

ㄷ.제3주지(제일 작은 주지/△):세 주지 중 가장 짧은 가지로서 작품의 부피와 전체적인 조화를 마무리 짓는 역할

> **tip**
>
> 세 주지의 길이는 일반적으로 위와 같은 방법으로 계산하지만 소재의 질감, 굵기, 색감과 표현하고자 하는 작품에 따라 조금씩 달라질 수 있고 감각과 눈어림에 따른 시각적인 길이이다.
>
> **세 주지의 길이**
> • 제1주지:수반의 가장 긴 길이에 높이를 더한 것을 기준으로 하여 1.5~2배로 한다.
> • 제2주지:제1주지의 3/4길이
> • 제3주지:제2주지의 3/4길이

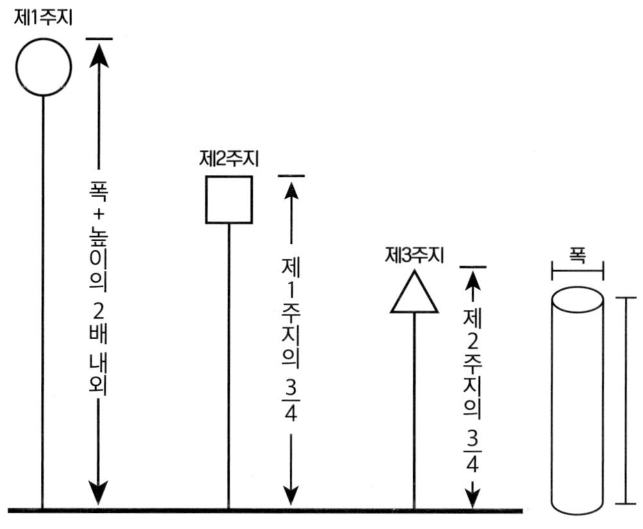


세 주지의 길이

⑤ **주지의 위치** : 작품을 입체적으로 구성하는 데 필요한 세 주지의 위치와 방향을 위에서 내려다 본 평면도에서 사용되고 있는 용어는 세 주지를 꽂을 때 그 위치와 방향, 부피를 설명할 때 쓰이므로 알아 두어야 한다.

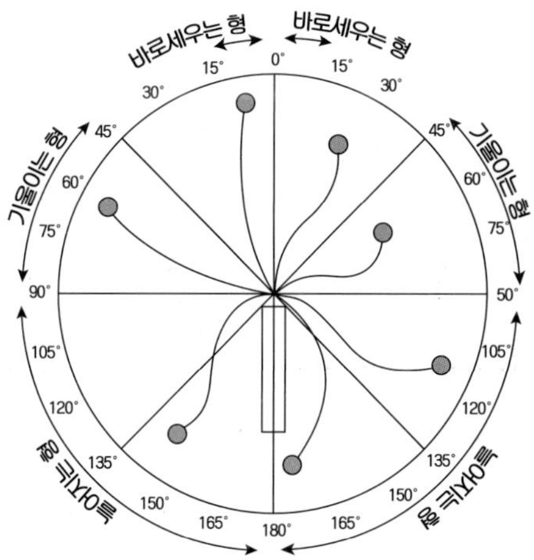


제1주지의 각도에 따른 위치도

## (2) 종지(T)

① 반드시 주지를 중심으로 꽂아주고 부분적인 강조 또는 보충하여 주고자 할 때 꽂는다.

② 세 개의 각 주지에 속하는 보조가지로서 주지보다 짧게 하여 주지 가까이 꽂는다.

③ 종지의 마무리가 끝난 뒤 들여다 보았을 때 부등변 삼각형을 이루고 종지가 질서 정연해야 한다.

## (3) 작품과 공간의 비율

동양꽃꽂이에서는 선을 중시하기 때문에 선을 살릴 수 있는 여백이 필요하다.

## 3) 꽃꽂이의 유형

직립형, 경사형, 하수형, 사방화형, 분리형, 복형, 뭉치형(면이 평면적이라면 부피와 깊이를 나타냄), 쌓는 형(색채,형태, 질감 등을 살려 쌓아올림), 전개형(위에서 내려다보는 형태), 축소형(한 송이, 한 잎 등을 여러 개의 용기에 나눔) 등으로 나눌 수 있다.

## 4) 한국형 꽃꽂이의 도구

### ① 수반

ㄱ. 물을 담아 꽃을 꽂는 도구로 대부분 높이가 낮고 바닥이 평평하고 넓게 만든 그릇으로 일반적으로 한국형 꽃꽂이를 꽂는 화기로 사용된다.

ㄴ. 직립형이나 경사형은 낮은 화기로 사용해도 무난하지만 하수형은 높은 화기를 사용해야 밑으로 흐르는 듯한 화형을 표현할 수 있다.

② **침봉** : 침이 뾰족하고 촘촘히 박혀 원형이나 사각형으로 바닥을 이루고 있다. 무게감이 있어서 침이 구부러진 이후에도 다시 펴서 사용할 수 있다. 사용후에는 잔여물을 제거하고 깨끗하게 말려 다시 사용한다.

③ **가위** : 한국형 꽃꽂이는 주 소재로 절지가 사용되어지기 때문에 일반적인 꽃가위뿐 아니라 전정가위로 두꺼운 절지를 자를 수 있어야 한다.

---

**tip**

절지는 사선으로 자르고, 절화나 초화류는 직선으로 잘라준다.

너무 두꺼운 가지는 반을 쪼개어 잘 꽂히도록 하고 너무 얇아 스스로 서기 힘든 초화류는 단단한 가지에 묶거나 끼워서 함께 고정하도록 한다.

## 5) 소재의 종류 및 정리

### (1) 소재의 종류

① **절지류(나뭇가지)** : 영산홍, 돈나무, 동백나무, 탑사철, 금사철, 은사철, 청사철, 조팝나무, 설유화, 남천, 정금나무, 진달래, 황철나무, 노박덩굴, 다래덩굴 등

② **절엽류(잎소재)** : 팔손이, 몬스테라, 루모라고사리, 필로덴드론 제나두, 엽란, 소철 등 대부분의 관엽식물

③ **절화류(꽃소재)** : 장미, 카네이션, 거베라, 나리, 다알리아, 석죽, 소국, 스프레이카네이션, 과꽃, 리시안셔스, 해바라기, 공작초 등

### (2) 소재의 정리

① **선의 정리** : 주지로 세울 선을 결정하여 선의 형태와 운동성 등을 고려하여 작품에 꼭 필요한 선을 제외하고는 과감히 정리한다.

② **잎의정리** : 주지의 선이 돋보이는 것이 한국형 꽃꽂이의 특징이므로 간결하게 하고 선을 방해하는 뭉치잎들은 제거한다.

③ **꽃의정리** : 여러송이가 붙어있는 스프레이타입 꽃소재는 화형을 고려하여 잎이나 꽃을 제거하여 답답해 보이지 않도록 한다. 그러나 너무 줄기만 붙어있으면 자연스러운 형태를 방해하므로 잎사귀를 모두 제거해 놓으면 안 된다.

# 제 3과제 지참재료

| 재료명 | 수량(단위) | 규격 및 대체소재 | | |
|---|---|---|---|---|
| 영산홍 | 3본 | 동백나무(3본) | 탑사철나무(5본) | 금사철나무(5본) |
| | | 미국 자리공(3본) | • 돈나무(3본)<br>• 은사철나무(5본)<br>• 설유화(5본)<br>• 진달래(5본)<br>• 청사철나무(5본) | • 정금나무(3본)<br>• 남천나무(3본)<br>• 황칠나무(5본)<br>• 조팝나무(5본)<br>• 연달래(5본) |
| 장미 | 10본 | 스탠다드 국화(10본) | 스탠다드 카네이션<br>(10본) | 나리(5본) |
| 스프레이 국화 | 5본 | 스프레이 장미 | 스프레이 카네이션 | 리시안셔스 |
| 팔손이 | 5본 | 몬스테라 | 필로덴드론 제나두<br>(신종셀렘) | 루모라고사리 |

# 직립형 바로세운형 기본형
### (Upringt type)

| | |
|---|---|
| **특징** | · 수반 꽃꽂이의 대표적인 화형으로 모든 형의 기본이 된다.<br>· 1주지를 0~15°로 세우기 때문에 바로 세우는 형이라고 한다.<br>· 생장력과 긴장된 느낌을 주며 무게가 있고 정적인 미가 있다.<br>· 부등변 삼각형의 형태이다. |
| **요구조건** | · 작품의 크기는 화기의 비율을 고려하여 제작한다.<br>· 준비된 생화는 종류별로 모두 사용하고 사용량은 전체 소재 70% 이상을 사용한다. |
| **주지의 위치** | · 제1주지 : 0°를 기준으로 전후좌우로 15°범위 안에서 꽂는다.<br>· 제2주지 : 왼쪽 앞 옆의 대각선 방향으로 45~60°로 선의 끝방향을 잡아서 꽂는다.<br>· 제3주지 : 오른쪽 앞 옆 사이에 70~90°로 선의 끝 방향을 잡아서 꽂는다. |

## 구상도

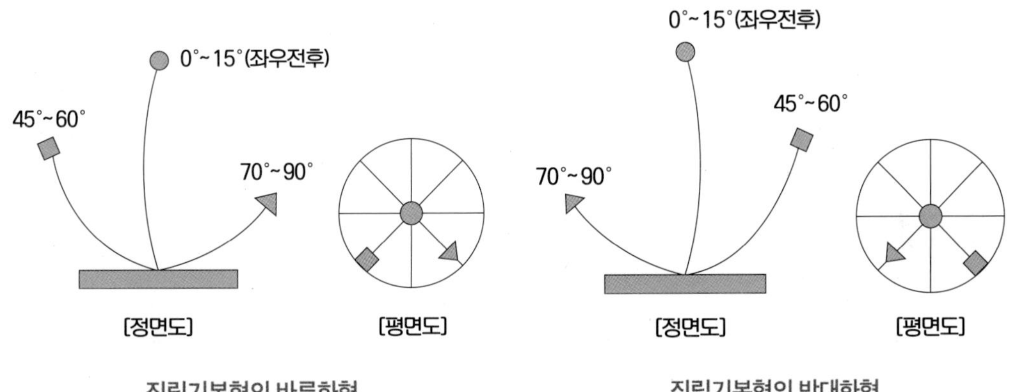


직립기본형의 바른화형          직립기본형의 반대화형

# 직립형 1



영산홍, 팔손이, 카네이션, 리시안셔스

**1** 영산홍으로 1주지를 꽂아준다(1주지의 길이는 화기의 넓이＋높이를 1.5배～2배까지도 한다).

**2** 2주지는 1주지의 3/4길이로 45～60°도로 기울인다.

**3** 3주지는 2주지의 3/4길이만큼 하고 70～90°로 거의 눕혀서 꽂는다.

**check!!**

✓ 1, 2, 3주지가 서로가 마주 보듯이 혹은 하나의 나무인 것처럼 표현하는게 좋다. 3개의 주지의 끝점을 연결하면 부등변 삼각형을 이루도록 한다.

**4** 팔손이를 먼저 꽂아서 자연스레 침봉을 가리기도 한다. 종지는 주지를 보조해 주는 역할로 형태의 보완, 균형감을 고려하여 꽂는다.

**5** 스탠다드 카네이션으로 위에서부터 아래로 흘러내리듯 표현하여 꽂는다.

**6** 사이사이에 리시안셔스 혹은 필러플라워를 넣어 자연스럽게 연결해 준다.

**7** 완성
(위에서 본 모습)

**tip!!**
✓ 침봉의 위치는 화기의 비율에 맞게 7 : 3정도의 비율로 위치하도록 한다.

# 직립형 2



다정금, 팔손이, 스탠다드 카네이션, 소국

**1** 1, 2, 3 주지를 꽂아 준다.

**2** 주지 사이에 종지를 꽂아 주고 팔손이를 종지 뒤나 옆쪽으로 침봉을 가리듯이 꽂아준다.

**3** 카네이션을 꽂아주고 높은 곳에서 내려오듯 3주지쪽으로 길이감을 낮춰 준다.

4 소국을 카네이션 사이에 넣어 색감과 부피감을 보조해 준다.

5 완성
(정면 위쪽에서 본 모습)

(3주지 쪽에서 본 모습)

**tip!!**
✓ 시험장별로 원형, 사각형 판을 주는것이 다르기 때문에 주지의 위치를 생각하여 침봉을 움직인다.
✓ 넓은 화기를 제공받을 경우 1, 2주지의 각도가 내려가는 방향으로 흐름이 내려오기 때문에 반대방향의 공간을 남겨두는 것이 좋다.

소재 바꿔서 만들어 본 직립형

# 경사형 <sub>(기울인형)</sub> 기본형

| | |
|---|---|
| 특징 | • 경사지게 자라나는 나무를 형태화한 화형이다.<br>• 1주지를 45~60°로 기울이는 형으로 운동감을 느낄 수 있으며 부드럽고 경쾌한 느낌을 준다. |
| 요구조건 | • 작품의 크기는 화기의 비율을 고려하여 제작한다.<br>• 준비된 생화는 종류별로 모두 사용하고 사용량은 전체 소재 70% 이상을 사용한다. |
| 주지의 위치 | • 제1주지 : 왼쪽 앞 옆의 대각선 방향으로 45~60°로 선의 끝 방향을 잡아서 꽂는다.<br>• 제2주지 : 0°를 기준으로 전후좌우로 15° 범위 안에서 꽂으면 된다.<br>• 제3주지 : 오른쪽 앞 옆의 대각선 방향으로 70~90°로 선의 끝 방향을 잡아서 꽂는다. |

## 구상도

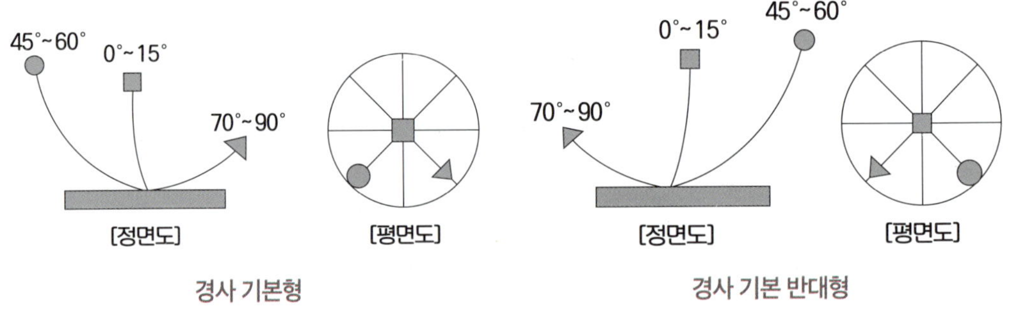


경사 기본형        경사 기본 반대형

## 경사형 1

### 재료준비

영산홍, 제나두(신종셀렘), 장미, 소국

**1** 1, 2, 3주지를 각도에 맞게 꽂아주고 각주지의 끝모서리가 부등변삼각형이 되도록 한다. 단 2주지의 길이는 누운 1주지보다 아주 높지 않게 한다.

**2** 신종셀렘을 주지 사이에 꽂아 밑부분의 침봉도 가리고 부피감도 채워준다.

**3** 장미로 부등변삼각형 사이에 꽂아줄 때 마치 경사진 웅덩이에 물이 고이듯이 자연스럽게 흘러내려와 머문듯이 어렌지한다.

**4** 그 사이사이에 소국을 자연스럽게 채우면서 완성한다.

**5** 완성

윗쪽에서 본 모습

**tip!!**

✓ 부등변 삼각형안에 꽃을 넣기만 하여도 크게 모양이 흩어지지 않게 되므로 유의해서 꽂는다.

✓ 좁은 화기의 비율을 고려해 장미를 5송이만 넣었지만, 넓은 화기에서는 장미 같은 매스플라워는 7 – 9대로 홀수로 꽂아 자연스럽게 하면좋다.

# 경사형 2

## 재료준비

동백, 장미, 소국, 팔손이

**1** 1, 2, 3주지를 동백나무로 꽂아준다.
　 겨울철에는 주로 동백을 사용하기도 하는데 열매 혹은 꽃이 달려있는 주지를 사용할 경우 색감이
　 나 무게감이 느껴져서 더 자연스럽게 보일 수 있다.

**2** 주지 사이에 종지를 넣어서 더 풍성하고 자연스럽게 연결한다.
　 각 주지 끝부분을 연결한 부등변삼각형 안에 장미를 넣어서 부피감을 준다.

3 장미 밑 부분에 팔손이를 넣어 침봉을 가려주고 소국을 넣어 입체감을 살려준다.

4 완성

위에서 본 모습

소재 바꿔서 만들어 본 경사형

memo

memo

2026 유튜버 프리샘
# 화훼장식기능사 필기&실기

**발행일**  2021년 11월 30일(초판)
　　　　 2026년 1월 20일(개정판1쇄)
**발행처**  인성재단(지식오름)
**발행인**  조순자
**편저자**  김윤경
**편집디자인**  김현수
**표지디자인**  김미정

※낙장이나 파본은 교환해 드립니다.
※이 책의 무단 전제 또는 복제행위는 저작권법 제 136조에 의거하여 처벌을 받게 됩니다.

**ISBN**  979-11-7491-075-2
**가  격**  28,000원